MULHERES QUE ATRAEM OS HOMENS E MULHERES QUE OS AFASTAM

DR. CONNEL COWAN
&
DR. MELVYN KINDER

MULHERES QUE ATRAEM
OS HOMENS
E
MULHERES QUE OS
AFASTAM

Tradução de
DENISE ROLLEMBERG

Título original
WOMEN MEN LOVE, WOMEN MEN LEAVE

Copyright © 1987, by Connell O'Brien Cowan and Melvyn I. Kinder
Todos os direitos reservados.

Direitos desta edição reservados à
EDITORA ROCCO LTDA.
Avenida Presidente Wilson, 231, 8º andar
20030-021 – Rio de Janeiro, RJ
Tel.: (21) 3525-2000 – Fax: (21) 3525-2001
rocco@rocco.com.br
www.rocco.com.br

Printed in Brazil/Impresso no Brasil

CIP-Brasil. Catalogação-na-fonte.
Sindicato Nacional dos Editores de Livros, RJ.

C915m	Cowan, Connell
	    Mulheres que atraem os homens e mulheres que os afastam / Connell Cowan e Melvyn Kinder; tradução de Denise Rollemberg. – Rio de Janeiro: Rocco, 1988.
	
	    Tradução de: Women men love, women men leave.
	
	    ISBN 85-325-0189-3
	
	    1. Mulheres – Comportamento sexual. 2. Mulheres – Psicologia. 3. Sexo (Psicologia). I. Kinder, Melvyn. II. Título

88-0334	CDD-155.3 CDU-159.922.1

Para Casey, a mulher que amo, e para Sean, Coby e Joey, e as mulheres que um dia eles amarão.
C.C.

Para Sara, esposa sábia, carinhosa e confiante, em relação a quem meu amor se fortalece com os anos, e para nossos filhos Eric e Alexandra.
M.K.

SUMÁRIO

PRIMEIRA PARTE

MULHERES QUE AFASTAM OS HOMENS

Capítulo 1 — POR QUE O AMOR PARECE TÃO EVASIVO .	11
Capítulo 2 — MULHERES QUE, SEM SABER, TEMEM A INTIMIDADE	25
Capítulo 3 — COMO EXPECTATIVAS INOCENTES SE TORNAM PERIGOSAS	50
Capítulo 4 — MULHERES QUE SECRETAMENTE SENTEM DESPREZO PELOS HOMENS.	70
Capítulo 5 — COMO A NECESSIDADE DE DOMINAR CONTRA-ATACA	93
Capítulo 6 — MULHERES QUE SE ENTREGAM COM MUITA FACILIDADE	112

SEGUNDA PARTE

MULHERES QUE ATRAEM OS HOMENS

Capítulo 7 — O CAMINHO PARA O COMPROMISSO .	139

Capítulo 8 — DESISTINDO DO PRÍNCIPE E ENCONTRANDO UM HOMEM 155
Capítulo 9 — CONFIANDO QUE UM HOMEM PODE AMAR SUA FORÇA 176
Capítulo 10 — ESTIMULANDO A PAIXÃO E O DESEJO MASCULINO 190
Capítulo 11 — APROFUNDANDO O AMOR ATRAVÉS DA AMIZADE 211
Capítulo 12 — REGRAS PARA MANTER A PAIXÃO 238

APÊNDICE

Testes: Estilos de amor 253
Agradecimentos 277

PRIMEIRA PARTE

MULHERES QUE AFASTAM OS HOMENS

Capítulo 1
POR QUE O AMOR PARECE TÃO EVASIVO

Hoje, para muitas mulheres, os homens são confusos, até incompreensíveis. Parece que eles funcionam de acordo com um obscuro conjunto de regras que as mulheres nunca conseguiram aprender.

Victoria, 30 anos, é uma enfermeira num grande hospital. Ela está pronta para se casar e começar uma família, mas, como muitas mulheres hoje em dia, ela se inibe com o comportamento dos homens. "Eu cuido de pacientes homens de todas as idades em todas as espécies de crises médicas, mas quando o assunto é namoro, eu não tenho a menor idéia do que se passa na cabeça de um homem. O que eles querem? O que é preciso fazer para que eles queiram nos procurar de novo? Como transformar alguns encontros num relacionamento, como fazê-lo funcionar? Eu estou cansada de ir para casa sofrendo de solidão e secretamente achando que as coisas não vão mudar."

Donna é uma advogada de 41 anos, casada há nove anos. "Sou tão diferente agora do que era quando Tom e eu nos casamos, mas não parece que ele goste disso. Não sei se ele se sente ameaçado ou o quê, mas gostaria que ele falasse comigo... Gostaria que ele se importasse com o que está se passando dentro de mim!" Donna quer ter maior intimidade com seu marido mas não tem nenhuma idéia de como fazer para isto acontecer.

Arlene, 28 anos, compradora para uma loja de departamentos, sempre tem companhia para sair, mas nunca passa de três ou quatro encontros com o mesmo homem. "Eu acabo arranjando desculpas para mim mesma. Às vezes eu desprezo o cara, ou fico brincando com a situação. Agora que estou quase com 30 anos tenho medo de nunca encontrar um homem que se apaixone por mim. Todas as minhas amigas namoram, e eu não consigo entender por que eu não tenho namorado firme." Arlene sabe que tem alguma coisa em seu comportamento que afasta os homens, mas não sabe como mudar estes padrões destruidores que podem ser colocados em funcionamento até no primeiro encontro.

Cecile, uma programadora visual de 36 anos, que está morando com um homem há 18 meses, descreve sua ansiedade crescente: "Mesmo que eu saiba que Rusty me ama e que vai querer se casar comigo, ainda assim me preocupo. Fico ouvindo falar de amigos que se separaram logo quando iam anunciar o noivado. Me sinto com tantas dúvidas. Tenho medo de pressioná-lo mas, ao mesmo tempo, não posso ficar passiva e não dizer nada." Se Cecile entendesse por que e como os homens acabam se comprometendo, ela não ficaria tão apreensiva. Na ausência deste tipo de percepção, ela fica tomada pelo medo.

A linha comum passando pela vida de todas estas mulheres é o compulsivo desejo de entender a natureza do amor de um homem. Seja apenas o primeiro encontro, ou um casamento de muitos anos, elas querem sentir que podem mudar o rumo do amor, que elas podem intensificar a atração que ele sente e aprofundar seu compromisso. Mas, com tristeza, elas se sentem sem forças para transformar esta necessidade numa realidade.

Por que o amor é tão confuso?

Todos nós queremos encontrar e cultivar relacionamentos profundos, acolhedores e que nos preencham. Então, por que o amor vai desaparecendo tão facilmente quando todos nós temos as mesmas intenções esperançosas? Por que os casais se afastam um do outro? Por que será que o amor floresce numa relação duradoura para algumas pessoas mas parece nunca criar raízes para outras?

Os relacionamentos não são comumente complicados por causa de conflitos sérios — de forma surpreendente, estes são geralmente tratados de maneiras construtivas. A maioria dos relacionamentos vai morrendo devagar, sem que os envolvidos tenham consciência disso. Existe uma linha tênue separando o relacionamento que se encaminha numa direção positiva e o que cai silenciosamente numa apatia ou num lento acúmulo de decepções e ressentimentos. A maioria de nós não sabe onde está esta linha e não temos os pontos de referência específicos para seguir sua pista por muito tempo.

Quando sabemos o que afeta um relacionamento, somos capazes de mudá-lo. Apesar de alguns homens e mulheres acharem que o amor é muito especial, frágil e maravilhoso para se mexer com ele, a realidade é que o amor é governado, não por sutilezas do destino, mas por certos maneirismos psicológicos, maneiras de entender e prever como as pessoas vão se comportar em certas situações. A pessoa apaixonada se sente fora de si, muita gente se sente envolvida pela fascinação, mas secretamente pode ficar pessimista e se sentir incapaz de agir quando, de maneira misteriosa, o amor vai na direção errada. Não é melhor ter um claro entendimento sobre a dinâmica do amor? A esperança e o otimismo nunca se enganam quando estão fundamentados em sabedoria e certeza.

As vozes que você ouviu no início deste capítulo estão, na essência, perguntando: "Como posso fazer o amor acontecer e como mantê-lo vivo?" Existem respostas. *É* possível influenciar esta que é a mais maravilhosa, atraente e necessária das experiências da vida. Você *pode* aprender a atrair a sensação de confiança, a amizade e paixão em um homem.

A habilidade de efetuar mudanças não é um acidente do destino, nem é um traço instintivo possuído apenas por algumas mulheres. O primeiro passo é entender que informação e aprendizado podem alterar a direção do amor.

Nos últimos 20 anos muita coisa foi escrita sobre as esperanças, os sonhos e os medos secretos das mulheres. Infelizmente, nunca houve uma fonte de informação comparável sobre a evolução da natureza da psicologia masculina, especificamente quando se relaciona com as mulheres. Além desta falta de informação, há outra razão básica do por que dos homens parecerem tão incompreensíveis para as mulheres. O fato é que os homens nunca estiveram muito ansiosos para que as mulheres os conhecessem em profundidade. A *mística masculina* serviu bem aos homens, para disfarçar a verdade sobre seus medos e inseguranças. Isto os protegeu de serem um desapontamento para as mulheres. Mas apesar desta necessidade de sentirem-se fortes e invencíveis, os homens têm uma necessidade até mais compulsiva de serem conhecidos pela mulher que amam.

A necessidade do amor

O desejo de se conhecer mais sobre o sexo oposto parece estar mais forte do que nunca e existem algumas razões específicas para isso. Nos últimos anos, homens e mulheres recomeçaram a se apegar ao conceito de família e casamento e a valorizá-lo como uma forma de retorno aos valores tradicionais que têm acontecido nos anos 80. Instigados pela desilusão com os prazeres da vida de solteiro, uma crescente preocupação com doenças sociais e como resultado do fim da revolução sexual, homens e mulheres estão, mais uma vez, preferindo um estilo de vida mais conservador e monogâmico.

Para algumas mulheres, existem algumas urgências especiais bastante comoventes. Mulheres em fase de ter filhos — entre os 25 e 40 anos — estão, em número cada vez maior, ansiosas para se casarem e começarem uma família enquanto ainda podem. Além do mais, muitas destas mulheres descobriram que uma vida orientada para uma carreira profissional não é tão completa como pensavam. Assim, um tanto desiludidas e dolorosamente cientes de seus relógios biológicos, muitas mulheres solteiras desta geração querem encontrar um homem e criar laços estreitos com ele.

O desejo de ter um compromisso fez surgirem novas preocupações. As mulheres desejam o compromisso claramente e acham que a maioria dos homens de hoje não quer. Nós não acreditamos que isso seja verdade, e por todo este livro estaremos apresentando informações sobre o que há numa mulher que faz com que um homem queira se comprometer com ela. Também discutiremos as diferenças básicas entre homens e mulheres no que diz respeito ao momento em que se dispõem a um compromisso de casamento, o que é uma fonte muito real de tensão. É esta diferença que contribui para o mito de que o homem não quer se comprometer.

Homens com menos de 35 anos geralmente parecem estar fugindo de um compromisso porque estão concentrados no trabalho e na carreira. Principalmente nos anos 80, com uma intensa e nova ética de trabalho e o surgimento da filosofia materialista dos *yuppie*, os homens estão preferindo adiar mais o casamento do que faziam no passado. Isto não quer dizer que os homens não querem, no final das contas, se comprometer num relacionamento. O que quer dizer é que predomina o grande investimento emocional altamente focalizado no trabalho. Diferente das mulheres, os homens não têm relógios biológicos que lhes obriguem a reorganizar as prioridades.

A necessidade do amor não é um assunto preocupante apenas para mulheres solteiras, mas para as casadas também. Elas também se preocupam com a qualidade de seus relacionamentos com os homens. Mesmo que as estruturas básicas do casamento possam parecer estáveis, a mulher, em geral, sente os momentos de tensão, sente que está desapontando seu marido assim como a ela mesma, e pode não saber como mudar as coisas ou nem se é possível fazer isto.

Algumas diferenças básicas entre os sexos, entendidas de forma errada, podem ser culpadas por muitas das confusões e tensões que aparecem num relacionamento amoroso. Quando as razões para estas diferenças são conhecidas e a forma pela qual estas diferenças afetam o relacionamento são compreendidas, a troca entre homem e mulher fica muito mais compreensível e menos frustrante.

Tensões entre os sexos

Como a maioria das pessoas, você pode achar que a mulher se agarra ao amor com facilidade, enquanto o homem é mais ambivalente — ele pode aceitá-lo ou largá-lo. Pode achar que as mulheres são monogâmicas de nascença e fiéis, enquanto os homens são polígamos, mais inclinados a perambular mesmo quando aparentemente recebem tudo da mulher que amam. Pode também achar que o homem é menos capaz e se sente menos confortável com a intimidade, enquanto a mulher facilmente demonstra seu amor por completo. Pode achar que os homens só são românticos quando estão perseguindo alguma mulher e que seus gestos amorosos são apenas "truques", que são abandonados logo que se sentem seguros do amor da mulher. Pode achar também que as mulheres são viciadas em amor e que os homens querem se manter longe dele, que as mulheres gostam de ser arrebatadas pelo amor e que os homens gostam de ser mimados em seus relacionamentos.

A verdade é que há alguns aspectos verdadeiros em todas estas afirmações, estes são os ingredientes da velha tensão e desentendimento entre o homem e a mulher — a guerra dos sexos. Sem dúvida você mesma vivenciou algumas destas estranhas tensões em seus relacionamentos. Você não está sozinha — todos nós batalhamos com elas. Homens e mulheres sempre estiveram fascinados, intrigados, suspeitos, frustrados e mistificados um pelo outro.

A expressão *guerra dos sexos* surgiu porque, como o homem e a mulher são atraídos um para o outro, sensações de competição e suspeita são intensificadas. Por que deveria ser assim? O que faz com que o homem e a mulher desejem um ao outro e ainda assim sejam cautelosos e tão facilmente frustrados e desapontados? Há uma simples razão para este complexo dilema: homens e mulheres são diferentes. Nós nos encantamos com algumas destas diferenças, mas fracassamos completamente ao tentar entender algumas outras e muito menos gostamos delas.

Talvez o conflito mais básico entre homens e mulheres seja proveniente da diferença fundamental de como vêem a intimidade — o que quer dizer, as prioridades em suas vidas, e a satisfação que estas lhes dá. Isto não quer dizer que um dos sexos ame de forma mais completa. Quer dizer que os diferentes sexos vêem o amor e vivenciam a intimidade de forma diferente. Nossos desapontamentos com o amor resultam de não levarmos em conta estas diferenças primitivas.

Caminhando para uma maior intimidade

Os homens e as mulheres encaram o amor de formas diferentes por causa de um fato muitíssimo importante: meninos formam sua identidade e seu próprio sentido de ser ao se separarem de suas mães e criarem seus modelos segundo o pai, enquanto as meninas desenvolvem a própria personalidade numa contínua associação com a mãe, criando seus modelos segundo ela. Esta pequena variação entre meninos e meninas é responsável pelas infinitas confusões e desentendimentos que acontecem quando o homem e a mulher se apaixonam.

A intimidade acontece quando revelamos nossos pensamentos e sentimentos mais profundos e o nosso parceiro ou parceira devolve o mesmo presente da partilha. A intimidade é um pré-requisito para se apaixonar e formar uma união duradoura com outra pessoa. Para lhe ajudar a visualizar as diferenças críticas entre o conforto com a intimidade do homem e da mulher, empregamos um subterfúgio conceitual que chamamos de Escala da Intimidade.

Imagine a necessidade e o desejo por intimidade formando uma linha contínua, com Apego de um lado e Afastamento do outro. Afastamento representa o estar só, autônomo e independente. Apego é a sensação de se sentir ligado a outra pessoa, numa forma íntima em seu extremo.

Escala da intimidade
Afastamento -------------------------------------- **Apego**

Cada um de nós tem uma "área de enlace" favorável, o que indica em que nível de intimidade nos sentimos mais confortáveis.

Apesar do homem e da mulher valorizarem o amor de forma semelhante e dar a mesma ênfase e importância em encontrá-lo e manter uma união íntima, suas posições na Escala da Intimidade são, em geral, totalmente diferentes. Estas diferenças entre homem e mulher representam padrões comuns e deve ser lembrado que excessões sempre existem em casos específicos. Alguns homens se comportam, em relação a intimidade, de forma mais parecida com o comportamento de uma mulher e algumas delas se comportam mais semelhantes aos homens, no sentido de terem forte necessidade de independência e autonomia.

Afinidade: Como as mulheres se apegam. Na nossa experiência descobrimos que as mulheres, em geral, estão muito mais motivadas por suas necessidades de união e apego num relacionamento do que o homem. A área de enlace da mulher — a posição na escala da intimidade onde é mais provável que ela se sinta confortável e completa — é muito perto do lado Apego. Ali é onde a mulher tenta se posicionar com um homem.

Área de enlace da mulher
Afastamento -------------------- (Enlace) > > > Apego

A origem desta poderosa força direcional, a qual chamamos de Fator Afinidade, pode ser encontrada nas primeiras experiências da infância da menina. O mundo da criança é totalmente centrado na mãe e a menina-bebê ganha uma sensação de força ao se manter unida a ela. Proximidade fica, para sempre, associada a segurança. Por volta dos dois anos, o processo de desenvolvimento da própria identidade começa e a menininha começa a imitar sua mãe mágica e poderosa. Aqui também ela aprende que a força vem do fato de se estar unida, ligada, próxima.

Quando a menininha cresce, ela guarda uma forte e duradoura lembrança desta união idealizada ou de profunda intimidade. Quando as moças se tornam mulheres, mesmo quando se tornam profissionais interessadas numa carreira, esta sensação de segurança tão fortemente associada com a união com a mãe fica em seu subconsciente e exerce uma poderosa influência. Estas experiências de quando era criança são as origens do Fator Afinidade, a força que faz a proximidade e a união serem tão importantes para a mulher.

No entanto, isto não quer dizer que o desejo de proximidade seja sempre um motivador na vida da mulher. Quando entra na adolescência e na vida adulta, a independência e a realização de seus projetos se tornam cada vez mais importantes para ela. Estes fatores podem ser tão importantes para a mulher como são para o homem. Mas enquanto a necessidade de apego pode estar adormecida durante períodos de grandes realizações, esta nunca se perde ou perde sua força impulsionadora.

Como a mulher associa segurança com união, a separação e a solidão são para ela sinais de perda de segurança, portanto representam situações para serem evitadas. Não estar unida a ninguém representa, para muitas mulheres, um estado negativo e assustador pois ele evoca preocupações e nunca mais a sensação de aconchego e segurança que elas tanto valorizam.

Polaridade: Como os homens se unem. Muitas mulheres hoje percebem que os homens têm medo do compromisso. Elas vêem os homens hesitarem em aceitar as exigências emocionais para um relacionamento. As mulheres acham que a ambivalência do homem é uma negativa, que significa fraqueza, indefinição e até incapacidade para amar profundamente ou conscientemente. Não importa se a mulher é solteira ou foi casada com o mesmo homem por muitos anos, ela deve ter vivenciado o comportamento do homem de aproximação/afastamento. Ele pode ser fortemente atraído para ela e é romântico e carinhoso, depois se afasta quando a intensidade emocional aumenta. Isto causa muita confusão na mulher, ressentimento e infelicidade.

Por que os homens se comportam deste jeito? Acreditamos que exista um poderoso processo delineador ou força que explique este comportamento geralmente enlouquecedor do homem. Não é fraqueza ou indecisão, nem incapacidade para amar. Em vez disso, esta oscilação entre proximidade e afastamento é uma lei básica da psicologia masculina. Nós escolhemos chamar este axioma do comportamento masculino de Fator de Polaridade e este também tem sua origem na infância e nas experiências enquanto criança.

Da mesma forma que as meninas, os meninos formam um laço de profunda dependência com suas mães. Mas enquanto as meninas se mantêm numa próxima associação com as mães, alguma coisa muito diferente começa a acontecer com os meninos em seu segundo aniversário — aos poucos eles percebem que são diferentes de suas mães e mais parecidos com seus pais. Assim, os meninos são compelidos a se separarem de suas mães e a imitarem o modelo de seus pais. Os meninos percebem cedo que na autonomia está o centro da masculinidade. Este impulso em direção à independência atrai os meninos, e mais tarde os homens, para uma direção, enquanto a poderosa fome de ser cuidado e mimado, os atrai para outra. Estas forças opostas criam um padrão de oscilação nos homens — eles tendem a andar para a frente e para trás entre os dois pólos do Afastamento e Apego. Por isso o termo Polaridade.

Podemos visualizar o comportamento masculino em busca da intimidade desta forma:

Área de enlace do homem
Afastamento < < < < < (Enlace)> > > > Apego

Os homens alternam um desejo de Apego e profunda intimidade do lado direito da linha e um desejo de Afastamento e autonomia do lado esquerdo. Eles ficam desconfortáveis nos dois extremos desta linha por qualquer período de tempo. Quando eles alcançam o estágio de Apego, se sentem ansiosos, temendo ser engolidos e tornarem-se fracos. Por outro lado, quando se movem muito em direção do Afastamento, os homens começam a sentir um sutil mas inconveniente medo de abandono, isolamento e solidão.

Os homens se sentem mais confortáveis e estão mais inclinados a se unirem quando se sentem no meio desta Escala da Intimidade. Quando você compara esta situação com a zona de enlace ideal para a mulher, fica claro que há uma divergência entre o que a mulher quer e o que o homem quer.

Conflito: O lado escuro do amor. As mulheres não entendem a tendência bipolar que o homem sente entre os lados opostos da Escala da Intimidade porque parece muito estranho para elas, pois é muito diferente de suas próprias experiências. As mulheres não oscilam desta forma. Em regra geral, elas preferem uma região de enlace que seja bastante estável e mais próxima do Apego. Infelizmente, a região de enlace onde a mulher se sente mais confortável é a que deixa o homem se sentindo aprisionado e engolido! Esta discrepância está no centro de muitos conflitos e dilemas homem/mulher.

Afinidade e Polaridade sugere, claramente, o inevitável conflito. Mas a tensão não só é natural e previsível, como na verdade forma as bases da atração e interesse entre o homem e a mulher. Nós acreditamos que seja essencial entender que estas diferenças nunca desaparecem; elas persistem por todas as nossas experiências partilhadas com o parceiro. Nós podemos acreditar, de forma errada, que estas diferenças existem somente nos primeiros estágios do amor e que com bastante carinho, confiança e tempo, nós iremos, eventualmente, nos tornar um só com nosso amante e não viveremos mais conflitos. Acreditamos de forma ingênua que o amor vai alterar de forma mágica as leis psicológicas fundamentais. Não vai. Esta intrigante divergência entre o homem e a mulher está sempre presente. O homem continua a oscilar entre o desejo por autonomia e o desejo por intimidade. A mulher continua a buscar afirmações e intimidade. Mas é possível entender estas diferenças e aprender a lidar com elas.

Nossa intenção neste livro é revelar o que parece ser um mistério sobre o padrão de atração e comprometimento dos homens e lhe dizer exatamente o que se passa em seus corações e mentes quando eles se relacionam com as mulheres. O primeiro passo nesta direção é entender que o amor não acontece, simplesmente, mas se aprende, e seu caminho pode ser alterado.

Como se aprende a amar

Ser um bom parceiro ou companheiro não é inato ou intuitivo. Nosso comportamento e nossas expectativas num relacionamento são formados, em larga medida, por nossas experiências tanto infantis quanto adultas. Nós olhamos nossos pais e, na maioria das vezes, nós os imitamos, não importando o quanto desejamos ser diferentes deles. O tratamento que nossos pais dão um ao outro nos ensina o que esperar em nossas próprias vidas e que atitudes tomar em relação a gostar, ter afeição, respeito e proximidade.

Na adolescência, nós trazemos algumas destas antigas noções do que é o amor para o nosso primeiro relacionamento que passe de simples amizade. Sempre nos surpreendemos quando descobrimos que os outros podem lidar com a fascinação e com a atração de forma muito diferente do que fazemos. Uma das coisas mais críticas que aprendemos neste momento é como nos sentimos sobre nós mesmos — nosso valor e nossa atratividade. Para muitos de nós, este também é um período onde a vergonha, embaraço e desapontamento resultam da couraça na qual nos envolvemos para evitar que nos magoemos. Muitos de nós se sentem traumatizados pelas humilhações da adolescência que deixaram uma marca inesquecível. Muitos de nós descobrem que nossas atitudes em relação a encontros e amor vêm destas experiências adolescentes.

Nossa auto-estima é formada com estas experiências. A maioria dos dilemas que encontramos quando adultos são o resultado das feridas em nossa autoconfiança que aconteceram em nossa juventude.

O ponto importante desta questão não é que as nossas vidas são marcadas na juventude. Na verdade, é o contrário. A maioria de nossos padrões autodestrutivos pode ser alterada, até mesmo de forma dramática, numa direção positiva.

Influenciando o caminho do amor

Nós criamos nossos próprios dramas na vida. Sem contar com as experiências da infância, somos responsáveis pela forma, direção e qualidade de nossos relacionamentos. Não temos que ser as vítimas de nossas experiências; somos seus escritores, produtores e diretores. As pessoas que têm relacionamentos felizes aprendem com o passado, mas não deixam que o passado as tiranize.

Ninguém escapa da terrível dor e decepção dos traumas de relacionamentos. O conteúdo e a história dos cenários humanos são diferentes, mas um fato permanece: todo mundo se magoa com alguém em algum momento. Você não pode evitar de ser magoado, mas pode reduzir as probabilidades de se magoar da mesma forma repetidas vezes, e isso requer aprendizado.

O que paralisa um relacionamento e, em última análise, o leva para uma direção destrutiva é um fator simples: ambas as pessoas envolvidas continuam a fazer a mesma coisa repetidas vezes. Elas esperam que as coisas se modifiquem, mas continuam se comportando da mesma velha maneira, muitas vezes porque acham que devem mudar o comportamento do parceiro, e não o próprio. Isto não é verdade — a força está dentro de cada pessoa, pois quando uma pessoa do relacionamento se modifica, a outra preeisa fazê-lo também —, o parceiro é compelido a responder de uma maneira diferente.

Ter o impacto de um relacionamento — criando atrações e influenciando o caminho do amor — começa com o primeiro encontro entre o homem e a mulher. As sementes para os comportamentos positivos e negativos são plantadas desde o início. Nossos medos, necessidades e esperanças são apresentados numa espécie de lista camuflada desde o primeiro "alô".

Quando um homem e uma mulher se encontram, o que acontece em seu primeiro encontro que cria a "química" que vai mais longe do que a atração física — que vai além da superfície achando que ele é "interessante mas..." — ou que ela é "agradável de se estar perto, mas..."? Que comportamento dá a dica ou sinaliza para a esperança mais profunda, ou certeza que esta é uma pessoa com quem podemos formar uma união forte, duradoura e emotiva?

Sem dúvida, muitos de nós fazem estes importantes julgamentos sobre os limites de um relacionamento muito cedo. Por que, após apenas um encontro com alguém, nos sentimos esperançosos e estimulados ou então dissuadidos ou desconfiados? O que uma mulher comunica nestes momentos iniciais ou horas, em muitos dos casos, determina a direção, natureza e força da resposta de um homem.

Pessoas solteiras geralmente temem que um relacionamento faça exigências insuperáveis — que o amor é difícil de se encontrar, que o compromisso é ainda mais difícil de se manter. As pessoas casadas geralmente nutrem a crença de que alguns padrões que estabeleceram são tão arraigados que elas não podem acreditar que conseguiriam mudá-los. A maioria das pessoas acredita que o trabalho que é necessário para se manter um relacionamento funcionando, ou colocá-lo de volta no caminho certo, é monumental ou requer esforço sobre-humano. A verdade é que os *insights* e ações necessárias para se mudar um relacionamento podem ser aprendidos e podem não ser tão difíceis como você pensa. Mudanças podem ser assustadoras para todos nós. Nós esquecemos de nos lembrar que também pode ser uma aventura — uma forma de crescimento e uma atitude fortalecedora — o experimentar novas formas de ser. Geralmente somos pessimistas quanto à nossa habilidade de romper os nossos padrões destruidores. Ou acreditamos, secretamente, que não podemos nos modificar, achando "que não sou eu", ou insistimos em não mudar, declarando que "este sou eu, é assim que sou — ame-me ou deixe-me". Sempre que agimos com esta rigidez e medo, é inevitável que vamos perder.

Nos capítulos seguintes desta parte, você lerá sobre tipos de mulheres diferentes cujos comportamentos contribuíram para padrões negativos entre elas e o homem que amavam. Ao ler este material, procure pôr estes comportamentos dentro de você, não com medo ou apreensão, mas como uma tarefa positiva, como um caminho em direção ao reconhecimento e descoberta. Nosso propósito é o esclarecimento e o crescimento pessoal e por esta razão nós enfatizamos as várias coisas que você pode fazer para romper estes padrões autodestruidores, não para o homem, mas para você mesma. Mudanças de dentro e para si mesma é o mais importante modo de melhorar e estimular relacionamentos amorosos. Lembre-se que arriscar, experimentar novas atitudes, é libertador, não apenas porque pode levar a relacionamentos mais completos com outros, mas porque é no processo de se arriscar que nos tornamos mais confiantes e gostamos mais de nós mesmos.

Capítulo 2
MULHERES QUE, SEM SABER, TEMEM A INTIMIDADE

Helene, 38 anos, uma linda e charmosa executiva de cinema, está tentando sair de uma depressão causada pelo rompimento de seu mais longo relacionamento, apenas um ano. Esta mulher que parece ter tudo para ser perfeita, se pergunta: "Por que os homens sempre me abandonam?"

Após quatro anos de casamento, Agnes e Bill se sentem como se fossem estranhos, comportando-se polidamente um com o outro. Mas nas festas, ela vê Bill sendo engraçado, charmoso e às vezes até flertando com outras mulheres. Ela está apavorada que ele queira romper o doloroso silêncio que há entre eles uma noite e peça o divórcio.

Greta convenceu Alex, seu marido há 17 anos, de ir a uma terapia de casal depois que descobriu que ele estava tendo um caso com sua secretária. Certa de que eles sempre tiveram um casamento incrível, ela achou que Alex só estava passando pela crise da meia-idade. O que descobriu na terapia, no entanto, foi completamente diferente. Ele sentia que não tinha mais nenhum contato emocional com ela.

Todas estas mulheres são atraentes, inteligentes e bem-intencionadas. No fundo, todas querem que seus relacionamentos continuem. No entanto elas estão todas em momentos de crise. Com exceção de Helene, cujo parceiro já a deixou, os homens em suas vidas estão no processo de se afastarem delas. Cada um pela mesma razão: estas são mulheres que, sem intenção, bloqueiam um processo que é absolutamente necessário para que um relacionamento saudável dure, o desenvolvimento da intimidade.

O que é intimidade

Intimidade é a essência do amor e da amizade. Ser íntimo de uma outra pessoa é sentir um grande laço emocional caracterizado por troca e compreensão. Deseja-se conhecer os sonhos mais íntimos da outra pessoa, seus desejos e preocupações, permitindo-se, ao mesmo tempo, ser conhecido. Intimidade leva a sensações de aconchego e de segurança reminiscentes da confiança e aceitação que sentimos quando crianças. Por outro lado, na ausência disso, sentimos a profunda dor de nos sentir estranhos um para o outro, uma sensação de isolamento e separação.

A capacidade para a intimidade é a chave em relacionamentos, pois define os últimos limites ou ponto máximo da habilidade que alguém tem para amar. Intimidade requisita bastante confiança. Temos que ser muito confiantes para expor nossos aspectos mais vulneráveis e íntimos e temos que acreditar que podemos aceitar os aspectos íntimos e vulneráveis da outra pessoa e não ficar esmagados por eles.

Intimidade não é a mesma coisa que dependência e necessidade. Mas duas pessoas podem ser totalmente dependentes da presença física uma da outra, mesmo que não aconteça nenhuma comunicação honesta de sentimentos. Outros casais exibem outra tendência que é geralmente confundida com intimidade — comunicação excessiva que não é recebida. Tanto o homem como a mulher podem partilhar seus pensamentos mais íntimos assim como seus sentimentos e sonhos de maneira aberta e vulnerável, mas se os dois falham em enfatizar honestamente o "receber" ou perceber o que o outro está partilhando, o casal não é íntimo. Isto é pseudo-intimidade, intimidade na qual cada pessoa permanece isolada. Este fenômeno acontece comumente na fase inicial do romance, durante a qual sentimentos projetados e fantasias são comumente confundidas com empatia e amor, e não acontece senão muito mais tarde que os indivíduos envolvidos percebam gradualmente que não estão sendo escutados.

Medo de rejeição, abandono e perda

Por que alguém estaria apreensivo sobre estar emocionalmente próximo de outra pessoa? Afinal, o amor verdadeiro e real — ter um parceiro que nos conheça e nos aceite, que nos ame pelo que somos realmente — é uma experiência incomparável em nossas vidas. Mas a estranha verdade é que a intimidade é, na prática, evitada por muitos homens e mulheres e pode até ser apavorante para ambos. Muitos de nós não somos tão abertos para a intimidade como acreditamos que somos, porque o amor, maravilhoso como é, pode causar intensas sensações de rejeição, abandono e perda.

Antes de tudo, para se sentir confortável em ser conhecida e amada por outra pessoa, você tem que aceitar e amar a você mesma. Se tiver dúvidas sobre seu valor, se sentir que os aspectos escondidos de sua personalidade ou caráter são feios e inaceitáveis, pode temer que seu parceiro a julgue da mesma forma severa e crítica com a qual você se vê. Revelar a si mesma significa oferecer-se para ser julgada, de forma positiva e negativa. Como terapeutas, ouvimos diariamente afirmativas como "Se ele me conhecer de verdade, tenho medo que não goste de mim". No entanto, quando você aprender a aceitar suas boas qualidades e as não tão maravilhosas, e se sentir em geral autoconfiante — "Eu não sou perfeita, tenho falhas humanas mas, contrabalançando, sou uma pessoa adorável" —, você começa a se sentir mais confortável em ser conhecida por outras pessoas. Assim, a intimidade se torna não apenas tolerável, mas valiosa, reconfortante e prazerosa.

Medo de ser abandonada "Por que revelar meu íntimo, por que me aproximar tanto assim, gostar tanto, já que ele vai me deixar mais cedo ou mais tarde?" — é outro assassino da intimidade. Desde que as taxas de divórcio aumentaram nas últimas décadas, o medo de ser abandonada deixou de ser uma preocupação irreal e neurótica para ser algo baseado em estatísticas reais. "Até que a morte nos separe" cedeu lugar a uma espécie de amor condicional temperado pela consciência de que o amor pode não durar muito e que muitos casais se separam de fato. A ansiedade de se investir livremente numa relação deriva da ciência de que "nada é para sempre". Mas o que também está claro para nós é a irônica realidade de que o homem ou a mulher que preferem se afastar dos riscos comuns que envolvem o amor, geralmente causam o próprio abandono que temem. Pessoas muito resguardadas, que temem a intimidade, em geral acionam um processo de estranheza e rejeição — a mesma calamidade que eles querem evitar tão desesperadamente.

Algumas pessoas evitam ou limitam a intimidade porque elas se lembram a terrível dor que sentiram quando alguém amado morreu. Um alarme secreto dispara quando elas começam a se sentir atraídas para alguém: "Não chegue muito perto, vai perder esta pessoa e terá que suportar a dor outra vez!" Quando alguém amado, principalmente um companheiro ou um dos pais, morre, nós respondemos de duas maneiras típicas: alguns de nós choram profundamente a dolorosa perda e depois, vagarosamente, caminham na direção de preencher o vazio com outros relacionamentos amorosos. Para outros, a perda é tão destruidora que esquecemos que o amor fazia tão bem. Nos lembramos apenas da dor da perda e do perigo que vêm junto quando se ama alguém. Neste caso, um novo amor fica ofuscado pela apreensão de uma nova perda. Estas dores do passado devem ser resolvidas antes que possamos amar completamente outra pessoa.

A verdade é que uma proximidade muito grande junto com um profundo interesse significa o risco da rejeição, abandono e perda. A auto-aceitação e a auto-estima nos dão a coragem para correr estes riscos e, ao fazer isso, colher as maravilhosas recompensas da intimidade.

Medo de perder sua identidade

As mulheres se sentem mais confortáveis do que os homens com a proximidade e com a partilha dos sentimentos e é mais provável que estimulem a intimidade num relacionamento. Mas existem algumas mulheres que temem que, se elas se tornam muito próximas de um homem, arriscam perder sua autonomia e independência. Temem que sua identidade individual se perca ou fique comprometida, e que sua personalidade se misture com a do homem.

Você pode ter tido alguns momentos prejudicados por este tipo de ansiedade. Talvez depois de muitas semanas de intensa proximidade, você tenha sentido uma necessidade quase desesperada de passar algum tempo afastada, sozinha, ou com alguns de seus próprios amigos. O que está acontecendo é que você quer sentir a familiaridade de sua própria personalidade, independente da dele. Isto é natural e positivo.

Às vezes, num nível mais consciente, a mulher teme que uma profunda proximidade possa, de alguma forma, se tornar uma teia que a prenda. Ela teme não ser capaz de lidar com as necessidades emocionais do homem e os requisitos provenientes desta intimidade — que ele exija muito de seu tempo e energia. Assim ela limita o nível da intimidade para proteger sua independência conquistada com muito esforço. Sem dúvida, existem homens que, apesar dos desejos de sua consciência, ainda têm dificuldades emocionais em aceitar uma mulher com uma carreira. Um homem assim deseja secretamente mais envolvimento e paparicação por parte da mulher do que é razoável. A solução, que iremos discutir em outros capítulos, não é evitar a intimidade, mas deixá-la acontecer devagar e, com o crescimento do amor e da confiança, negociar suas bases, tendo certeza de que ela não venha de um lado só.

Medo de ser sobrecarregada pelas necessidades masculinas

Outra razão pela qual algumas mulheres bloqueiam a intimidade é que a carência do homem a ameaça e diminui o respeito que ela tem por ele. Elas temem ser sobrecarregadas pelas preocupações do homem, suas ansiedades e dúvidas que inevitavelmente vêm à tona conforme o relacionamento se aprofunda. Honestidade é uma parte integral no laço da intimidade. Mas para algumas mulheres, a honestidade com que um homem se abre pode disparar o medo dele ser fraco ou incapaz de tomar conta dela. Durante a fase romântica do envolvimento, invariavelmente existe alguma idealização — ela o vê como forte e seguro. Mas com o passar do tempo é inevitável que exista alguma desilusão: ele não é o príncipe galante, nem sempre é forte e autoconfiante. Ao bloquear a intimidade, a mulher pode evitar que esta nova imagem dele, não tão atraente, venha à tona.

As mulheres que temem ser sobrecarregadas pelas necessidades do homem e suas exigências emocionais, geralmente justificam assim sua relutância em ouvir por muito tempo e de se dar. A verdade é que existem homens que esperam muito das mulheres. Para poder determinar se um homem quer demais, uma mulher precisa entender as necessidades masculinas de uma ligação emocional e o medo que sente dela.

O medo masculino de ser dependente

Uma das preocupações mais importantes neste livro é o conflito que sente o homem com medo de ser dependente emocionalmente de uma mulher. Por causa do Fator Polaridade, nada cria mais conflitos num homem do que ser dependente de uma mulher. Do frio isolamento do Afastamento o homem é atraído para o calor do Apego como se fosse um fogo brilhante. Mas o homem se preocupa com este desejo por proximidade e teme que o Apego o enfraqueça e o domine. É essencial que a mulher entenda o conflito que o homem vive, porque é determinante na maneira com que ele se une a uma mulher, se ele a ama ou a deixa. Se os profundos desejos que o homem sente por aconchego e carinho são negligenciados — o que é muito fácil de ser feito porque esta necessidade em geral está abaixo da superfície de sua consciência, e ele nunca fala sobre ela —, esta negligência pode inibir seu potencial para proximidade, pode criar ansiedade e o forçar a construir paredes emocionais intransponíveis.

Como já falamos, os meninos desenvolvem seu sentido de masculinidade através de um processo gradual de afastamento de suas mães e imitação de seus pais. Enquanto as meninas se sentem fortalecidas pela semelhança e pela ligação, os meninos se sentem fortalecidos pela separação e autonomia. Eles se sentem bem com eles mesmos quando estão sendo independentes, quando andam em suas bicicletas, passam a noite com amigos ou dirigem um carro pela primeira vez. Mas num outro aspecto do processo de autonomia, os meninos também aprendem a esconder seus sentimentos. Infelizmente a emoção se torna confissão de fraqueza. Todos nós já vimos um menino se encolher quando sua mãe tenta abraçá-lo. Por quê? Porque para ser tomado nos braços de sua mãe e aceitar o abraço, um menino deve relaxar, perder o controle. Esta sensação faz lembrar a infância com a fraqueza e a dependência, exatamente o oposto da auto-suficiência e a força que caracteriza a masculinidade que ele está sempre lutando para alcançar. Podemos dizer que o que ele sente quando percebe sua necessidade de aconchego é medo de ser "engolido" ou "sufocado" mas, na verdade, é basicamente o medo de perder a masculinidade.

Quando os meninos deixam definitivamente a segurança e o conforto da ligação com suas mães, eles mantêm o desejo por esta intimidade e o medo dela — um conflito no qual estarão presos por toda sua vida, o Fator Polaridade. A atração de ser mimado está sempre presente, tentando-os, mas eles aprendem a ceder a ela apenas em algumas situações e nunca por muito tempo. Por exemplo, os homens retornam, com bastante freqüência, a um comportamento infantil quando estão doentes. Mas este lapso de dependência parece aceitável — a maioria dos homens pode se permitir ser paparicado e cuidado sem o medo de perder sua "masculinidade" quando está doente, porque eles sabem que é apenas temporário.

Quando o homem se sente só

Existem poucos homens que não desejem as recompensas da intimidade, mesmo que estejam relutantes em fazer metade do trabalho para alcançá-la. As mulheres que evitam a intimidade estimulam um dos medos básicos dos homens. Na ausência da proximidade, um homem se sente só e abandonado. Se tentar comunicar estes sentimentos, ele se arrisca a se sentir humilhado porque expõe suas carências e dependência. E ele *é* humilhado se sua tentativa de revelar seus desejos por uma experiência mais íntima e rica com uma mulher não for ouvida.

Como descrevemos anteriormente, o Fator Polaridade indica que o homem se sente unido em alguma posição mediana entre Apego e Afastamento. É dentro desta faixa mediana que eles sentem e demonstram as maiores graduações da paixão, interesse e envolvimento. Mas quando o homem se sente vagando em direção ao Afastamento, eles vivem um desconforto e ansiedade. A mulher que evita a intimidade está, inadvertidamente, permitindo que o homem se afaste.

Quando uma mulher nega ao homem o amor e a intimidade que este necessita, sua resposta pode ter diversas formas. Primeiro: ele pode se sentir frustrado e ressentido, o que provavelmente terá vergonha de dizer a ela e até a si mesmo. Depois, como uma forma de se proteger de sentir-se isolado e sem nenhuma ligação, ele pode se afastar dela emocionalmente. Ele pode também se tornar insensível a esta sua crescente dor e sensação de estranheza. O estágio final pode ser a óbvia negligência a ela, o que em geral é uma retaliação inconsciente pela negligência dela. Em vez de uma retaliação, muitos homens simplesmente se afastam. Ele pode parar de se comunicar, ficar absorvido em seu trabalho, esporte ou hobby, pode ficar desinteressado sexualmente ou mesmo ter um caso. Ou pode simplesmente abandonar o relacionamento. E ele pode fazer isso sem nem ao menos saber as razões específicas para dar este passo.

A rocha

Barbara, 34 anos, já se divorciou duas vezes. Ela divide a custódia de seus dois filhos com os pais deles. Uma editora freelancer de livros, ela está saindo com Frederick há quase dois anos. Ele é um ex-ator que trabalha atualmente com venda de imóveis enquanto espera a grande chance em uma de suas muitas aventuras especulativas. Os anos que estiveram juntos foram caracterizados por Barbara, quando começaram a terapia de casal, como "caóticos e desgastantes" apesar dela ter dito isso com um sorriso. Frederick concordou com sua descrição, mas não pareceu tão divertido com o drama de seu envolvimento. Logo ficou claro que ele estava sofrendo muito mais que ela. Ele admitiu que instigou a maioria de suas brigas, mas revelou que estava agora sem esperanças de continuar o relacionamento, uma crise que logo os levou a começar a terapia.

Barbara percebeu que ele estava muito exigente, e até infantil na extensão de sua necessidade de ficar perto dela. "Eu preciso de tempo para ficar sozinha", explicou ela, "talvez muito mais do que Fred precise, mas o que realmente me incomoda não é a necessidade dele de passar mais tempo comigo, mas a necessidade interminável que ele tem de falar de seus problemas. Não é muito interessante, e certamente não é muito romântico." Ela tinha saudades dos primeiros dias de sua relação quando ele pareceu mais solto, ousado e aventureiro — qualidades que seus dois maridos, ambos muito rígidos e conservadores, não tinham nem um pouco. Ela acreditava sinceramente que Frederick estava pedindo muito e que ele tinha que trabalhar suas próprias carências — que eram problema dele. Mas não era assim na cabeça de Frederick. Ele se via como um homem razoavelmente maduro e auto-suficiente que, como resultado de uma história de carreira tumultuada, precisava de um confidente, alguém que se importasse com ele e que ouvisse atenciosamente quando ele partilhasse as coisas boas assim como algumas de suas apreensões e ocasionais acessos de dúvidas. Ele a acusava de ser dura e egoísta, querendo apenas excitação e não amor. "Olhe", disse Fred para Barbara, "não estou pedindo nada que eu não queira te dar. Você é tão misteriosa sobre as coisas que te incomodam. Sei que existem estas coisas, mas você nunca fala sobre elas. Bem, eu não vou jogar o mesmo jogo. Não acho que amor seja isso."

Barbara começou a entender gradualmente que sua raiva contra Frederick não vinha apenas do medo que sentia por sua vulnerabilidade, mas a dela mesma. Ser aberta e expressar seus sentimentos sempre foi difícil para ela. Ela podia ser uma ouvinte muito perceptiva, um fato que seus muitos amigos lhe asseguraram, mas não de uma forma constante, e por certo não no contexto de uma relação homem/mulher. Barbara estava tentando se proteger de dar muito e exaurir suas reservas emocionais. No princípio, com Frederick, ela achou que iria finalmente encontrar o homem que seria sua cara-metade. Ela sentia que ele também queria paixão, intensidade e estímulo e não queria sugar sua parceira com necessidades "infantis" nem ser sugada por ela.

O que Barbara não percebeu foi que Frederick era, de fato, o homem que ela pensou que fosse. No entanto, como muitos de nós, quando os laços se estreitam, uma maior amplitude de necessidades se torna parte da união. Ser vulnerável algumas vezes e precisar ser cuidado é inevitável. Nas proporções certas, é natural e saudável. Ao rejeitar este componente normal da intimidade, Barbara estava fechando a possibilidade de seu envolvimento ir além de uma paixão tempestuosa.

Superando o medo da vulnerabilidade do homem: Barbara se transformou numa pedra pelo medo de ser explorada emocionalmente ou exaurida pelo homem. Se você se identifica com o dilema de Barbara, existem passos positivos que pode tomar e que vai lhe ajudar a ultrapassar estes medos. Mas primeiro é importante entender o que um homem quer quando ele fala de suas preocupações com uma mulher.

Mesmo que você ache que ele quer, de alguma forma, que você resolva os problemas dele, a verdade é que a maioria dos homens quer apenas uma pessoa receptiva e interessada para ouvi-lo. Eles querem alguém com quem possam falar honestamente e abertamente de suas preocupações sem precisar se segurar. Eles querem ser ouvidos e compreendidos, e não necessariamente ajudados. Para muitos homens, é muito mais fácil falar francamente com uma mulher do que com um homem sobre aspectos complicados de suas vidas. Quando ele revela seu ponto frágil para uma mulher, o homem não tem que se preocupar com a comparação e a competição que acontece nesta interação com outro homem. Você pode ver, então, por que é tão importante para um homem poder falar sobre suas preocupações com a mulher que ele ama.

O primeiro passo para lidar com qualquer medo é entender mais claramente o que é este medo — neste caso, entender o que faz com que você queira se afastar de um homem quando ele é vulnerável. Este tipo de esclarecimento é necessário para entender o que lhe causa o desconforto, pois somente pela compreensão desta causa você pode começar a lidar de forma mais efetiva com ela. Por exemplo, pergunte a si mesma como realmente se sente sobre o homem com quem está envolvida quando ele lhe conta suas preocupações mais profundas e mais particulares. De que você tem medo que aconteça? Como poderá se sentir?

Para algumas mulheres, esta preocupação é mais ou menos assim: "Só tenho forças suficientes para lidar com meus próprios problemas. Se tiver que dar minha energia para alguma outra pessoa, não sobrará o suficiente para cuidar de mim mesma." Este medo é baseado na idéia de que quando um homem expressa suas preocupações ele espera que você faça alguma coisa por ela — que as resolva. Entender que não se espera nada em particular de você pode ser libertador, pois escutar não é tão desgastante. Na verdade, só funciona desta forma se você achar que é sua responsabilidade fazer alguma coisa com o que está ouvindo.

Outra preocupação comum que a mulher tem é tipicamente expressa desta forma: "Quando um homem fala sobre seus problemas, faz com que eu pense que ele é fraco, e detesto pensar que o homem da minha vida não pode cuidar de si mesmo." Obviamente ter problemas não faz ninguém fraco, pois os problemas são onipresentes. O teste de força e caráter nunca é a presença de preocupações e adversidades, mas como lidar com elas. Quando um homem expressa suas preocupações internas, isto não significa automaticamente que ele é fraco ou não pode tomar conta de si mesmo. O fato é que muitos homens só vão admitir estes sentimentos para a mulher que amam. Para o resto do mundo eles mostram a armadura que aprenderam a usar. Num sentido muito verdadeiro, é um elogio para a mulher quando ele expressa suas inseguranças e dúvidas, pois este ato representa confiança e amor, não fraqueza.

As mulheres que se transformam em pedras de gelo como resposta às necessidades emocionais dos homens geralmente temem a repetição de velhos e dolorosos sentimentos do passado. Este pavor antecipado serve como sinal de alerta. Por exemplo, talvez ela tenha visto sua mãe se dar carinhosamente e indefinidamente para seu pai e receber muito pouco em troca. Esta lembrança faz surgir um medo secreto de que, se ela começar a dar para um homem, vai ter que continuar dando e eventualmente se tornar mãe assim como esposa.

A tarefa é basicamente confiar em sua habilidade de manter um equilíbrio no relacionamento. Evitando tanto assim como forma de se prevenir de ser explorada e sobrecarregada pelo homem, apenas a leva a continuar com medo e, ele, a continuar ressentido. Se dar a um homem com a firme certeza de que ele dará de volta, cria uma melhor atmosfera onde o respeito mútuo e o carinho são possíveis. Na verdade, dar sem o medo de exploração só pode lhe deixar com mais ainda para dar, pois amar livremente é fortalecedor. O amor só enfraquece quando vem com freios e é assombrado pelo espectro do ressentimento.

Mas e quando o homem realmente quer demais? A solução, para a mulher, é simplesmente esperar reciprocidade, insistir nela! Ninguém tem que dar sem receber. Certamente esta não é uma tarefa da mulher. Seja franca e clara com ele sobre suas preocupações e seja muito objetiva com ele dizendo que você não é sua mãe e que você espera da parte dele a mesma atenção carinhosa que você está disposta a dar. As mulheres que dão demais, que se permitem ser exploradas, são aquelas que, tipicamente, nunca falam sobre este assunto com o homem em suas vidas. Estas mulheres hesitam em ser claras e diretas a respeito da mutualidade e reciprocidade. É quando falta esta forma direta de ser que a mulher pode, eventualmente, se sentir sobrecarregadas pelas exigências do homem.

A esfinge

Às vezes, um homem encontra uma mulher que aparentemente tem tudo a seu favor mas ainda assim tem uma estranha história de nunca conseguir manter um relacionamento íntimo. É um enigma para seus amigos como é para ela mesma, já que ela é o esterçótipo da mulher ideal para se unir a um homem fantástico.

Helene é uma mulher assim. Tem 38 anos e nunca se casou, apesar de ter saído com um verdadeiro panteão dos homens mais desejáveis. Seu trabalho como produtora de filmes traz a ela muitos elogios por seus negócios, até reconhecimento público. Ela é bonita, inteligente, bem-sucedida e está à vontade numa profissão complexa. Ela é uma negociante tenaz além de uma mulher bem atraente.

Quando Helene fez um inventário de suas relações passadas, parecia haver um tema consistente para o abandono dos homens, uma repetição dos comentários que ela ouviu dos homens todos estes anos. Alguns diziam que ela era muito perfeita; sua perfeição os deixava desconfortáveis. Outros achavam que ela não tinha senso de humor, o que ela sabia que era verdade, mesmo que ela tentasse muito ser leve e simples. Outros homens, depois de um tempo, ficavam agressivos e competitivos com ela. Ela sempre via estes homens como sendo muito fracos para lidar com seu sucesso. Um homem com quem ela saiu nunca competiu com ela, mas brincava sobre nunca a conhecer realmente. Seu apelido para ela era Mona Lisa, e por algum tempo ele ficou seduzido pelas qualidades enigmáticas que ela projetava.

Os homens em sua vida realmente perceberam uma barreira. Como Helene descreve: "Eu nunca acreditei que pudesse me envolver numa relação íntima e manter os padrões que tenho para mim mesma. Sei que não posso sempre ser compreensiva, esperta, viva, forte ou até mesmo bonita o tempo todo. Eu acho que, ao me segurar, me sinto mais controlada, sinto que não estou me arriscando a desapontar ninguém."

Helene tinha medo de que, se um homem chegasse muito perto dela, seus sentimentos mais profundos seriam expostos e ele seria repelido pelo que via. Seus segredos? Nada realmente terrível — a doença terminal de seu pai há muitos anos atrás e a depressão de sua mãe depois da morte do marido. Mas quando menina, ela se sentiu envergonhada e sem jeito com estas tragédias de família e tão assustada em parecer menos que perfeita para outros que qualquer coisa que pudesse disparar sua própria tristeza e insegurança era sistematicamente afastada de sua pessoa... ou assim ela acreditava.

De uma forma irônica, Helene é uma destas pessoas condenadas pela complexa eficiência de suas defesas psicológicas. Ela aprendeu cedo como parecer atraente e desejável. Fazia isso tão bem que esqueceu que desenvolveu esta habilidade para se proteger da mágoa e vulnerabilidade. Sua máscara, sua fachada, não importando o quanto fosse bela, provou ser uma barreira evitando que os homens chegassem muito perto. Eventualmente, os homens se cansavam da quase inefável sensação de solidão que sentiam com ela em momentos íntimos.

Agora Helene está aprendendo a se arriscar. "Eu entendo agora que por sempre tentar amenizar as coisas em momentos estranhos, ou cortar, quando o homem estava tentando dividir alguma coisa dolorosa comigo, com algum comentário bobo, estava fazendo as coisas serem muito amenas e distantes. Eu achava que estava fazendo os homens quererem ficar próximos de mim por estar tornando as coisas o mais suave e perfeitas possível, mas o que estou descobrindo é justamente o oposto. São nestes momentos estranhos ou tristes ou magoados que experimentamos a intensa proximidade e estes sentimentos maravilhosos indo e vindo entre nós dois. Tive alguns momentos de muito carinho com o homem com quem estou saindo agora." Enquanto Helene continua a desfolhar as camadas de defesa e proteção, ela está confiante que, em vez de deixá-la, o homem vai se aproximar dela cada vez mais.

Aprendendo a arriscar a se expor. Mulheres que superficialmente são desejadas e atraentes podem enganar a si mesmas por anos a fio, na forma pela qual evitam a intimidade. Se você vê um pouco de sua história no caso de Helene, se os homens parecem nunca insistir num relacionamento com você mesmo que tenha milhares de traços positivos, pode ser que tenha criado uma fachada protetora com atitudes para bloquear a verdadeira química homem/mulher. Porque adotamos estas estratégias tem a ver com feridas antigas e medos que devem ser mais dominantes do que acreditamos que sejam. Nós criamos estas barreiras para proteger as pessoas de quem gostamos de conhecer nossas imperfeições. Na verdade, este escudo serve apenas para proteger o que mais precisamos — a aceitação e confiança que acompanham a intimidade. Quando nos preocupamos em mostrar nossos defeitos é porque não temos certeza de como eles vão ser recebidos, se vamos ser amados apesar deles ou julgados por causa deles. Mesmo sabendo que ninguém é perfeito, estamos sempre mais cientes de nossas próprias imperfeições. O problema é que ao escondê-las dos outros ficamos sem descobrir se podemos ser amados apesar deles. Isto apenas perpetua nossas preocupações que podem surgir de forma inesperada e nos sabotar. Também faz com que nos tornemos frágeis e sem vida. Os homens se ligam com mais intensidade às mulheres que são animadas. As "arestas" criadas por ser você mesma são os verdadeiros adesivos de um relacionamento próximo.

A tarefa é encontrar a coragem de arriscar a verdadeira expressão do seu ser. Invariavelmente o risco vale a pena, pois aumenta as possibilidades de uma maior intimidade. O primeiro passo é isolar os medos que você tem de estar muito próxima e assim se tornar conhecida. Pergunte a si mesma: O que exatamente alguém vai encontrar se me conhecer de verdade? Os fatos e sentimentos sobre minha vida são tão desagradáveis e repulsivos? Em geral, nossos medos são muito exagerados, até mesmo irracionais no sentido que outros não os veriam como sendo tão vergonhosos ou feios.

Desde a infância, não é incomum o medo de não ser amado ou de ser diferente. Todos temos a tendência de lutar contra um falso orgulho, vergonha e o desejo de que, de alguma forma, nossos defeitos não apareçam. No entanto, um problema aparece quando nos sentimos compelidos a ser perfeitos para evitar sermos vistos como defeituosos, desvalorizados, ou não adequados.

Você pode se libertar destes medos quando encontrar a coragem para arriscar. Arrisque-se a mostrar mais de si mesma para outros. Ficará surpresa ao descobrir que as pessoas a aceitam facilmente como você realmente é. O simples ato de expormos mais o nosso interior faz com que pareçamos mais vivos e animados e é, então, mais provável que encontremos a intimidade.

A chefe de torcida

Greta, 39 anos, está casada com Alex há 17 anos. Uma mulher cheia de energia, inteligente e bem organizada, Greta é ativa em muitas causas políticas e sociais. Seu grande círculo de amigos pensa nela como sendo extraordinariamente animada, determinada e atraente. Mas o marido sabe a verdade sobre ela. Ela não é a mulher calorosa e amistosa que pensa que é. Na verdade, ela tem medo de deixar que qualquer pessoa a conheça.

Greta trouxe Alex com ela para a terapia depois que descobriu que ele tinha um caso. Greta queria acreditar que era apenas uma aventura sexual, mas o fato era que a mulher tinha a mesma idade que ela e não era muito atraente fisicamente. Ela esperava que o caso terminasse por si só e que não fosse mais do que a crise da meia-idade para Alex. Greta achava que a vida de casado deles era basicamente boa; tinham uma excelente vida sexual, lindos filhos e sempre tinham que comparecer a alguma festa ou compromisso social.

Greta tentou realmente procurar razões em sua alma. Seus amigos, que a adoravam, não ajudaram, pois concordavam com ela que Alex realmente "dera um fora". Alex se negava a discutir sua crise de casamento a não ser numa terapia, insistindo que suas tentativas de se comunicar com ela em particular geralmente falhavam porque Greta as transformava em palavras de ânimo, tentando convencê-lo do casamento maravilhoso que tinham.

Por vários anos, Alex se sentiu totalmente sozinho no casamento sem realmente entender por quê. Só depois que ele começou a ter este caso é que percebeu como estava sendo pouco estimulado emocionalmente. Sempre que ele tentava fazer confidências a Greta, de uma forma carinhosa mas firme, ela mudava de assunto ou respondia com clichês seguros. O resultado disso foi que Alex sofria muito e se sentia um estranho para a mulher com quem vivia há tantos anos.

A maneira de Greta lidar com seus medos era mantê-los bem fechados dentro dela e apresentar para o mundo um falso ar de bem-estar. Qual era seu medo? Eram muitos, não apenas um. De muitas maneiras, ela é o caso típico de muitas mulheres e homens de hoje que tentam parecer "para cima" e positivos numa forma de disfarçar antigas dúvidas internas sobre si mesmos. Na verdade, Greta tomara a decisão, há muito tempo, de construir um estilo de vida e uma relação de casamento na qual nunca haveria uma sombra — nunca lidar com o lado cru e áspero da vida. Seus pais se divorciaram quando ela estava entrando na adolescência. Seu pai sempre foi carinhoso com ela, mas muito quieto e passivo e estranhamente arredio dos desgastes diários da casa. Sua mãe era mais falante, porém mais fria e criticava sempre o marido. Quando finalmente ele deixou a casa, Greta culpou secretamente a mãe e jurou ser o mais diferente possível dela. Como sua mãe era amarga e negativa, ela seria positiva. Como sua mãe era uma crítica compulsiva, ela iria ignorar estas coisas que magoam, chateiam ou a deixam furiosa. Ela não cometeria os erros de sua mãe. Ela não seria abandonada. Ela seria diferente.

O problema foi que, quando Greta calou todas as sensações negativas que via como perigosas, limitou a profundidade e a riqueza de seu relacionamento com Alex. Greta não era, nem um pouco, uma mulher superficial, mas a rígida pressão na qual escondia suas emoções fazia com que ela parecesse ser assim.

Abaixo da superfície. Ser "para cima" e positiva o tempo todo cria não só muitas pressões internas desnecessárias como é um padrão impossível de se manter. Estar perto de uma pessoa assim faz com que os outros se sintam mais irritados, irracionais e extremamente exigentes por comparação. Ela começa a se sentir culpada por ter as variações de humor normais.

Como alguém pode se libertar desta eterna prisão ensolarada da falsa alegria? Não é fácil, mas pode ser feito e existem algumas recompensas muito positivas. Primeiro é preciso compreender que há uma satisfação secreta e ligeiramente hipócrita em ser mais bonzinho que seu parceiro. E enquanto você acha que em sendo boazinha está ajudando o relacionamento, na verdade não está, porque está privando você e seu par de seus verdadeiros sentimentos.

O relacionamento se compõe de um equilíbrio de sentimentos positivos e negativos. Pessoas que se tornaram exageradamente positivas tendem a ter dois medos comuns, ambos sem fundamento. O primeiro é que censuraram a raiva, tristeza e mágoa por tanto tempo que se algum dia derem vazão a estes sentimentos, estas pessoas seriam engolidas por esta tormenta e assustariam seus parceiros. O segundo medo é de que elas acostumaram assim aos seus parceiros e que, se de repente mudassem, não seriam aceitas. Errados dos dois lados! Mudanças como estas precisam de tempo e raramente há alguma tormenta de negatividade. Na verdade, ser um pouco ranzinza, mostrar tristeza ou mágoa mais claramente, e fazer algumas exigências mais honestas, pode dar à outra pessoa um verdadeiro alívio.

A recompensa por fazer isso é dupla. Você vai perceber que tem muito mais energia e que está muito menos inclinada a sentir-se deprimida por dentro. Esconder o que sente consome muito mais energia do que mostrar estes sentimentos. E seu parceiro terá um ser humano real, com três dimensões, com quem se relacionar, alguém que é muito mais complexo e interessante do que a "boazinha" que sempre tenta ser gentil.

Nenhum casamento pode sobreviver sem partilha mútua e exposição de sentimentos. Sem isso, existe apenas uma coexistência fria e calma que, um dia, vai explodir quando um dos dois tomar uma atitude. Greta, assim como Helene, precisa arriscar a se revelar mais. Uma mulher que se revela não precisa temer que o homem se desiluda. O próprio ato de permitir que você seja conhecida vai nutrir os laços com o homem.

Se você luta com estas preocupações internas, entenda que todos nós as temos. Nenhum de nós cresce incólume, livre de dúvidas interiores em relação ao nosso valor e nossa atratividade para outros. Mas sucumbir a estes medos é colocar sinais de bloqueio no caminho da intimidade e proximidade.

A solitária

Depois de saírem por um ano, Mickey, 35 anos, e Irene, 30 anos, ficaram noivos na noite do Ano Novo e marcaram o casamento para junho. Eles se mudaram para um novo apartamento mais amplo e deram uma grande festa para comemorar. Mas no meio do mês de março, Mickey estava pensando seriamente em cancelar o casamento.

"Nunca estive com uma mulher tão cheia de vida e divertida como Irene. No início, ríamos de nossas besteiras, até nossas brigas terminavam em risos e sexo. Nós provavelmente passávamos três ou quatro tardes e noites juntos por semana e falávamos por telefone todos os dias. Achei que ficaríamos até mais tempo um com o outro depois do noivado quando viemos morar juntos, mas estamos nos afastando."

"Ela pegou um grande projeto no trabalho e logo depois de um rápido jantar vai, algumas noites por semana, para o escritório, passa outra noite num grupo de terapia feminino e, nas outras noites, ou trabalha fora ou se encontra com seus amigos para uns drinques. Nos fins de semana saímos para jantar fora, ir ao teatro ou cinema e é só. Metade das vezes que quero fazer amor ela me afasta. Pensei que ficaríamos mais próximos enquanto casal, em vez disso, aqui estou eu tentando encontrar um amigo para ir a um jogo ou ao cinema e estou sendo recusado na cama."

Irene vivenciou uma escorregadela similar na desilusão. "Achei que finalmente encontrara o homem certo. Ele tem um excelente senso de humor e era, acima de tudo, um verdadeiro romântico. Eu não sei por que teve que deteriorar. Do meu ponto de vista, ele está ficando muito dependente, sempre precisando de reafirmação, e isso me deu uma esfriada. E acho que, em parte, o motivo de eu ter ficado tão ocupada depois que começamos a morar juntos é que não quero perder minha independência. Eu não quero formar um destes casais que faz tudo junto. Eu quero passar algum tempo com meus amigos e fazer coisas sozinha, como ir a clubes de ginástica ou passar algumas horas vendo vitrines nos sábados."

Irene está vivenciando alguma ansiedade sobre o casamento que se aproxima. Ela está com medo de perder sua identidade e se tornar um destes casais cujos nomes são ditos de uma só vez: "Mickey-e-Irene". Mas ela não é apenas mais independente e solitária do que Mickey, ela também tem medo de deixá-lo chegar muito perto.

Acreditando em sua percepção. Quando duas pessoas escolhem se tornar íntimas, ocorrem compreensíveis compromissos e acomodações. Isto acontece em qualquer sociedade. Mas será que isso quer dizer que nós, de alguma forma, somos diminuídos por causa desta escolha? Claro que não. Quando temos a percepção de nossas próprias fronteiras, do nosso próprio sentido de identidade, nossa noção de quem somos e do que somos capazes de fazer, então não temos medo de nos unir ou da intimidade.

Você deve acreditar que vai manter seu senso de identidade, seu próprio jeito de ser especial e autônoma. Permitir que um homem fique íntimo de você não significa perder sua identidade, na verdade, você fica mais forte quando se arrisca. É uma maravilhosa aceitação e confirmação de quem você é. Ter uma relação importante e de amor com um homem requer um investimento de tempo e partilha de experiências. Tente fazer uma interpretação clara do comportamento do homem. Não relacione seu desejo de ficar com você com o desejo de ser dependente de você. E não confunda seu desejo de se sentir importante para você com o desejo de pegá-la numa cilada através de alguma manipulação sutil e fazer você dependente dele.

Mas é verdade que as mulheres, com um senso de independência conquistado mais recentemente, podem ficar apreensivas ao estarem muito próximas de um homem. Este não é um medo irracional, pois existem homens que, secreta e inconscientemente, querem que a mulher sinta sua responsabilidade primeiro na relação e depois com ela mesma. Estas preocupações com autonomia devem ser discutidas no relacionamento de forma aberta em vez de serem disfarçadas. Esta é a parte fácil. Mas algumas mulheres sentem uma ansiedade baseada em sua ambivalência sobre a independência em geral. Muitas mulheres hoje não estão muito certas do quanto autônomas elas querem ser, e esta incerteza cria um solo fértil para ansiedades sobre perda de identidade. Mulheres que secretamente têm dúvidas de sua própria identidade são mais vulneráveis a ansiedade devido à proximidade com um homem. Mas quando você tem certeza de seu compromisso com a independência e com você mesma, ficará mais confiante em sua capacidade para a intimidade.

Se você acha que seu sentido de identidade não está muito bem definido, comece a manter um diário. Escreva seus pensamentos sobre você mesma, seus objetivos e valores. Ficar consciente deles numa base diária serve para afirmá-los como parte de sua identidade. Enquanto ganha mais confiança nestes aspectos únicos de sua personalidade, enquanto vai definindo-se de forma cada vez mais clara, traga-os para seu relacionamento.

Qual é a culpa do homem?

Nenhuma das mulheres cujos relacionamentos nós discutimos neste capítulo devem ser vistas como as "vilãs". Porque nós focalizamos seus comportamentos e o impacto deles nos homens, isto não implica que elas sejam totalmente responsáveis pelas maneiras como as tensões acontecem em seus relacionamentos. Padrões negativos ou complicados de relacionamento sempre requerem dois participantes. Em cada um dos casos que discutimos, os homens poderiam ser mais diretos e ativos em sua resposta às mulheres. Ele não deveria aceitar passivamente que o comportamento dela marcasse o tom de sua comunicação ou falta dela. Muito freqüentemente o homem vai reclamar, ficar furioso ou simplesmente calar quando não consegue o que precisa de uma mulher. Nos casos que descrevemos, todos os aspectos negativos poderiam ter sido postos à prova se os homens tivessem sido mais diretos — se tivessem dito à mulher o que estavam sentindo em vez de mostrar o que ela estava fazendo de errado.

Como em qualquer ligação negativa entre homem e mulher, deve-se perguntar também por que um homem escolhe este tipo de mulher. Talvez ele, inconscientemente, ficasse mais confortável com alguém que não estimulasse a intimidade. Talvez estivesse buscando um relacionamento onde pudesse continuar a manter suas dúvidas e medos escondidos enquanto, ao mesmo tempo, declara seus desejos por intimidade. Mas apesar destas considerações serem, com certeza, importantes, nosso objetivo neste livro é explorar o que a mulher faz que atrai um homem para ela ou o afasta — e o mais importante, o que podem fazer sobre isso.

Reconhecendo a falta de proximidade

Existe um número de indicadores que nos dizem se a intimidade diminuiu num relacionamento ou se, pior do que isso, é inexistente. Será que o homem chega até você com o desejo de falar sobre suas preocupações; será que ele mostra a necessidade que tem de você desta forma? Se você fala abertamente com ele sobre como está o relacionamento de vocês, ele escuta com franqueza e fala também dos sentimentos dele? Se não é uma troca de dar e receber, alguma coisa está errada — existe alguma razão pela qual ele não se sente seguro em dividir seus sentimentos e pensamentos.

É comum o homem transmitir seus desejos de uma maneira diferente. Por exemplo, ele reclama de falta de tempo para passar com você? Ela fala em seu desejo de passarem férias juntos? Sempre que reclamações forem feitas entre duas pessoas, é importante, claro, entender como estão sendo postas. Mas é também sábio olhar sob a superfície e se perguntar se ele não estará comunicando alguma outra coisa. Os homens que criticam e reclamam com muita freqüência, fazem isso como uma forma indireta de expressar seus verdadeiros sentimentos: "Não me sinto amado", "Me sinto sozinho". Isto não quer dizer que você deve dar um pulo e começar a tentar resolver as coisas. Este não é nosso objetivo aqui. Mas freqüentemente, se você ler entre as linhas de uma vaga e confusa reclamação de um homem, vai descobrir outra mensagem mais profunda e mais grave.

Companheiros íntimos são também amigos. O estereótipo do homem como sendo o sólido provedor e da mulher como a dependente dona de casa sem nenhuma identidade ou importância própria, há muito já não existe. Uma amizade profunda é sempre o produto de experiências íntimas partilhadas. Ao contrário do que muitas mulheres pensam, o homem quer chegar mais perto e ser mais amigo da mulher em sua vida, e quando não conseguem isso, tendem a se sentirem enganados, solitários e, em última análise, desapontados. Isto é verdade, apesar da inabilidade e falta de vontade do homem em colocar tais desejos em palavras.

Outra área onde é garantido revelar o nível de intimidade entre o homem e a mulher é o sexo. Não nos referimos a sua qualidade mecânica, ou à freqüência, mas ao carinho e às expressões de amor presentes quando existe a intimidade. Vocês olham um para o outro quando fazem amor? Podem olhar nos olhos um do outro sem aquela sutil demonstração de vergonha que é um sinal de intimidade não desenvolvida?

Uma expressão comum que indica falta de intimidade é: "Eu sinceramente acho que não te conheço." Quando isso é dito, em geral significa exatamente aquilo a que nos referimos. Independente do quanto você esteja certa de suas tentativas de ser conhecida, se a outra pessoa ainda diz, "nós parecemos estranhos um para o outro", é porque você é! Apesar de ser pouco claro que pessoa contribui mais para este bloqueio, os íntimos não fazem esta acusação. Escute o que é dito, e comece a procurar maneiras de dissolver estas barreiras.

Encorajando a intimidade

No princípio, tente se lembrar dos momentos mais íntimos que você teve com um homem. Geralmente eles não são os mais óbvios, cheios de amor e paixão. Poderia ter sido um passeio no parque, ficar sentado sob uma árvore em silêncio, andar de mãos dadas. O que criou este momento? Como estes sentimentos íntimos evoluem? O que fez com que acontecessem? Remexer suas memórias desta forma pode trazer dicas importantes.

E os momentos de prazer e calor partilhados? O que fez com que estes acontecessem? Para alguns casais com filhos, o estar junto em família, a troca de olhares orgulhosos e carinhosos é um momento de grande intimidade. Prazeres e sonhos partilhados são importantes. Você teve momentos assim recentemente ou discutiu sobre eles com o homem em sua vida?

Quando estiver se lembrando deste tempo quando se sentiu mais próxima, entenda que não foram acidentes. A experiência da proximidade vem quando estamos vulneráveis e mais abertos. Tenha certeza de que não há paredes entre você e ele — tanto as que você colocou lá quanto as que vocês dois permitiram que ali ficasse através de um silêncio conspirado. Arrisque-se e abra seu interior para ele. Fale com ele sobre estas coisinhas pessoais e auto-reveladoras que saíram suavemente do diálogo de vocês e o encorage a fazer o mesmo.

Renovar e aumentar a intimidade sempre requer ação — algum tipo de comportamento real, não apenas ficar esperando, torcendo ou desejando que aconteça. A maneira mais efetiva de promover o aumento de uma abertura e partilha com o homem é apresentar-se como um modelo destes comportamentos. Mais uma vez, entenda que não estamos querendo dizer que é uma tarefa solitária sua fazer isso, mas se você quiser ser uma agente da mudança, não há melhor maneira do que ser aberta e espontânea, sem automaticamente esperar isso em troca. Este último aspecto é crítico. As pessoas que sentem que estão lhe exigindo vulnerabilididade, raramente se revelam. Em vez disso, elas sentem ressentimento e se fecham mais ainda.

Como um primeiro passo, entenda que a quebra de padrões requer ação e comunicação diferentes de suas trocas usuais com ele. Por exemplo, tente alguma coisa diferente na expressão física de sua afeição por ele. Exprima seu amor de maneira não verbal, mais uma vez, sem a expectativa de volta ou até mesmo reconhecimento imediato. Segurar sua mão no cinema, um carinho nas costas — estas expressões simples podem criar novas oportunidades para uma aproximação maior. Partilhe pensamentos que eram secretos ou que lhe envergonhavam, alguma coisa que sempre quis dizer ou fazer, mas não o fez. Fale de suas fantasias, permita-se ser divertida, demonstre, arrisque revelar algum aspecto novo de você mesma.

Crie experiências novas juntos — façam algum curso de interesse mútuo, comecem algum projeto juntos, uma viagem num fim de semana calmo, qualquer coisa que crie um novo espaço de tempo para passarem juntos.

Lembre-se, a intimidade é sempre associada a vulnerabilidade. Faça suas afirmações pessoais sobre o que a proximidade significa para você, tendo certeza de que elas não são reclamações disfarçadas, exigências ou julgamentos. E não ache que você o entende automaticamente. De vez em quando, é bom para todos nós começarmos do zero e aceitarmos que sabemos muito pouco sobre o outro.

Ser direta no que diz respeito à aproximação é sempre uma tarefa delicada. Com alguns homens, é melhor perguntar gentilmente se eles estão se sentindo bem com o relacionamento ou se gostariam de mudar alguma coisa. Até fale sobre isso em tom de brincadeira. Faça isso num momento de descontração. Nunca explore estes tópicos num sério encontro cara a cara, a não ser que queira realmente uma confrontação.

Seja honesta com você mesma a respeito de quantos de seus pensamentos internos você realmente quer ouvir. Você tem medo da vulnerabilidade dele? Você tem algum interesse emocional embutido de o ver da mesma forma que sempre viu? Você pode arriscar a vê-lo sob uma nova ótica?

Não permita que os velhos hábitos e o desânimo se instalem. O desânimo não é o acompanhamento natural do dia-a-dia, mas inimigo da intimidade. Faça alguma coisa diferente, algo extraordinário, entenda que na verdade você está apenas revelando um aspecto de si mesma que foi mantido encoberto.

Não exagere. Lembre-se que o processo de aproximação é gradual. Não tente alcançar tudo em uma noite — não funciona deste jeito. Como já notamos, o homem pode ficar farto de muita proximidade ou até mesmo muito diálogo sobre aproximação.

A intimidade não é fácil para nenhum de nós. Tanto o homem como a mulher lutam para encontrar alguém com quem possam ser íntimos, afetivos e carinhosos. Mesmo assim, esta mesma vulnerabilidade necessária para que o casal se torne íntimo, pode causar muita ansiedade. É necessário que revelemos as facetas mais secretas de nosso ser. Mas o arriscar e encontrar coragem para enfrentar esta exposição vai levá-la a outros níveis de companheirismo e carinho.

Capítulo 3
COMO EXPECTATIVAS INOCENTES SE TORNAM PERIGOSAS

Gloria pede apenas o que ela tanto deseja dar — romance, e estas "pequenas coisinhas" que fariam com que ela se sentisse mais amada e especial.

Cara reclama muito chateada: "Não me sinto segura com Chuck. Ele não teria e menor idéia de como me proteger se nos encontrássemos numa situação perigosa, e ele é totalmente desajeitado em casa."

Belinda, descrevendo sua recente mas promissora relação com Ray, declara: "Parece que se ele me amasse como diz que ama, ia querer se casar. Eu não tenho tempo para ficar esperando anos a fio para que ele se decida."

Quando entramos num novo relacionamento, a maioria de nós sustenta algumas expectativas não declaradas de que nosso parceiro vai se modificar em algumas coisas. Secretamente, nós acreditamos que as pequenas falhas, os hábitos irritantes e diversas peculiaridades vão desaparecer de forma mágica. Uma parte importante de nossa vontade de estar com outra pessoa é baseada em desejos e expectativas, portanto, quando nosso amante não se modifica, ficamos intrigados, depois desapontados e decepcionados. Enquanto vamos percebendo gradualmente que nosso parceiro não vai e não pode se modificar para se adequar a nossas necessidades, nós geralmente começamos a fazer exigências, sutis mas insistentes que podem, sem que notemos, afastá-lo cada vez mais.

Quando espera alguma coisa de um homem, você espera demais? Será que você deveria se preocupar de estar pedindo demais toda a vez que diz a um homem o que quer? Comunicação não é troca de informações sobre o que se gosta e o que não se gosta num relacionamento? O que é razoável e o que é demais?

Primeiro, ninguém tem necessidades e expectativas tão exageradas que acabem por sufocar o amor que o parceiro necessita e deseja. Tanto o homem quanto a mulher fazem exigências naturais e normais num relacionamento. Mas existem algumas pressões que a mulher pode fazer sobre o homem que podem pôr em perigo o amor e levar a um ressentimento que acabe em perda de confiança e conforto.

Vamos voltar ao início. Se você pensar nas primeiras fases do romance, vai perceber que é baseado em aceitação. A princípio, todos tendemos a pensar que nosso parceiro é fantástico. Ou nós passamos por cima de suas falhas ou as consideramos virtudes — parte do quadro geral do charme e atração. Nas primeiras semanas ou meses, o amor não é necessariamente cego, mas por certo que tem visão curta! Aceitação, a maravilhosa sensação de ser amado, talvez seja o ingrediente mais importante no processo de enlace entre o homem e a mulher. Percebemos que nosso parceiro gosta do que vê e, aos poucos, nossas inseguranças vão se dissolvendo no calor de se sentir valorizado pelo que se é. Não podemos manter as mãos afastadas uma da outra, saímos muito menos com os amigos e nos sentimos gloriosamente completos com nosso amor.

Quando a paixão começa a ceder para o amor, nossa aceitação se torna mais condicional e discriminatória. Quando nos sentimos mais confortáveis e comprometidos, podemos também nos tornar mais críticos e ficamos desapontados com mais facilidade. Começamos a ver os pontos fracos de nosso parceiro.

Quando as esperanças e expectativas se dissolvem numa decepção, é comum fazermos coisas estranhas. Em vez de concluir que nossos desejos podem não ser reais, começamos a gerar mais expectativas ou reclamar através de palavras sobre as expectativas que tínhamos. As expectativas, mesmo quando ignoradas por nosso parceiro, começam a se amontoar. Elas assumem uma característica cumulativa enquanto insistimos na satisfação de nossos desejos. O resultado deste acúmulo é uma espécie de vírus que pode infectar o relacionamento de forma negativa e até destrutiva. Todos conhecemos pessoas que reclamam indefinidamente sobre alguma falha em seu companheiro que nós sabemos que não tem a menor chance de serem alteradas. Ainda assim as reclamações continuam implacavelmente, sem que a pessoa perceba que a sua falta de aceitação pode semear o futuro ressentimento por parte do amante.

O que são expectativas razoáveis?

Quais são os seus direitos quando você deseja fazer exigências ao seu parceiro? Como você sabe quando um saudável sentido de direitos pessoais cruza a linha e se transforma em expectativas irrealistas e excessivas? A resposta não é tão simples quanto você pode desejar, pois algumas exigências são apropriadas e outras não, e algumas das exigências menos apropriadas podem ser as mais difíceis de se abandonar.

Em nossa vida cotidiana, sempre fazemos exigências ao nosso companheiro. A maioria vive com estas exigências e, dentro de sua capacidade, muda para cumpri-las. Existe um número de exigências realistas que não são apenas razoáveis mas também necessárias; quando não as impomos, corremos o risco de sermos tratados de forma menos individual. Vamos examinar algumas delas.

Primeiro, todos temos o direito de esperar tolerância em nossas particularidades. Não somos irmãos gêmeos que nascem grudados. Nós não vamos sentir, agir e pensar da mesma forma. É justo que todos esperemos apoio em nossa necessidade de segurança, companheirismo e afeição. É saudável para todos nós esperar apoio, ou no mínimo, a não interferência com nosso crescimento individual e expressão de nosso ser. É apropriado querer um relacionamento fundamentado na igualdade. E apesar de todos os relacionamentos estarem constantemente desdobrando-se, podemos esperar honestidade, franqueza e integridade no que diz respeito a assuntos de interesse mútuo. E é isso aí —

todas as outras exigências que fazemos de nossos parceiros são um pouco questionáveis.

Não podemos esperar que nosso parceiro sinta e pense da mesma forma que nós, principalmente no que diz respeito à expressão emocional e ao conforto com a proximidade. Nem pode ser esperado que tenhamos o mesmo ritmo no que diz respeito a um comprometimento. E acima de tudo, não podemos esperar que um parceiro tome para si a responsabilidade de resolver nossos problemas, especialmente as lutas contra a insegurança e uma fraca auto-estima.

Quando nos sentimos bem e seguros com nós mesmos, as exigências que colocamos sobre nossos parceiros não são exageradas demais. Somente quando estamos tentando acalmar nossas dúvidas e medos internos é que as exigências podem ser injustas e podemos, então, pressionar de forma irrealista e não apropriada nosso parceiro para que ele se modifique.

Expectativas excessivas são autodestruidoras porque elas buscam soluções externas para problemas muito pessoais e internos. Quantas vezes você não ouviu alguém dizer: "Se ele realmente me amasse ia querer se casar comigo tanto quanto eu quero casar com ele?" O homem é igualmente capaz, como a mulher, de amar profundamente e de se apegar, mas seu tempo, em geral, é diferente do tempo da mulher. Na verdade, a base da resistência do homem ao casamento pode até ser seu desconforto com a profundidade do seu amor e de sua necessidade da mulher. A mulher que pressiona por um compromisso muito cedo, implacavelmente, faz isso pela necessidade de reduzir seus sentimentos de ansiedade e insegurança — não por causa do amor ou alguma sensibilidade mútua. Estas exigências em momentos tão errados, são atitudes que tipicamente dão para trás, pois o foco em questão é a exigência da mulher em vez do que seja realmente confortável para os dois.

Outro aspecto das expectativas irreais provém do nosso desejo de ser perfeito e bem aceito. Todos queremos nos sentir amados e valorizados. Tais sentimentos ajudam nossa autoconfiança e capacidade de amar. A mulher que se sente incompleta sem um homem, que não se sente inteira sem o status obtido através da ligação com o homem, pode acabar vendo-o como solução em vez de companheiro.

Quando o homem sente que ele não é o suficiente

Os homens têm uma resposta instintiva para as exigências da mulher — eles sabem que expectativas estão certas, apesar de poderem ter dificuldades em percebê-las e também de saber o que parece excessivo. Isso não quer dizer que o homem está sempre certo, mas indica como o homem é sensível quando lhe dizem como deve agir. Durante a maior parte de sua vida adulta, o homem sente a obrigação de atingir certos padrões, seja em seu trabalho ou com a mulher com quem vive. Para o homem, ter que se comportar bem é uma meta assim como um fardo. Os homens têm que estar sempre "por cima", seja no local do trabalho ou na cama.

Desde a infância, o homem luta com o desafio de atingir estas metas, de ser forte e capaz de competir, de não ser fraco. Os homens sempre foram o alvo de expectativas. Isso não quer dizer que as mulheres também não sejam alvo delas; elas vivem pressões semelhantes desde a infância, quando a sociedade lhes diz em termos bem definidos o que elas devem fazer para serem "verdadeiras" mulheres.

Quando uma mulher sugere a um homem, de forma direta ou indireta, que ele se modifique para atingir suas expectativas, ele sente a ferroada amarga do desapontamento dela; ele sente que falhou e fica sobrecarregado e ressentido. Em situações mais freqüentes, o homem não é capaz de colocar este ressentimento em palavras. Estas cobranças acentuadas fazem com que a relação entre numa seqüência de eventos para baixo. Primeiro, elas fazem com que o homem sinta que está ficando muito responsável pelo "bem-estar" da mulher. E os homens ficam envergonhados com isso e se afastam, assim como pode acontecer com uma mulher se ela se sentir responsável pelo sentimento de "bem-estar" do homem. Cobranças podem também expor um homem à sensação de ser inadequado e fazê-lo sentir-se envergonhado por não ser, de alguma forma "melhor", por não ser o que a mulher quer que ele seja.

Num nível emocional primitivo, as exigências da mulher podem disparar lembranças inconscientes mas poderosas de broncas levadas da mãe e a sensação de não poder fazer nada ao ser agredido. Isto é mais verdadeiro quando as cobranças se transformam em críticas implacáveis. 'Elas criam conflitos no homem, já que instintivamente ele quer agradar a mulher que ama. Ele quer e precisa de sua aceitação e aprovação. Quando um homem sente sempre que está decepcionando uma mulher, ele passa a ver um conflito entre a confiança e a aceitação de sua própria conduta e deseja ser a versão idealizada por ela dele mesmo e assim ganhar sua aprovação.

Infelizmente, a reação dos homens contra expectativas excessivas são, em geral, disfarçadas e escondidas. É raro um homem admitir abertamente que ele se sente inadequado ou está envergonhado de não corresponder a certos padrões. Em vez disso, a única indicação deste desconforto pode ser a raiva e um claro ressentimento. Os homens não se sentem confortáveis com o prolongado embaraço de ser um desapontamento, mas também se sentem desconfortáveis em dizer a uma mulher como se sentem. Para a maioria dos homens, existe uma seqüência de respostas quase previsível. Os conflitos que estas exigências causam levam, primeiro, a um sentimento de culpa e, depois, a um ressentimento teimoso e finalmente, se as cobranças são muito duras, à raiva da rejeição e ao recolhimento do amor.

A romântica

Na opinião de Gloria, Tim deu um jeito de estragar tudo. Não era apenas o esforço que ela fizera, apesar de ter sido muito. Era o que tudo significava. Ela planejara uma surpresa para o aniversário do Tim, durante semanas. Quando o dia chegou, Gloria foi buscá-lo no escritório na hora do almoço e colocou seu plano em ação. Ela fez com que Tim fechasse seus olhos enquanto ela dirigia para aquele hotelzinho no campo onde, naquela manhã, ela alugara o quarto mais romântico: cama de quatro colunas, cortinas de renda antiga e, no banheiro, uma enorme banheira onde cabiam os dois. Enquanto ela o levava para o quarto e dizia para ele abrir os olhos, estava cheia de excitações e expectativas.

Tudo estava perfeito — o almoço, o champanhe no gelo, até as flores da primavera que ela arrumara com tanto cuidado. Tudo estava perfeito a não ser por um elemento crítico — a reação de Tim. "Oh, ele me agradeceu e disse que era uma linda surpresa, mas eu podia jurar que ele não gostou tanto quanto eu. Nós almoçamos, brindamos o aniversário e tudo mais, mas quando ele olhou no relógio pela segunda vez, eu sabia que ele estava preocupado em voltar ao trabalho. Me senti magoada, envergonhada e desapontada."

Mais do que tudo, Gloria queria se sentir importante, vivenciar a emoção do amor. Ela se sentiu magoada, pois lhe parecia que tinha que implorar a Tim pelos poucos gestos românticos que conseguiu dele. A exagerada necessidade de Gloria por romantismo estava começando a soar um alarme dentro dele. Mesmo quando ela estava fazendo alguma coisa especial por ele, Tim percebia mais a exigência implícita do que o presente. Gloria não conseguia reconhecer que, apesar de Tim amá-la, é comum o homem e a mulher expressarem seu amor de formas diferentes. Gloria se sentia faminta por romantismo em seu casamento. Ela queria que Tim a amasse da mesma forma que ela o amava, mas ele não sentia assim. Suas exageradas expectativas se tornaram cobranças implacáveis por uma proximidade que, na verdade, tinha efeito contrário em Tim.

Os desejos de Gloria por mais animação e romance criaram um vago e desconfortável sentimento de inadequação em Tim. Como ele descrevia: "Eu realmente gosto de nossos jantares à luz de velas nos fins de semana e de passar uma noite frente à lareira com uma garrafa de vinho, mas ela busca um regime constante deste comportamento e eu não. Quanto a nossa vida sexual, ela sempre fala em fazer de nossas transas um 'grande acontecimento'. Eu detesto me sentir culpado quando estou muito cansado ou preocupado e simplesmente não interessado". A insistência de Gloria neste tipo de romance mexia com as ansiedades de Tim em vez de mover nele a paixão e o carinho que ela tanto desejava.

Tim sentia um ressentimento crescendo devagar, pois ele sabia que, aos olhos de sua mulher, ele estava falhando com ela, não a estava fazendo feliz, não era o bastante. E quanto mais ela pressionava, pior ele se sentia e, com tristeza, menos inclinado ele estava em lhe dar o que ela pedia.

Liberando as fantasias românticas. Em geral as mulheres são mais românticas que os homens. Por se sentirem mais à vontade com a proximidade, as mulheres tendem a se encantar com os gestos que simbolizam a importância do relacionamento: um bilhetinho carinhoso, um presentinho emocionante, um passeio à noite de surpresa. Os homens, por outro lado, tendem a se sentir ligeiramente desconfortáveis em expressar seu amor tão diretamente. Não é que o homem não ligue. É que para o homem, os gestos românticos parecem medidas gráficas da extensão de seu intenso apego e necessidade que sentem da mulher. É claro que as mulheres tendem a se sentir mais à vontade com estes reconhecimentos. Gloria acreditava que se Tim a amasse da mesma forma que ela, ele estaria, necessariamente, tão interessado no romantismo quanto ela. Tim não amava menos Gloria por isso mas, para ele, o comportamento romântico e o carinho não eram sinônimos. Gloria não entendia que implacáveis exigências românticas podem ser cansativas; exigências ocasionais não são.

Mulheres como Gloria precisam relaxar, se afastar um pouco, até criar uma certa distância. Isto não quer dizer amar menos — a confiança de um homem no calor e consistência do amor de uma mulher o capacita a se sentir menos resguardado, mais confortáveis e mais capaz de ser íntimo. Mas o homem também precisa de alguns graus de distância ocasional entre ele e a mulher para se sentir mais ativamente ligado a ela. Ele precisa sentir que ela não é excessivamente dependente dele.

Estas exageradas expectativas criadas pelas fantasias românticas podem ser perigosas, não apenas por afastarem o homem, mas porque elas sempre disfarçam um assunto mais básico que a mulher precisa trabalhar — a auto-estima. Mulheres, e os homens também nestes casos, vão, às vezes, buscar soluções externas para problemas internos relativos a valor próprio e bem-estar. O romantismo pode ser uma destas tentativas de solução. Ele não apenas nos faz sentir mais interessantes e valorizados, mas também dá um pouco de excitação a nossas vidas.

O desânimo é um problema, pois a maioria de nós o vivencia em algum momento da vida. Podemos achar que se não estamos fazendo alguma coisa maravilhosa, nossa vida é vazia e sem sentido. A busca por excitação, por "grandes momentos" tem, em geral, a intenção de ser um antídoto para este desânimo ou tristeza. Durante a terapia, Gloria descobriu que realmente esteve um pouco deprimida a maior parte de sua vida adulta. Sua fome por romance era uma tentativa de se sentir mais viva, para dar mais sentido a sua existência diária.

Se você vê um pouco de si mesma em Glória e de suas precupações, existem algumas coisas que você pode fazer. Primeiro pode se fazer algumas perguntas. O que eu vou sentir sobre meu relacionamento se ele continuar como está, se ele não for sempre "o máximo" com intensos momentos de romantismo? Quem sou eu sem estes momentos, ou sem estas confirmações do meu valor? Eu sou suficiente? Sou uma pessoa de valor?

Isto não implica dizer que deveríamos viver sem romantismo. Mas precisamos pensar em nos sentir bem sobre nós mesmos apenas por sermos quem somos, sem depender de como os outros respondem a nós.

A tarefa aqui é apenas para descobrir a diferença entre expectativas razoáveis ou não. As não razoáveis são a expressão de dilemas pessoais não resolvidos.

A eterna noiva

Belinda, 34 anos, uma pediatra, quer se casar e ter filhos e acha que Ray é o homem certo. O problema é que depois de estarem constantemente juntos por oito meses, o tema compromisso e casamento está sendo abordado não como uma conversa alegre, mas uma espécie de frustração contínua e préssão. Belinda se sente insegura e desapontada que Ray não esteja

pronto. Ray se sente pressionado para tomar uma decisão que, pelo seu ponto de vista, parece muito rápida pois ele sente que ainda a está conhecendo. "Eu fico querendo dizer a ela: 'Não me pressione, não estrague as coisas' ", reclama Ray. "Mas sempre que digo algo assim, ela se sente magoada e fica se sentindo péssima. Eu sei que a amo, mas preciso de mais tempo — eu não quero cometer outro erro."
Belinda explica: "De repente fiquei preocupada. Tenho 34 anos e realmente quero ter filhos. Passo o dia com crianças, mas quero ao menos dois de mim mesma e — vamos encarar os fatos — eu não tenho muito mais tempo para ter dois ou três filhos." Belinda está vivendo um outro tipo de pressão, uma que muitas mulheres vivem hoje — o do tempo correndo delas depois que adiaram os planos de casamento e filhos pela própria educação e carreira.

O erro que Belinda está cometendo com Ray é bem sério. O tempo que eles passam juntos está se tornando tenso e cansativo por causa de seu desejo de se casar, por achar que está pronta e por esta desgastante confiança no futuro do amor deles. A intensidade de seus desejos por planos decisivos coloca Ray numa difícil posição emocional. Ele se sente forçado a declarar seu comprometimento com ela quando este está apenas parcialmente formado, não totalmente definido ainda. Belinda é muito sensível ao seu próprio sentido de tempo e sente-se bem com a idéia do casamento mas, ao mesmo tempo, não está sendo sensível quanto a necessidade de Ray de andar um pouco mais devagar. Enquanto é verdade que alguns homens precisam de uma cutucada para dar este último passo, a seriedade de um compromisso de casamento necessita que ela perceba e seja sensível ao momento de Ray e ao seu sentido de conforto.

Ray gosta de estar com Belinda e, dando algum tempo para a resolução de suas incertezas, ele se moveria em direção a uma relação mais profunda com ela. Mas a fome de Belinda e sua crescente necessidade de permanência o ameaça e o afasta.

Entendendo as diferenças de tempo. Uma das perguntas que perseguem Belinda é se ela está ou não perdendo seu tempo, esperando que Ray se decida. Na falta de uma orientação no que se refere ao compromisso e seu tempo, as mulheres em idades de ter filhos estão vivenciando muito mais ansiedade hoje em dia. Como *se sabe* quando o tempo é o certo?

Pela nossa experiência, o homem se sente pronto para começar a lidar com um compromisso depois que esteve envolvido com a mulher por um ou dois anos. As mulheres, em geral, acham que já se pode falar seriamente no assunto entre seis meses e um ano. Observem a discrepância. Para a maioria das mulheres o momento de decidir o casamento é duas vezes mais rápido do que o do homem! Esta discrepância permite que haja muito desentendimento e tensão. No entanto, é interessante notar que quando o homem se aproxima dos 40, em geral, fica mais receptivo a se comprometer, mesmo que este compromisso seja feito surpreendentemente cedo, em comparação com o homem de 30 anos, que ainda sente que tem muito tempo para decidir-se sobre casamento e família.

A apressadinha

A ansiedade de uma mulher sobre os sentimentos do homem em relação a casamento pode aflorar nos primeiros encontros com ele. E esta ansiedade é apenas destruidora.

Glenn, 42 anos, um desenhista industrial, saiu com diversas mulheres no ano, desde que seu divórcio se concluiu. Ele estava muito animado com Sandra, 36 anos, uma gerente de pessoal de uma cadeia de lojas, durante seu primeiro mês juntos. Ela era inteligente e estava envolvida em várias causas político-comunitárias junto com Glenn. Mas depois de apenas seis semanas, Glenn começou a esfriar com ela e logo lhe disse que não achava que iria dar certo.

Em sua opinião, ele descreve o que aconteceu de errado: "Olhando para trás, os sinais de aviso estavam presentes desde o início. A primeira vez que saímos para jantar, Sandra me falou imediatamente que estava interessada em mim e que queria me ver outra vez, assim marcamos de sair novamente dois dias depois. Depois disso, todas as vezes que nos encontrávamos, ela mencionava nas primeiras horas algum filme que queria ver ou alguns planos para o próximo fim de semana, nunca dando um tempo."

"Talvez duas semanas depois que começamos a dormir juntos, ela me perguntou, durante um jantar, se eu queria me casar outra vez e quando. Eu lhe disse que queria, dentro de alguns anos talvez, e que eu gostava de viver com alguém e não me via solteiro o resto de minha vida. Ela disse que estava procurando um relacionamento exclusivo e me disse que não estava dormindo com mais ninguém."

"Era como se ela sentisse que eu tinha assumido algum tipo de compromisso e que ela poderia esperar muito de mim — muito tempo, muitos telefonemas e ser um par constante daqui por diante. Era como se ela tivesse decidido em sua mente que eu era o certo. Para mim, nós tivemos duas semanas maravilhosas, depois eu comecei a me sentir pressionado e logo logo estava acabado para mim."

Contendo sua ansiedade. É importante e sábio discutir seus objetivos e seus planos de vida no início de um novo relacionamento e também descobrir o que o homem está procurando. O problema é: quando? Desejar profundamente um envolvimento é normal e natural. Ficar assustada temendo que ele não aconteça com você, também é natural. Mas é importante não ser tomada pelo pessimismo, ou se permitir ser sabotada pela falta de confiança em si mesma. A fome emocional nunca é vivenciada como prêmio para a outra pessoa. Um decrescente otimismo sobre encontrar o amor muito facilmente pode se transformar em desespero, que de alguma forma será comunicado para o homem, independente de quanto você tente esconder.

Quando alguém transmite sinais de fome emocional excessiva, tem o efeito previsível de afastar a outra pessoa. Por quê? Primeiro porque o desespero é visto como cheio de necessidades compulsivas que vão além do relacionamento e são muito mais um problema de auto-estima do que de amor. Segundo, porque o desespero parece muito assustador — a outra pessoa sente que a intensa necessidade não pode ser satisfeita com facilidade. E terceiro, porque o desespero não deixa lugar para a outra pessoa amar ativamente. O sentimento real de amor é vivenciado apenas quando estamos no papel ativo do "amante" e não do "amado".

Nós somos repelidos pelo desespero e atraídos pela confiança e força. Como se desenvolver nesta direção? Tente dar uma olhada bem clara no que você traz para a arena do amor. Provavelmente é bem mais valioso e atraente do que você pensa. Lembre-se do valor de seu amor pois esta lembrança pode preencher as lacunas e, aos poucos, afastar as inseguranças. A ansiedade só alimenta uma coisa — o desespero. Auto-encorajamento e crença na sua capacidade de amar não deixam espaço para o desespero. Canalize a energia ansiosa em atividades sociais que reafirmem e expandem seu valor próprio e lhe proporcione novas maneiras de encontrar homens.

Se você está com um homem cujos objetivos declarados são os mesmos que os seus, entenda que apesar dele dizer que quer se casar e ter filhos, isto não quer dizer, necessariamente, que você é a pessoa certa. E na situação mais ideal e promissora, na qual vocês dois acham que são certos um para o outro, cuide para deixar o desejo crescer para uma maior proximidade entre vocês dois.

Quando a ansiedade sobre o casamento se torna dominante, ela dispara uma dinâmica cujo resultado é fazer o homem se sentir pressionado, controlado e desconfortavelmente responsável pelo seu senso de bem-estar. Isto evita que ele seja um amante ativo e destrói qualquer esperança real por reciprocidade. É provável que ele fique passivo, resistente e até ressentido e que, no final, se sinta inclinado a se afastar de você em vez de assumir um compromisso permanente de casamento.

A caçadora de status

"Acho que já enchi. Não importa quanto eu dê a ela, nunca é suficiente." Estas eram as palavras de Al assim que entrou no consultório com Frances, sua esposa há cinco anos. Ela gritou de volta para ele: "Eu não acho que esteja pedindo muito de você — nós dois queríamos a casa, as férias, as roupas. Ao menos foi nisso que você sempre me fez acreditar." Frances,

29 anos, estava certa. Al, 43 anos, prometeu muito, tentou prover uma vida de luxo, mas agora estava se cansando.

Como casal, Al e Frances criaram um estilo de vida que levou cada centavo do salário anual de Al de US$ 70.000, como um executivo de uma importante corporação. Frances estava desapontada porque Al não fora capaz de montar sua própria companhia e porque recentemente fora preterido para a posição de executivo chefe que há muito ele lutava para conseguir. "Outros homens conseguem", disse ela. "Eles dão um jeito de não ficar presos num emprego onde não ganham muito para se transformarem em seus próprios patrões."

Apesar de Al ter um emprego bem pago e com responsabilidades, ele se sentia um fracasso aos olhos de Frances. "Ela me dá a sensação que não sou bom o bastante, que eu não sou suficientemente esperto, rico o bastante ou forte o bastante para fazê-la feliz. Mas o que realmente me deixa louco é que eu consegui muito mais do que ela conseguiu e provavelmente jamais conseguirá." Frances trabalhava como maquiadora freelance em lojas de departamentos antes de encontrar Al, mas agora só trabalhava esporadicamente, considerando seu salário como dinheiro "tolo".

Sob seu elegante verniz, Frances sentia-se triste, incompleta e inadequada. Como resultado, sua conexão com seu marido era muito focalizada em obter o sentido de confirmação e importância através da ligação com ele. O que ela não alcançou ou conseguiu por ela mesma, ela tentava conseguir, de uma maneira sofrida, através de seu casamento.

Como notamos, o homem se sente amarrado à obrigação de atuar ao longo de sua vida. Frances não percebia quanta hostilidade interna estava sendo mexida em Al, como resultado de suas exigências. A maioria dos homens coloca pressões suficientes em si mesmos, e eles certamente não apreciam mais vindo de suas companheiras. Assim como as mulheres são sufocadas com muitas pressões delas mesmas, os homens estão presos à idéia de que eles devem trabalhar muito, ser um sucesso e, ao mesmo tempo, dominar todo o stress que acompanha a realização do sonho americano. Mulheres que entendem como o homem responde a estas expectativas culturais são muito queridas pelos homens com quem estão; as mulheres que ignoram esta particular vulnerabilidade masculina estão em perigo de serem abandonadas.

Ganhando confiança interna. Sempre que uma mulher ou um homem se sentem inadequados há a fantasia de que o parceiro pode prover uma parte da solução. Tanto o homem como a mulher são culturalmente condicionados a acreditar que um companheiro pode aumentar seu sentido de valor. É claro que, ao longo do caminho, isto nunca é verdade, mesmo que possa existir um efêmero sentido de prazer para o homem que tem uma mulher maravilhosa nos braços ou para a mulher que está com um homem de grande riqueza e poder.

Nós sempre brigamos em algum momento com o problema de se somos ou não "suficientes". Mas a mulher tem alguns problemas importantes e únicos em relação a isso. Por tradição, o único caminho da mulher em direção ao poder e importância era através de sua ligação com um homem. O que esta cultura implicava era que, se ela não estava com um homem, ela não era nada. Infelizmente, condicionamentos antigos, apesar de inapropriados e anacrônicos, são difíceis de morrer. E para muitas mulheres, este velho condicionamento pode ter um profundo efeito em sua auto-estima.

A verdade é que todos nos sentimos melhores conosco mesmo quando podemos prover nossa própria segurança, em vez de tentar consegui-la através da ligação com outra pessoa.

A tarefa para a maioria de nós é trabalhar para ser "suficiente" como somos em vez de com quem estamos. Como um primeiro passo, pergunte a si mesma: se meu parceiro nunca conseguir mais do que tem hoje, será que posso amá-lo? Vou me sentir bem? Ou será que realmente preciso solucionar meus problemas de insegurança estando com um homem que, por causa de sua posição social, vai me fazer sentir que sou uma pessoa de valor?

Explore dentro de você possíveis atitudes negativas ou sentimentos de auto-rejeição que possam bloquear a confiança e a auto-estima. Todos crescemos com dúvidas internas, timidez, medos. Existe um ditado maravilhoso: "Quanto mais da vida você dominar, menos dela vai temer". Isso significa que se você assumir o desafio do crescimento interno, você será recompensada com um sentido de auto-respeito que é quase impossível de alcançar simplesmente através de uma associação. Se você busca os homens como soluções externas para problemas internos, você precisa trabalhar mais duro em formar sua auto-estima. Entre em contato com você e confie no que gosta em si mesma. Em vez de se sentir inadequada, faça um esforço para apagar esta sensação e comece a trabalhar nestas qualidades que você acha que está faltando. Confiança é uma coisa que todos podemos alcançar, mas é sempre construída de dentro para fora.

O culto do herói

Cara, 30 anos, queria um "homem de verdade", um que fosse forte, maduro e desse proteção. O que está errado com isso? O problema era que Cara tinha uma visão um tanto irreal dos homens. A princípio atraída por homens sensíveis e calorosos, mais tarde ela se ressentia pela falta de agressividade e força da parte deles.

Uma noite, depois que ela e Chuck, 35 anos, já estavam vivendo juntos por quase um ano, Cara pensou ter ouvido um ladrão do lado de fora da cozinha. Ela subiu as escadas correndo para contar a Chuck, esperando que ele soubesse o que fazer e que iria investigar o barulho. "Eu estava com medo, e queria que ele fizesse alguma coisa. Ele ouviu o barulho também e, muito nervoso, disse que ligaria o alarme e chamaria a polícia. Eu perdi o respeito por ele — ele parecia fraco e assustado. Eu quero um homem de verdade, alguém que possa tomar conta de mim e me proteger."

Esta foi a gota d'água para Chuck. "Eu estou realmente ficando cansado de ter que defender minha masculinidade", revelou Chuck. "Eu estou bem como sou e, honestamente, não tenho intenção de tentar ser outra pessoa."

A aceitação que Chuck sentia por Cara no início do relacionamento, estava desaparecendo rapidamente. Cara queria encontrar o mito masculino do homem em Chuck. Com medo do homem mais dominante e agressivo, ela, inconscientemente, buscou estar no controle ao escolher um homem mais sensível e gentil como Chuck.

Vendo o homem como igual. O homem quer ser aceito assim como a mulher quer. Eles não querem ser vistos como super-homens nem que precisem dele como heróis. É muito trabalho manter esta falsa aparência. As mulheres que querem que os homens sejam maiores que a vida vão perceber eventualmente que o homem tem raiva dela e se ressente por isso, mesmo que este ressentimento e esta raiva estejam bem escondidos.

O desejo da mulher que o homem seja mais dinâmico e protetor é certamente compreensível. Do lado contrário, o homem deseja que as mulheres saibam tudo e dêem tudo, como uma grande mãe. Mas neste caso, este tipo de expectativa irreal sobre os homens não é um simples desejo, mas o reflexo dos sentimentos de impotência e falta de assertividade das mulheres. Se a mulher vai desistir das expectativas irrealistas sobre os homens e o que eles podem fazer pela mulher, ela precisa desenvolver sua própria força e suas capacidades internas. As mulheres às vezes têm medo de parecerem auto-suficientes. Elas temem não serem cuidadas da maneira que querem ser se elas demonstrarem que são fortes. Estudos do medo do sucesso nas mulheres revelam esta preocupação. Muitas mulheres acreditam que, se elas são muito fortes, muito autoconfiantes e com sucesso na vida, vão acabar sozinhas. Geralmente temem que os homens não gostem delas — que os homens vão se sentir ameaçados pela força delas. Naturalmente, isto não é verdade, pois muitos homens respeitam e são atraídos por mulheres fortes e autoconfiantes. Mas o mais triste sobre estas mulheres é que elas deixam de experimentar as alegrias de ser forte e capaz, quando de fato a força e a capacidade são as pedras fundamentais para construir relacionamentos com homens baseados num sentido real de igualdade.

Quando as exigências são excessivas?

Como você pode saber que suas expectativas estão na linha vermelha do perigo? A indicação mais simples e mais importante é que suas exigências são nutridas mais por necessidades profundas do que simplesmente por desejos ou preferências.

"Necessidade" implica um certo nível de obrigatoriedade, que você estará perdida ou acabada se suas expectativas não forem alcançadas. Este nível de intensidade emocional freqüentemente faz surgir exigências excessivas. Expectativas que primeiro servem para reduzir as dúvidas internas e as inseguranças é provável que sejam excessivas.

Cobranças no contexto de um relacionamento têm a ver como desejar que o parceiro seja diferente, que mude ou que venha de encontro àsuas necessidades. Sem dúvida nenhuma os homens são falíveis, eles não são os cavaleiros corajosos de antigamente que as mulheres podem estar desejando. Mas a imperfeição deles não é o mais importante. O importante é que quando a mulher começa a pressionar um homem numa direção, ele quase num reflexo recua em direção oposta. Críticas repetitivas vão fazer com que ele sinta que não é "suficiente", e vai mexer com seus sentimentos de ser aceito e valorizado. Independente de quanto você diga que o ama, se você está também comunicando que ele deve se modificar, o impacto final não é o carinho do amor, mas a ferroada da desaprovação.

O primeiro instinto do homem é agradar a mulher que ele ama. Quando um homem acredita que a cobrança é razoável, ele tenta sinceramente satisfazê-la ou tenta ser direito em dizer que não pode corresponder. O problema acontece quando o homem não tem certeza se o que você está pedindo é justo ou faz sentido — quando suas próprias inseguranças e necessidade de aprovação tornam difícil para ele decidir o que é justo e faz sentido.

O primeiro sinal de aviso é quando ele fica relativamente fechado quando você tenta discutir estes assuntos; ele nao dá nenhuma espécie de resposta direta. Se você aumentar a pres são, seus sentimentos podem se transformar em ressentimento e retratação emocional. Em essência, ele está em conflito. Ele quer ficar ligado a você, mas apesar de estar ciente de que sua aprovação é um importante ingrediente na conexão, ele não se sente capaz de satisfazê-la. Este estado de limbo emocional pode ser agonizante — ele parece não conseguir diminuir a pressão que sente, e nem pode se desligar e afastar dela. O resultado é uma lenta retração emocional.

Para descobrir se as exigências que você faz são excessivas ou não, tente se perguntar o seguinte:

1 — Será que eu quero mais dele em alguma área em particular? Exigências excessivas geralmente envolvem o querer mais, não menos — mais tempo, mais status, mais romantismo, mais masculinidade.

2 — Será que estou esperando que ele seja diferente da maioria dos homens? As cobranças excessivas geralmente pedem que o homem seja não apenas "mais do que" ou "melhor do que" mas diferente dos outros homens.

3 — Ele parece incomodado com minhas cobranças? Cobranças excessivas fazem com que um homem vá além de seu limite de conforto.

4 — Por que a discrepância entre o que eu vejo e o que eu quero? Será que tem a ver com alguma coisa faltando dentro de mim — com sentimentos de falta, problemas em gerar amor, segurança e valor próprio? Cobranças excessivas podem ser esforços para obrigar alguém a fazer o que achamos que está faltando em nós mesmos.

Se você sabe que as exigências que está fazendo são excessivas, é imperativo que você pare, até que deixe ele saber que suas expectativas não eram reais. Isto será o início de um verdadeiro diálogo. Tenha em mente que a mudança sincera sempre começa com pequenos passos, mas definitivos. Seja realista sobre a velocidade com a qual as mudanças acontecem.

Quando você quiser que um homem modifique alguma atitude, escolha a área com cuidado e seja específica sobre o que espera. Quando você tiver certeza que suas exigências são justas, razoáveis e não exageradas, aqui está uma forma pela qual você pode abordar o assunto: "Isto é uma coisa que realmente me chateia. Assim não precisamos brigar, mas porque eu amo você, quero saber que modificação posso esperar nesta área." Se ele for veemente em não se modificar, provavelmente haverá pouca chance de qualquer alteração significativa no comportamento dele, não importando o quanto certa e cheia de razão você se sinta e o quanto errado ele esteja em se recusar a mudar.

O amor implica em aceitação

Quando tentamos modificar quem amamos, nós cometemos três erros básicos. O primeiro tem a ver com expectativas irreais sobre o amor em geral. É um mito achar que temos o direito ou até a responsabilidade de melhorar nossos parceiros. É um mito achar que todos os aspectos da interação — necessidades pessoais assim como diferenças individuais — são negociáveis. Não são.

O segundo erro tem a ver com uma tendência natural de sermos hipócritas, acreditando que se estamos dispostos a nos modificar por causa de nosso parceiro, ele deveria igualmente estar disposto a fazer o mesmo por nós. Mesmo que isso pareça fazer sentido, e que seja certo em algumas áreas, a verdade é que somos capazes de mudar muito pouco. Lembre-se, o amor implica em aceitação. Este sentimento maravilhoso de ser amado, de conforto e segurança é o mais importante ingrediente da fórmula que segura casais juntos.

Um terceiro erro que as mulheres, em geral, cometem é não reconhecer a natureza básica do homem. A mulher que descrevemos quer que seu homem seja "muito mais" do que ele realmente é. Você não pode ter um relacionamento com "potencial" — você tem que aceitar e amar um homem pelo que ele é agora. É muito mais seguro, e muito menos frustrante, estar com um homem do jeito que ele é, em vez do jeito que você desejava que ele fosse ou espera que ele se torne.

Muitas de vocês podem ficar chateadas ou até desapontadas com a forma pela qual o homem pode corresponder às cobranças por uma modificação. Mas a verdade é que a mulher obtém sucesso encorajando a mudança quando o fazem através do amor, aceitação e reconhecimento — é uma solução positiva ao invés de negativa. Sua experiência de amor se expande em proporção direta com o grau de carinho e aceitação que sinta em relação a ele. O que ele lhe retornará também será mais intenso.

Capítulo 4

MULHERES QUE SECRETAMENTE SENTEM DESPREZO PELOS HOMENS

A palavra *misógino* tem séculos de idade, com suas raízes ligadas à velha língua grega. Quer dizer "odiador de mulheres" e foi usada diversas vezes para descrever homens que, de alguma forma, desdenham ou desprezam as mulheres. É engraçado que não tenha palavra análoga para "odiadora de homens". Temos uma palavra para a pessoa que odeia todo mundo — *misantropo* — mas nenhuma palavra para descrever a mulher que tem repulsa pelo homem. Por quê? Até séculos bem recentes, os homens eram os criadores e refinadores da linguagem, pois só eles podiam ler ou escrever. E não é um acidente que uma palavra representando o desprezo da mulher pelos homens, tenha sido, de alguma forma, deixada fora do vernáculo. Será que isso se deu porque os homens queriam negar que as mulheres poderiam ter sentimentos tão hostis? Que eles se sentiam ameaçados por elas?

É óbvio que há e sempre haverá mulheres que têm sentimentos muito negativos com relação ao homem. Do que se trata isso? O que faz com que homens e mulheres desenvolvam uma triste e infeliz animosidade entre si? Paixões, tanto as negativas quanto as positivas, acontecem quando existe uma forte interdependência. Quanto mais queremos, precisamos e dependemos do outro, maior nosso potencial para mágoa, desapontamento e amargura. Isso acontece mais especificamente quando, por causa de nossa dependência, não podemos apenas dispensar ou evitar os seres do sexto oposto que nos perturbam. Temos que continuar a lidar com eles.

Algumas destas raivas básicas contra os homens foram incentivadas em anos recentes pelos movimentos feministas, que expuseram e execraram a histórica repressão do homem sobre a mulher. O feminismo não criou a raiva e o descrédito no homem, mas focalizou precisamente e legitimou tais sentimentos. Proporcionou um espaço para a mulher poder entender melhor e enfrentar de frente alguns dos aspectos e emoções mais negras do relacionamento macho e fêmea. Mas mesmo que o movimento feminista tenha suprido uma racionalização para a raiva de algumas mulheres pelos homens, a verdade é que estes sentimentos estão enraizados em emoções muito mais primitivas.

As origens do desprezo

As fontes mais básicas do desprezo nascem na infância. O empilhamento de desprezo, ódio, escárnio são, de um lado, fortes necessidades, com mágoa, amargura e medo do outro lado. O produto combinado destas forças é um intenso e poderoso conflito — precisando e sendo atraída por uma pessoa e ao mesmo tempo tendo medo dela. Normalmente, quando alguma coisa nos faz sofrer, nós a evitamos; simplesmente nos afastamos. Poucos de nós se queimam várias vezes no fogão quente. Mas quando queremos e precisamos do que pode também nos machucar, estamos em conflito.

Influências de família. Em geral, a ambivalência em relação ao homem surge quando a menina cresce com uma mãe distante, censuradora e indiferente e com um pai fraco, imprevisível, em geral alguém que tem pouco controle de seus impulsos.

Darby, 38 anos, lembra-se de seu pai alcoólatra — um advogado poderoso e respeitado durante o dia e, à noite, quase sempre bêbado, ia sorrateiramente até a cama dela para curar a bebedeira. Mesmo que Darby não tenha uma lembrança específica de ter sido usada sexualmente, ela tem a preocupante sensação que isso deve ter acontecido. "Acho que minha mãe simplesmente ignorava o que estava acontecendo porque ela não queria ter que agüentá-lo quando ele bebia." Seu pai se tornou a única fonte real de "sentir-me importante e necessária quando criança". Mas a herança do comportamento de seu pai foi bem maior, pois também incluía sentimentos de terror, culpa e repulsa. Esta combinação de amor e ódio, necessidade e medo, construiu o quadro emocional no qual Darby veio a perceber o homem e reagir a ele quando se tornou uma adulta.

Rene, 26 anos, descreve seu pai com dolorosos sentimentos misturados. "Eu realmente recebi amor e afeição da parte dele. Ele sempre foi mais caloroso e interessado no que estava acontecendo na minha vida do que minha mãe. Mas ele também tinha estes terríveis humores quando ficava furioso e berrava comigo. Sei que parte da culpa era de minha mãe, ela ficava furiosa comigo por uma coisa ou outra e o incitava contra mim quando ele chegava em casa. Eu acho que, lá no fundo, eu o amo, mas até hoje, sinto também muito ressentimento. Sei que ele não pode mais me fazer sentir mal, mas ainda sinto um certo arrepio interno quando ele eleva a voz."

Tanto Darby quanto Rene foram muito feridas por sous pais .e ambas ficaram com cicatrizes emocionais que afetaram profundamente seus relacionamentos com homens. Ambas desejam ter uma experiência de amor positiva com homens em suas vidas, mas nenhuma consegue, pois um fino e imperceptível véu de medo e desprezo as impede de ter a confiança e o desprendimento que o amor requisita.

Ter um pai que era "fantástico" também pode criar problemas como dependência, respeito e raiva mais tarde na vida. Catherine, 32 anos, dona-de-casa e mãe de três filhos, reclama de seu casamento com Jack, um homem gentil mas mediano.

"Ele não se parece nem um pouco com meu pai, nem um pouco. Papai era grande, forte e tinha uma profunda e autoritária voz. Ele podia ser, às vezes, muito violento e até rude, mas eu adorava a confiança que ele transmitia, e a energia que tinha. Em comparação, minha mãe parecia que sumia neste quadro. Eu não podia suportar o pensamento de perder minha identidade no casamento da forma que minha mãe fez e Jack pareceu ser a resposta perfeita porque parecia mais suave e compreensivo. O problema é que eu preciso dele do jeito que ele é, mas também o odeio por não ser mais forte."

Com medo de ficar muito dependente ou encoberta pelo homem, Catherine escolheu alguém que ela podia dominar. Mas ela não gosta de si mesma por esta escolha e se sente compelida a depreciar Jack por ser quem ele é.

Influências sociais. Os psicólogos sabem há muito tempo que as mulheres têm mais necessidades de se unir do que o homem. Em parte esta necessidade vem de medos infantis de que sua sobrevivência depende de ser protegida. Mesmo hoje, os pais tendem a ser mais protetores com as meninas do que com os meninos. O efeito que isto tem em algumas mulheres é que elas procuram proteção nos homens e ao mesmo tempo odeiam a elas mesmas e ao homem por sentir necessidade desta proteção.

O fato de que os homens tendem a ser mais fortes, mais duros e mais agressivos também representa um papel na orientação básica da menina e o conforto que sentirá com homens, mais tarde. De muitas maneiras, a experiência que as meninas têm as ensina a temer os meninos — desde as primeiras briguinhas com meninos valentões até encontros sexuais de adolescência com rapazes agressivos. A propensão do homem à violência e agressão assim como a estatística real de estupros aumenta estes medos, principalmente em mulheres cujas histórias de vida as deixaram sensíveis a tais ansiedades.

O fato de que o homem tem mais força real no mundo — mais prestígio e empregos com melhores salários — é também outro doloroso fator que contribui para o ressentimento das mulheres em relação aos homens. Apesar das mudanças em anos recentes, as mulheres continuam muito atrás dos homens quando se fala da medida básica de poder e domínio — fazer dinheiro.

O conflito interno. Muitas mulheres crescem com razões gerais e muito específicas para ter ressentimentos, temores e ainda necessidade dos homens. A raiva que as prende a este conflito de forma tão intensa é precisamente o objeto de sua contínua dependência deles. Estas mulheres não detestam simplesmente os homens e desejam afastá-los de suas vidas, elas também querem a união com eles. Elas escondem a amargura, mágoa e desconfiança que sentem por eles, ao menos em parte, para também poderem estar com eles. Tais mulheres vivem tremendos conflitos internos.

Por mais triste que pareça, estas mulheres sentem mais desdém por sua aparente fraqueza, pela necessidade de estar com um homem. Estes sentimentos internos de julgamento pessoal têm repercussões muito mais graves na escolha que a mulher faz do homem e sua conduta com ele. Algumas vezes ela vai escolher um homem mais fraco para disfarçar seu próprio conflito e seus confusos sentimentos sobre necessidade e insegurança. E, às vezes, a mulher com raiva vai tentar provocar um homem com relação a sua fraqueza, na tentativa de se sentir mais forte e menos dependente dele. Tais mulheres podem sentir prazer em sua capacidade de fazer o homem se sentir desconfortável, pois assim ele é visto como tendo que viver as mesmas experiências de medo e inadequação que elas sentem. No entanto, secretamente, estas mulheres ficam ressentidas com o homem que cede — pois elas também precisam dele e os querem fortes para elas.

Quando o homem é o objeto do desprezo da mulher

Mulheres que têm raiva e sentem desprezo pelos homens em geral expressam seus sentimentos internos e atitudes de duas formas: através do recolhimento emocional, que faz o homem se sentir isolado e negligenciado, ou de maneira mais direta, tornam-se agressivas e furiosas, o que intimida o homem.

Recolhimento e abandono. Um homem se sente isolado ou abandonado quando a mulher lhe nega ou deprecia, conscientemente ou não, a necessidade que ele sente de proximidade emocional. Como já vimos, os homens em geral escondem sua necessidade da companheira ou demonstram de maneiras muito disfarçadas. A maior parte das mulheres raivosas são enquadradas em dois grupos extremos: aquelas que vêem os homens como muito *pidões* — "homens são bebezões" — e aquelas que vêem os homens como duros, fortes e auto-suficientes — "homens não devem precisar deste tipo de coisas nas mulheres". Obviamente, ambos os casos são exageros. A maioria dos homens fica em algum lugar no meio. Tipicamente eles não vivem intensas fomes emocionais, mas quando precisam, eles buscam satisfação.

Como já descrevemos, o desprezo é uma estratégia inconsciente e protetora que algumas mulheres adotam para disfarçar seus sentimentos de dependência dos homens. Arriscar ser magoada e desapontada, precisar de alguém que pode causar dor é muito perigoso. A solução para este doloroso dilema é erguer barreiras de desdém. As mulheres que desprezam os homens se afastam deles emocionalmente por duas razões básicas.

Para uma mulher se ligar completamente a um homem — permitir a si mesma se envolver intimamente e com confiança — exige um alto grau de conforto com as necessidades básicas de dependência. As mulheres que temem sua própria dependência precisam criar distâncias num relacionamento para reduzir o nível de proximidade e assim evitar estimular seus próprios sentimentos de vulnerabilidade. Esta distância psicológica produz um amortecedor entre elas e o homem e, o mais importante, entre elas e a necessidade que têm deles.

Outra razão pela qual as mulheres raivosas se recolhem é que aceitar um envolvimento emocional com um homem tende a dar a ele permissão de expor as vulnerabilidades deles. Uma mulher que odeia e não confia em suas próprias vulnerabilidades tem dificuldades em lidar com as carências emocionais do homem, pois são dolorosas lembranças das suas próprias.

Em muitas formas, a resposta do homem ao sentimento de isolamento emocional e negligência não difere da resposta da mulher. Há um sentimento de não ser escutado nem visto pela amante. Mas há um detalhe adicional no caso dos homens. Ser carente e reclamar disso, faz surgir muita vergonha no homem, porque eles foram ensinados a suprimir e negar estas carências. O Fator Polaridade em parte explica isso. Quando o homem se sente muito isolado, quer se mover em direção à proximidade. Na verdade, o isolamento extremo acrescenta uma certa urgência a esta necessidade. Quando esta necessidade é bloqueada e totalmente negada ou negligenciada pela mulher, o homem se enche com um misto de raiva e tristeza, ambos sentimentos de expressão difícil. O homem se sente envergonhado de ter tanta fome emocional e de estar tão fora de controle. No final, o último recurso que eles sentem que têm é abandonar o relacionamento.

Raiva e intimidação. Quando uma mulher expressa seu furioso desprezo por um homem, o efeito nele é uma certa humilhação ou intimidação. Os homens que amam as mulheres querem, basicamente, satisfazê-las. A hostilidade e o óbvio desprazer expresso pelas palavras agressivas e pelas ações das mulheres fazem o homem sentir uma crescente apreensão.

Intimidação é um problema para homens e mulheres. Nenhum de nós gosta de se sentir intimidado. Queremos nos sentir seguros e aceitos, queremos estar com um parceiro que nos encorage, que nos faça sentir fortes e apoiados.

A intimidação é semelhante ao medo, porém mais sutil e complexa. O medo é aquela aceleração e jorro de adrenalina em nosso sistema quando nos deparamos com um perigo claro e imediato. A intimidação é mais traiçoeira. É uma sensação de impotência, covardia e de alguma forma faz com que nos sintamos pequenos. É uma espécie particular de medo que ocorre somente na presença de alguém que você gosta ou precisa. As origens da intimidação caem numa curiosa mistura de componentes — coragem, orgulho, insegurança, até mesmo a dependência do amor.

A intimidação sempre envolve a presença de um forte conflito emocional. Porque o homem gosta e precisa da mulher, ele não deseja se afastar dela. Nem se sente capaz de ser mais duro e mais confiante por medo de perdê-la. A solução bastante humilhante para este conflito é a sensação de intimidação que ele vive — nem encarando de frente a situação, nem se sentindo seguro ou confiável.

O que faz com que a intimidação seja uma coisa difícil para o homem lidar é o agudo senso de vergonha e perda do respeito próprio que eles sentem com ela. O homem, principalmente, detesta se sentir intimidado pela mulher porque ele sabe que a mulher tende a perder o respeito pelos homens que são intimidados por elas. Os homens entendem isto tudo muito claramente. Quando falamos do medo que o homem sente pela mulher, não estamos falando do tipo de medo que eletrifica, que vem quando enfrentamos algum perigo físico — este é muito mais sutil. Por causa desta sutileza, os traços deste medo passam despercebidos pela mulher e negados pelo homem. Não se espera que os homens sejam criaturas assustadas; todo mundo sabe disso.

Como pode uma reação humana tão comum como o medo ficar escondida atrás de tantos desentendimentos? Afinal nós aceitamos uma maior variedade de sentimentos nos homens hoje em dia, certo? Bem, talvez de forma consciente, mas não no que diz respeito a sentimentos. Desde que são menininhos, os homens são ensinados a lidar com o perigo e a ignorar o medo.

As coisas realmente não mudaram tanto assim. Os meninos ainda querem ser destemidos e as mulheres continuam a ser atraídas por homens que são fortes e seguros. Assim, quando o homem vivencia a inconfundível e enervante mensagem do medo no contexto de um relacionamento importante, ambos os envolvidos estão com problemas.

A rainha do gelo

Judy, 27 anos, perdeu o interesse em fazer amor com Gary. Mesmo que só estejam casados há dois anos, um gelo se formou muito cedo entre eles. Como Gary, 32 anos, diz: "Nós nem nos beijamos muito, agora. Ela interpreta toda a expressão de afeição de minha parte como uma iniciação para o sexo. Claro que eu gostaria disso, mas também gostaria de ter apenas um pouco mais de contato. Nós éramos assim e... eu não sei o que aconteceu." Judy acha que sabe. "Ele ficou muito inseguro e exige demais de mim. Não há nada mais romântico entre nós dois. Parece que ele está mais 'grudado' do que interessado em fazer amor."

Tanto Judy quanto Gary têm ressentimentos. Gary se sente sozinho o bastante para pensar em ter um caso, apesar da perspectiva não ser muito atraente, pois ele ama Judy. O que realmente está acontecendo é que Gary se sente negligenciado emocionalmente não apenas porque suas necessidades sexuais não são satisfeitas, mas, num nível mais profundo, porque seu desejo de se sentir aconchegado e ter afeição está, em sua cabeça, sendo rejeitado por sua mulher.

Como tantos casais hoje em dia, Judy e Gary estão confundindo falta de interesse sexual com um problema sexual. Eles tinham um relacionamento sexual rico, inventivo e altamente satisfatório antes do casamento. Mas Judy se percebeu progressivamente sendo esfriada pelas exigências emocionais de Gary, que ele acabou transformando em maiores exigências sexuais.

Judy não podia responder com simplicidade ao que ela julgava uma quantidade de reclamações não razoáveis. Quando Gary vivenciava dificuldades em seu trabalho como um executivo de vendas de uma companhia de computadores em rápida expansão, ele acabava chegando em casa, todas as noites, contando de outra forma qual fora o último erro da gerência, dizendo a ela como estava ansioso e chateado. Ela rapidamente começou a odiar estes relatórios noturnos. Secretamente começando a se sentir desiludida com ele, finalmente lhe disse que precisava de um homem e não de um menininho inseguro e que ele deveria lidar melhor com seus problemas. Gary não estava pedindo a Judy que resolvesse seus problemas, mas ele precisava dela como uma espécie de "ouvido", pois ele valoriza sua mente rápida e sempre achou que ela era muito perceptiva. Mas para Judy, qualquer quebra na imagem de Gary de força e competência eram ameaças pessoais, pois faziam surgir dentro dela um doloroso espectro de suas próprias inseguranças e vulnerabilidade. Ela via a fraqueza de Gary e detestava qualquer sinal destas falhas, pois faziam ela se lembrar das próprias.

A maneira de Judy de lidar com seu próprio desconforto foi de se afastar aos poucos de Gary. A resposta de Gary a este seu recolhimento foi aumentar o desejo e a freqüência de suas exigências sexuais.

Infelizmente, sempre que os dilemas de um relacionamento se transformam em problemas sexuais, há uma rápida deterioração do carinho e proximidade numa relação. Rapidamente, qualquer expressão de afeição ou contato físico se transforma num sinal para contato sexual. O que acontece eventualmente é que os casais não se beijam, não andam de mãos dadas, não se aninham, nem dormem juntinhos na cama. Neste clima, nenhum sentimento de amor e intimidade pode sobreviver.

No caso de Judy e Gary, o problema real não era se Judy podia satisfazer as necessidades de dependência de Gary, mas se ela podia aceitá-las. Como vieram a entender nos meses seguintes, o casamento deles poderia sobreviver e até florescer sem que ela se tornasse um receptáculo das descargas verbais de Gary. Gary precisa trabalhar para conter um pouco seu apetite. Ele veio a entender que este era excessivo, que ele deveria falar mais com colegas, que não deveria usar o sexo como um "pacificador" de suas preocupações, como Judy colocava. Judy tinha, no entanto, uma tarefa um pouco mais difícil. Será que ela poderia aceitar o fato de que os homens podem ser fortes em alguns aspectos e bem carentes em outros?

Aceitando-se a si mesmo. Dentro de cada homem existe um menino que às vezes precisa de aconchego e encorajamento. As mulheres trazem dentro de si uma menina que precisa da mesma coisa. Judy se sentia fraca e com vergonha de certos sentimentos internos e fazia de tudo para negá-los e mantê-los sob controle. Quando ela evitou o contato sexual com Gary e o humilhou com suas farpas sobre sua masculinidade, ela não estava simplesmente sendo maldosa ou insensível. Internamente ela estava lutando com ela — estava sendo até mais dura com ela mesma, mais crítica e julgando mais a si mesma do que a ele. Judy tinha forte necessidade de proximidade e desejos profundamente insistentes de ser protegida e cuidada. Suas experiências da infância com um pai rude e emocionalmente contido fizeram com que estes sentimentos parecessem errados, vergonhosos e perigosos de se desejar. A expressão aberta do desejo de Gary por mais proximidade física ameaçava suas fracas defesas.

É tolice dizer que não há perigo na dependência que cresce com o amor aberto e mútuo. Mas o jeito que Judy lidava com seus medos fez com que o amor perdido fosse uma verdadeira profecia.

Nós todos somos vulneráveis; todos temos preocupações escondidas, feridas do passado que mexem com preocupações sobre nosso valor e nosso merecimento de ser amado. O que Judy deveria ter feito era tentar contar a Gary sobre seus medos em relação a dependência e suas preocupações sobre deixar um relacionamento significar tanto assim. Abrir este tipo de diálogo teria servido a dois propósitos. Ela teria exposto seus profundos temores e, neste processo, começaria uma cura gradual. E, segundo, esta abertura deixaria seu comportamento reticente mais claro para Gary, ajudando-o a parar de tentar, inutilmente, reduzir a distância emocional entre eles.

A competidora

Beth, 31 anos, é a gerente de uma firma de manufatura de materiais esportivos. Ela é extremamente agressiva e bem-sucedida no trabalho e traz um estímulo competitivo e um entusiasmo em seu trabalho que todos a sua volta a admiram e a invejam.

Quando menina, Beth aprendeu que a única maneira que ela tinha de conseguir alguma coisa numa família grande era lutar por ela. Ela ainda vê a vida em termos de vitórias e derrotas. Os assuntos não são negociáveis, se luta por eles. Este estilo agressivo funcionou durante sua infância e funciona muito bem num trabalho. Mas foi um desastre no contexto de um relacionamento amoroso com um homem.

Quando ela começou a sair com Charlie e se sentiu apaixonada por ele, estava determinada a fazer que desse certo. Ela sabia que sua força e estilo competitivo tinham afastado os homens no passado, mas ela via Charlie, um construtor de piscinas, como sendo extremamente forte. "Eu achei que não tinha que me preocupar que ele fosse intimidado por mim. Eu sabia que tinha uma forte tendência a testar os homens, mas achei que Charlie não me deixaria fazer isso."

Charlie recorda: "Depois de três meses em que nos víamos regularmente, os sinais de alarme começaram a disparar. Eu queria que ela tivesse espaço para ser ela mesma e falar sobre o que quisesse, mas estava ficando muito irritado com a maneira com que ela estava sempre tentando ser melhor que eu, sempre tentando vencer. Por exemplo, uma noite nós estávamos em torno de um jogo de tabuleiro na casa de um amigo e, é claro, mais uma vez Beth lidou com o jogo como uma questão de vida ou morte. Ela parecia se modificar para me derrubar frente a meus amigos. Eu não me incomodo em competir com meus amigos homens, mas com ela foi humilhante, quando ela não apenas precisava vencer como também tinha que atirar isso em minha cara."

O desagrado de Charlie chegou ao clímax quando, numa noite, enquanto jantavam num restaurante, Beth perguntou: "O que está errado? Você parece deprimido hoje?", ele lhe disse que estava se sentindo mal por ter perdido um de seus melhores contratos naquele dia, com um hotel, e explicou o que aconteceu. O que ele queria de Beth era simplesmente compreensão. O que ele obteve foi uma grande palestra sobre como deveria ter lidado com o cliente. "Tudo que Beth disse estava certo — a visão de quem está de fora é sempre mais clara —, mas eu estava me sentindo mal e ela me fez sentir pior ainda. E isto para mim foi a gota d'água." Somente quando Charlie lhe falou que não queria mais sair com ela e por que, foi que Beth percebeu que sua postura hostil e competitiva estava atrapalhando uma união amorosa.

Lidando com força e fraqueza. Todos os homens sentem alguma apreensão em revelar sua vulnerabilidade para uma mulher. Charlie se sentiu desconcertado com a necessidade desesperada de Beth competir em todas as áreas. Para Beth, era simplesmente "uma pequena competição amistosa", como ela mesma dizia. Acabou ficando muito sério, e terminou matando os sentimentos dele por ela. Homens como Charlie têm dificuldade para admitir como se sentem sem jeito e envergonhados num relacionamento de competitividade com a mulher que amam e precisam. Beth achou que estava sendo divertida e até ajudando, enquanto Charlie sentia que ela estava sendo crítica e paternalista.

Infelizmente, tudo que Charlie via era o escudo protetor de Beth. Se ela tivesse permitido que ele olhasse para dentro dela, Charlie teria visto uma mulher ansiosa por amor mas tão insegura em como lidar com ele, que fazia tudo para evitar que isso acontecesse. Beth tinha tanto medo de realmente precisar de um homem que acabava sempre o hostilizando. Contanto que ela pudesse ver o homem sendo menos que ela, se sentia segura. Em sua mente, se fosse mais esperta, melhor, superior em todas as formas, ela não precisava se preocupar com o fato de ficar dependente dele.

As mulheres, principalmente hoje, sentem uma forte pressão de serem independentes. A ênfase na autonomia, competência e desenvolvimento de carreira produziu um infeliz subproduto — medo e falta de confiança da interdependência natural num relacionamento íntimo. Algumas mulheres temem qualquer dependência crescente dos homens como sendo uma sutil manipulação dele para aprisioná-las, colocando em perigo sua individualidade e independência. Outras mulheres vêem sua dependência e sua necessidade de um homem como uma terrível fraqueza que deve ser negada e ultrapassada de todas as formas. O infeliz resultado desta negativa é que a mulher se sente inadequada ou culpada se não estiver demonstrando constantemente que é forte e, acima de tudo, autocontrolada. A verdade é que nenhum de nós é tão autocontrolado. Somos criaturas sociais com necessidades primitivas e urgentes de ligação com outros seres humanos.

Uma mulher como Beth precisa confiar que sua força e autonomia não serão perdidas se ela se permitir chegar perto de um homem. Somente quando ela não precisar mais provar quem é, é que vai começar a confiar nela mesma. Ficar fora de um relacionamento não é um reflexo de força, mas de medo de intimidade e união, e resulta, inevitavelmente, numa fria solidão.

Quando a ênfase do sexo é muito grande

A interação sexual entre homens e mulheres pode criar o mais complicado e confuso dos dilemas humanos. A ansiedade que os homens sentem sobre sua performance sexual já foi muito discutida em outros lugares. Também bem documentados estão os problemas sexuais comuns resultantes desta ansiedade. No entanto, não está muito clara a forma com que as mulheres podem, sem saber, intimidar os homens com seus comportamentos sexuais.

Estamos vivendo a era pós-revolução sexual. Tanto o homem quanto a mulher ficaram menos promíscuos. Este novo conservadorismo é, em parte, uma natural volta em direção aos valores sexuais mais tradicionais, atitudes e práticas que levam a benefícios mais substanciais nos relacionamentos. Apesar da revolução sexual já ter acabado, sua herança permanece. Enquanto as mulheres lutavam por seus direitos de usufruir dos prazeres sexuais mais abertamente, os homens ficaram mais preocupados com suas habilidades de serem bons amantes. A ansiedade da atuação masculina é epidêmica.

A fantasia de todos os homens e o receio de muitos é a mulher não inibida e assertativa sexualmente. Os homens sonham com as maravilhas prometidas pela mulher que é expressiva e espontânea fisicamente, que é capaz de jogar para o lado o receio e a inibição, que está ciente e confia em sua fome sexual, que não espera passivamente que o homem tome a iniciativa, mas que, em vez disso, de forma ativa e direta, vai atrás do que ela quer e precisa. Os homens querem e gostam destas mulheres — mas com algumas qualificações importantes e nem um pouco óbvias.

Um ponto crítico quando se fala dos sentimentos do homem tem a ver com o tempo e o conforto sexual. Tradicionalmente, era papel da mulher colocar os freios na sexualidade, modular a velocidade e intensidade do envolvimento sexual. Como o homem podia contar com a mulher para operar este tipo de controle, eles podiam ignorar seus próprios receios e agir de forma agressiva, decisiva e extremamente confiante. O crescente conforto que a mulher vem sentindo com a sexualidade modificou tudo isso.

A sôfrega

Sharon, 28 anos, conta: "Eu realmente gostei de Bob desde a primeira vez que nos vimos num jantar oferecido por um amigo. Nós nos encontramos para almoçar, depois jantar e fomos ao cinema algumas vezes num período de três semanas. Nós ficávamos de mãos dadas e trocávamos beijos bastante calorosos em meu sofá. Mas apesar dele não parecer tímido, nunca tentou fazer amor comigo. Me peguei questionando em voz alta, 'Você tem algum tipo de problema com sexo, você é impotente ou algo assim? Ou talvez não se sinta atraído por mim?' Ele pareceu chateado, mas apenas riu e não respondeu nada. "Bem, na outra noite eu acho que realmente atrapalhei tudo. Ele me levou a um jogo de beisebol e nos divertimos muito. Ele me trouxe de volta para casa e ficamos vendo TV, abraçadinhos no sofá. Eu acabei pedindo que Bob ficasse para dormir. Fui direta e lhe disse que queria que ele fizesse amor comigo — na verdade, eu lhe disse que queria que ele desse uma boa trepada comigo — e de repente, o que parecia aconchegante e romântico ficou estranho. Ele se afastou, ficou realmente sem jeito, disse que tinha que levantar cedo — e em alguns minutos estava do lado de fora da porta! Eu me senti horrível! Eu não sei se vou ter notícias dele novamente." E não teve.

Percebendo as diferenças de tempo. Era certo que Bob estava atraído por Sharon ou ele não continuaria saindo com ela. Mas provavelmente ele era bem mais tímido ou reservado quanto a sexo do que aparentava. Sharon estava atenta às suas próprias necessidades e tempo, mas estava cega para o de Bob. O tempo certo é muito importante para todos nós, tanto para o homem quanto para a mulher. Não pense que o tempo do homem vai ser igual ao seu. Os homens têm preocupações com a atuação que podem ser intensas e inibidoras, principalmente quando estão começando a gostar de uma mulher.

Quando uma mulher é sexualmente agressiva do jeito explícito como Sharon foi, pode ser muito inibidor para o homem. Imediatamente ela foi vista como sendo mais poderosa e mais livre e requisitando um nível de conforto e atuação que Bob não tinha certeza se podia prover. Isto não significa que as mulheres não devem ser diretas, sinceras e sexualmente assertativas, ou que os homens não saibam lidar com isso numa mulher. Mas o tempo e a sensibilidade são cruciais para ambos.

A "corta-onda"

Darleen, 29 anos, é uma mulher atraente que é extremamente confiante em si mesma. Seu humor irreverente, seu sorriso alegre e as respostas inteligentes atraíam todos os homens que ela conhecia — ao menos no início.

Ela e Doug, um treinador esportivo de colégio, começaram de forma apaixonada e maravilhosa, ou assim ela pensou. Durante as primeiras semanas, passaram quase todo o tempo livre que tinham juntos, dizendo aos amigos "Achei o ideal!" Mas depois da terceira semana, Doug começou a dar desculpas para não sair com Darleen tão freqüentemente e, às vezes, na hora da cama, ele agia de forma ranzinza, implicando com coisas bobas.

Como Doug se lembra, "Eu deveria ter percebido este lado cortante de Darleen desde a primeira vez que dormimos juntos quando eu, obviamente, gozei muito rápido e ela disse, 'Qual é a pressa, vai pegar algum trem?' eu dei um risinho pelo jeito com que ela falou, mas foi realmente sem graça."

Na semana seguinte, só se viram duas vezes sem contato sexual. Naquele fim de semana, terminando na cama com ela, Doug estava tão ansioso que não conseguiu uma ereção. Impaciente, Darleen acendeu a luz de repente e o encarou, e com óbvia frustração, disse, "Qual é o problema agora? Quem foi que te ensinou a fazer amor?" Sentindo-se humilhado, Doug se afastou. No fim de semana seguinte ele saiu da cidade e, quando voltou, ligou para Darleen apenas para dizer que estaria muito ocupado com a temporada esportiva para continuar a sair com ela.

Chateada e confusa, Darleen ligou para ele na semana seguinte e insistiu para que ele lhe contasse por que rompera com ela. "Você conheceu alguma outra mulher?" Não, respondeu ele, não tinha sido outra mulher, apenas estava muito ocupado. Somente sob o intenso questionamento dela, foi que Doug contou o que o tinha afastado. "Muita ênfase em sexo — eu me sentia muito pressionado e estava começando a me sentir mal comigo mesmo." Como ela pressionava por uma resposta mais específica, ele lhe disse: "Tudo que ficava passando por minha cabeça era como tentar falar com uma mulher como você sem parecer uma espécie de gigolô? Me fez sentir pressionado a ser um grande amante todas as noites, para alcançar suas expectativas. Eu não podia agüentar isso."

Abandonando a fachada de durona. Será que Darleen é simplesmente uma mulher insensível? De jeito nenhum. Darleen queria alguém em sua vida, queria encontrar o amor, mas de uma maneira básica e muito mal-entendida, tinha medo do homem. Tendo sido educada por um pai agressivo que de forma sutil aterrorizava sua mãe e nunca permitiu qualquer afeição real ou intimidade, Darleen, inconscientemente via os homens para os quais era atraída como potencialmente perigosos. Se os homens pudessem ser mantidos na defensiva e um pouco inseguros, eles nunca seriam bastante fortes para magoá-la como seu pai fizera. Onde ela se sentia sem forças quando criança, agora se sentiria poderosa, onde ela se sentia humilhada e enfraquecida por sua necessidade de amor, ela queria ter certeza que seria o homem quem teria esta preocupação para que nunca mais ela tivesse que vivenciar esta dor. Suas soluções eram, infelizmente, autodestruidoras. O preço por lidar com seu medo do homem era acabar afastando-o.

As mulheres que foram feridas por um homem, e sentem medo das próprias carências que o amor expõe, têm outras opções diferentes da que Darleen escolheu. Mas um pré-requisito para a escolha é estar ciente e compreender o que dirige nossas emoções, palavras e ações. O problema de Darleen não era como ela tratava Doug, era como tratava a si mesma. Ela fora ferida por falta de amor e, infelizmente, estava perpetuando esta mesma falta de amor em sua vida.

Nós temos escolhas. E uma das mais importantes é escolher reconhecer feridas antigas, entender como elas afetam experiências atuais e fazer com que seja diferente no futuro. Para Darleen, isto significava ter coragem de permitir Doug ser forte e confiante, assumindo o risco de que ele a amaria apesar de sua força e não abusaria dela por isso.

Provavelmente não há nada mais deformante do que ter medo e nada mais enlouquecedor do que estar com medo e não ter certeza do quê. O medo é perpetuado por velhas e repetitivas experiências que reafirmam nossos pensamentos mais sombrios e assustadores. O antídoto para o medo, o único verdadeiramente efetivo, é a modificação. E mudança requer novas experiências, não as velhas e familiares. Para conquistar os medos é necessário enfrentá-los, abrir as portas e deixar o sol entrar. Se você mantiver as portas fechadas a chave na esperança de que algum dia as coisas ruins vão embora, você nunca vai dominá-las.

As mulheres que têm medo do homem, medo de chegarem muito perto e depois precisar deles, podem ultrapassar estes medos falando sobre eles, em vez de tentar ignorá-los, mas falando sobre eles com o homem que escolheram. É necessário escolher com sabedoria, e lhe dar a chance de ser diferente. É também necessário prestar muita atenção a estas diferenças e acreditar que elas vão permanecer assim. Acima de tudo, não se feche para novas experiências com um homem perpetuando as velhas experiências negativas.

A mulher desprezada

A amargura não resolvida que Wendy sente por ter se casado muito cedo está poluindo seu relacionamento mais recente. Tendo hoje 35 anos, Wendy casou-se com Ralph quando tinha 20. Ela amava e confiava em seu marido e foi seu desejo de trabalhar que tornou possível a ele completar seus estudos de medicina.

Apesar de Wendy querer ter filhos logo, ela adiou seu desejo porque a maternidade interferiria com o seu trabalho para sustentar os estudos de Ralph. Ele prometera que iriam ter uma família logo que ele terminasse seus estudos. Depois do internato, no sétimo ano do casamento, Ralph se inscreveu para a residência em medicina interna, o que, mais uma vez, adiou os planos.

Ela era paciente e aceitava a situação até que descobriu que Ralph teve diversos casos com enfermeiras e médicas no hospital. Pior ainda, ele confessou que tinha casos desde o primeiro ano de casamento. Ela se sentiu traída e amargurada.

O divórcio que se seguiu, assim como um número grande de relacionamentos não satisfatórios, levou Wendy a criar um escudo duro e amargo em volta dela. Foi este escudo e sua compreensível raiva e desconfiança dos homens que Wendy trouxe para seu relacionamento com Steve.

Mesmo que Steve goste muito da companhia de Wendy, ele está começando a se afastar dela, tendo suas dúvidas. Ele percebe que este relacionamento será limitado. Ele está percebendo dicas sutis da amargura e desconfiança que Wendy sente em relação aos homens.

"Wendy me falou de forma bem clara que ela não acredita muito nos homens, mas tenho sentido esta sensação desagradável de que realmente ela os odeia. Ela fala muito sobre as coisas baixas que os caras fazem com suas amigas — um deu bolo na amiga; outra descobriu que seu marido estava atrás de mulheres no escritório. Ela me contou sobre os casos de seu marido e eu entendo que ela se sinta traída, mas começo a pensar que ela acredita que a maioria dos homens não é confiável. Ela diz que me acha especial, mas sei que não sou tão diferente assim dos outros homens, e que um destes dias eu vou estragar tudo dizendo ou fazendo alguma coisa insensível e serei mais um homem que ela odeia."

Mesmo gostando de muitas coisas em Wendy, Steve está começando a ficar chateado com ela. A profunda raiva que ela sente só está superficialmente disfarçada e funciona como uma barreira invisível entre eles. Ela tem medo de confiar em Steve e se expor a sofrimento outra vez.

Se Wendy fosse capaz de comunicar a Steve seu medo de se ferir novamente e sua necessidade de ir devagar, ele poderia ter sido capaz de responder de uma forma que lhe permitisse curar seu trauma e confiar outra vez nos homens. Em vez disso, sua dor não resolvida está evitando que ela e Steve se aproximem na amistosa e segura ligação que ambos querem.

Trazendo raiva do passado. Infelizmente, o risco de ser magoada, desapontada e ferida existe em qualquer relacionamento. De uma forma realista, não podemos achar que vamos evitar sermos feridos ou ferir. No entanto, quando velhas feridas se transformam numa bagagem emocional não resolvida que trazemos para um relacionamento, ela nos impede de amar livremente.

Os homens se sentem particularmente desconfortáveis com as mulheres que desconfiam e são amargas por terem sido feridas por outros homens antes. Mesmo que o homem entenda que não causou esta raiva e que não é responsável por ela, isto o faz se sentir desconfortável e receoso.

Quando um homem gosta de uma mulher, a raiva que ela traz de coisas passadas pode ter um profundo impacto nele. Faz surgir sentimentos inquietantes de ansiedade. A raiva, principalmente quando o homem sabe que ele não é a causa deste sentimento, faz a mulher parecer caprichosa e imprevisível. Num nível emocional mais primitivo, tais sentimentos são os mesmos que os de um menininho que está apavorado e se sente incapaz de lidar com uma mãe inconsciente — uma mãe que em alguns momentos o ama e em outros dirige sua raiva para ele porque é o primeiro que aparece. Ninguém quer ser o alvo de uma raiva da qual não é responsável.

Não importa quanto interesse, amizade e carinho você tenha dado em seus primeiros encontros com um homem, se ele também pegar a mensagem de que você é amarga e tem raiva dos homens em geral, ele terá dificuldade em confiar e em querer ficar íntimo com você. Mesmo que você lhe assegure que sente que ele é diferente ou especial, ele ainda é um homem. Ele sabe que, inevitavelmente, vai sentir a força de suas atitudes negativas, por isso é provável que se proteja e que se afaste de você.

Olhando pelo outro lado, qual seria sua resposta emocional de estar com um homem que deixa você saber, diretamente ou em tom de brincadeira, que ele "odeia mulheres", "não se pode confiar nas mulheres", ou "sempre se estrepa de alguma forma por causa das mulheres"? Seria provável que você se afastasse dele, concluindo de forma sábia que a atitude dele representa um problema. Os homens têm a mesma reação: procurar alguma outra mulher que estimule seu amor e confiança.

Liberando velhos rancores

Rancores acumulados e não resolvidos nos ferem. Se nós não nos liberamos deles, acabamos fazendo uma ou duas coisas: ou os direcionamos de volta para nós, destruindo nossa auto-estima e caindo em depressão ou os direcionamos para outros, principalmente para aqueles que gostamos. Ou nos machucarmos ou atingirmos alguém de quem gostamos — não é uma boa escolha!

Mas existe uma terceira opção, uma muito melhor: se livrar dos velhos rancores e seguir com a vida. Como qualquer outra espécie de mudança, liberar rancores antigos dá trabalho e coragem para se encarar de forma aberta e honesta. Para muitos de nós, existe a tentação de nos apegarmos de forma ciumenta a ressentimentos velhos e arcaicos, usando-os como uma espécie de motivo justificado para nossos sentimentos. Mas não importa o quanto justificados nossos ressentimentos possam ser, não importa o quanto possam doer nossas velhas feridas, este apego tenaz a elas é autodestrutivo. Nos liga a um passado infeliz, distorce e interfere com o presente e impede um futuro melhor e mais gratificante.

Existem cinco passos básicos envolvendo o processo de liberação de raivas antigas.

1 — RECONHECIMENTO — O primeiro passo é o reconhecimento. Em geral, uma das coisas mais difíceis para nós é discriminar entre velhos rancores não adequadamente direcionados e os certos e apropriados. A diferença é que a raiva recente parece proporcional à causa, enquanto as raivas antigas parecessem excessivas, um tanto maiores do que a pena do crime. Os novos rancores podem ser explicados com coisas que acabaram de acontecer a você e parecem justificados. Os rancores antigos não podem ser justificados em termos de coisas que os causaram — a intensidade e profundidade das suas reações parecem ir além disso.

2 — ULTRAPASSANDO A RAIVA — O segundo passo é entender que a raiva é um artifício protetor que usamos para evitar mágoas. Não estamos simplesmente furiosos, estamos feridos. E as raivas antigas representam as mais profundas das feridas, aquelas que continuam a nos ator-

mentar. A razão pela qual a raiva é protetora é porque, apesar de desagradável, é menos destruidora que a dor de ser magoado. Ultrapassa estes velhos rancores, no entanto, exige que encaremos velhas feridas. É preciso que compreendamos como fomos feridos, quem nos feriu e o quanto estamos feridos.

3 — EXPRESSANDO A RAIVA — Uma vez identificada a fonte desta raiva e a sua causa, você deve pô-la para fora. Deixe sair, coloque-a em palavras, chore, grite ou escreva. Em geral, as pessoas que causaram estas feridas antigas não estão mais por perto, ou se ainda estiverem, não entenderam ou puderam lidar de forma construtiva com nossa raiva. Não é mesmo necessário um confronto com elas. Mas os sentimentos precisam ser traduzidos em palavras e examinados.

4 — PERDOANDO A MÁGOA — Em última análise, a liberação de mágoas antigas requer perdão. Mas lembre-se que este perdão é em seu benefício. É seu bilhete para a liberdade das dores antigas. Não é para aliviar a pessoa que a causou. Perdoar não é necessariamente justificar a pessoa que a magoou, não quer dizer que seja lá o que fizeram era justificado, mas o processo que quebra o elo da corrente que a prende a velhos sentimentos de mágoa e que pode começar a curar você. Você pode dizer para si mesma "Mas eu nunca vou poder perdoá-lo" — mas lembre-se que o outro lado da declaração é "Eu sempre estarei ferida". Tente dizer algo assim: "Você me magoou demais, mas eu o perdôo e me libero deste sentimento."

5 — VIGILÂNCIA — Livrar-se de rancores antigos é um processo que leva tempo. A raiva tende a voltar de vez em quando, mesmo depois de muito tempo, quando achamos que estamos livres dela. Quando isto acontece, entenda e aceite, fale sobre isso de forma franca e aberta para a pessoa com quem você está e depois reafirme para si mesma sua libertação dela.

Experimentar estes cinco passos pode levar a resultados gratificantes. Sempre que nos livramos de alguma emoção negativa, criamos espaço para novos sentimentos e atitudes mais positivas. A raiva, o desprezo secreto, o ressentimento são, invariavelmente, debilitantes, não importando as justificativas que estas emoções possam ter.

Capítulo 5

COMO A NECESSIDADE DE DOMINAR CONTRA-ATACA

Controladora é a palavra que Vince usa para descrever sua esposa, Sara. Quando ele a pronuncia, há mais do que um traço de ressentimento em sua voz. As primeiras vezes que Vince atirou esta palavra em sua mulher, Sara pensou que ele estava apenas sendo dramático. Mesmo agora quando este controle que lhe é atribuído levou Vince a ter um caso e a pensar em se divorciar, ela diz não entender por que ele se sente tão furioso.

O que é controle?

A palavra *controle* tem conotações ameaçadoras. Ela sugere regimes totalitários — impossibilidade de fazer alguma coisa da parte dos que estão sendo controlados e malevolência da parte dos que estão ditando as regras e as restrições. Quando descrevemos as pessoas como sendo "muito controladoras" de seus companheiros, podemos vê-las como tiranos, essencialmente loucas por poder nas costas dos seus parceiros inocentes.

Mas será que isso é verdade? As pessoas que desejam controlar seus amados são levadas por intenções maldosas? Ou será que, em última análise, estão escolhendo uma maneira autodestruidora de defender sua própria segurança? Acreditamos que seja a última opção. O desejo de exercer o controle sobre o parceiro é compreensível e bastante comum, pois estar no controle nos faz sentir mais confortáveis. Estar no controle permite às pessoas serem menos ansiosas e mais certas de que tudo vai acontecer de forma previsível e satisfatória.

A necessidade de controlar começa, em geral, logo que começamos a nos apaixonar. Existe um ditado que diz que o amor e o ódio estão muito próximos, mas pode ser mais certo dizer que o amor e o controle estão intimamente ligados. Amar alguém traz uma grande necessidade da pessoa. Necessidade emocional dá muito poder para aquele de quem temos necessidade. Quando damos este poder, sempre sentimos medo assim como um ressentimento não expresso de que colocamos nosso bem-estar nas mãos de outra pessoa.

Nos permitir amar alguém cria fortes e assustadores sentimentos de dependência daquela pessoa. O elo entre dependência e controle começa na infância. As crianças podem ser muito espertas em maquinar formas de controlar o comportamento de seus pais. Por exemplo, para se sentir seguro e manter uma relação com os pais, a criança vai tentar criar bastante culpa nos pais para que eles se sintam culpados em deixá-las com a babá, vão inventar doenças ou dolorosas reclamações. "Você não me ama", para garantir a resposta de um dos pais, "mas claro que amo."

Se você já tentou controlar um ser amado, você deve saber que a necessidade não vem da força, mas de um sentimento de insegurança — você não acredita que ele a ame realmente, você não confia em seu amor. Se o fizesse, poderia lhe permitir a liberdade de ser e fazer mais o que ele quer. Na ausência de confiança, há sempre uma necessidade crescente de ter certeza de que você sabe exatamente onde seu parceiro está e com quem está, há a necessidade de restringir suas atividades ou até fazê-lo ficar cada vez mais dependente de você.

A maioria de nós, em algum momento, já vivenciou a experiência de tentar encontrar alguém de quem gostamos pelo telefone e, não sendo capaz, ligar freneticamente a cada minuto. Quando você não consegue manter contato, parece que você está perdendo a pessoa, como se não pudesse confiar nele para retornar a ligação. Outro exemplo é quando se está encontrando com um novo namorado num restaurante, e ele está atrasado.

Você espera, espera e fica sempre olhando para o relógio. Por um rápido instante passa pela sua cabeça a idéia de que ele não vem — talvez seja isso! Está tudo acabado! Todos somos capazes de criar estes pequenos momentos de dolorosa ansiedade devido à possibilidade da perda. Uma solução comum para esta ansiedade é exercer mais controle.

O controle é exercido sob diversas formas num relacionamento. O padrão mais óbvio do controle envolve a restrição de comportamento — ditando como o outro deve agir, encorajando ou desencorajando determinados comportamentos. Por exemplo, pressionar um homem a agir de forma mais "madura", muitas vezes não tem nada a ver com a expectativa dele agir de forma mais responsável. Ao invés disso, é muitas vezes uma tentativa velada de deixá-lo menos livre e menos desinibido e, conseqüentemente, menos imprevisível.

O controle é freqüentemente exercido através de uma direta monitoração da atividade do companheiro. Ficar vigiando-o mesmo quando este comportamento está disfarçado numa inocente atenção. "Só liguei para ver como você estava", pode estar motivado pela preocupação de que ele não liga muito para a relação, que é uma união frágil.

Talvez a forma mais disfarçada e a maneira mais comum de controlar é bancar a generosa e a tomadora de conta do parceiro. Esta forma de controle pode estar mascarada de um comportamento de apoio mas, na verdade, é uma tentativa de assegurar uma posição de força no relacionamento, fazendo com que a outra pessoa precise de nós.

Existem algumas pessoas que dizem que o casamento em si é uma forma institucionalizada de controle, servidão em vez de união. Num sentido mais restrito, há um quê de verdade nesta observação, pois o casamento, até um certo ponto, envolve problemas de território, possessão e controle. Por definição, o casamento nos força a ter uma posição em relação à fidelidade sexual, no tempo que se passa com o outro e na maioria das atividades de lazer. Áreas de responsabilidade pessoal podem ser redefinidas e uma profunda amizade com o sexo oposto pode ser considerada ameaçadora para o casamento e por isso fora dos limites do permitido. Mas num sentido mais amplo, todos nós precisamos concordar com algumas fronteiras para nos sentirmos mais seguros e confiantes com o relacionamento. Quando nos sentimos mais seguros é quando somos mais livres para amar completamente.

Controle é um problema em qualquer relacionamento. A união ideal permite a continuidade de um companheirismo seguro e previsível ao mesmo tempo que protege nossas liberdades individuais. Uma acomodação mútua e positiva junto com um compromisso resultam em intimidade e na preservação deste jeito único do casal e sua expressão individual. O controle excessivo ultrapassa em muito esta marca. Em vez de melhorar a vida da pessoa, como o amor pode fazer, ele diminui a liberdade pessoal, cria ressentimento e, em último caso, faz a pessoa querer se libertar.

Como a mulher aprendeu a dominar

Quando o tema do poder e domínio é discutido entre o homem e a mulher, em geral é o homem que fica com o papel do controlador. Na verdade, o homem tem tentado controlar a mulher através dos séculos, mais comumente restringindo ou contendo a sexualidade feminina, que ele via como ameaçadora. Os homens também têm sido repressivos nas áreas onde a mulher pode alcançar o poder, como literatura e artes em geral, assim como no trabalho. Mas enquanto estas várias manifestações das ansiedades dos homens e inseguranças são bem documentadas, as maneiras pelas quais as mulheres querem controlar os homens e em geral são bem-sucedidas, não são tão conhecidas.

A mulher ardilosa, esperta e trapaceira é um tema comum na literatura e na mitologia. Desde a sedutora tentação de Adão por Eva até as histórias de sereias atraindo homens para sua destruição. Sempre houve a fantasia da mulher poderosa e controladora. Sem dúvida, estas mitologias derivam da intensa e eterna necessidade que o homem tem da mulher e a ansiedade que esta carência causa. A criação de mitos é uma forma pela qual tentamos entender e pôr em perspectiva aquilo de que temos medo.

Como os homens sempre exerceram controle sobre as mulheres, elas tiveram que aprender a usar técnicas mais sutis de conseguir o que elas queriam dos homens. Em geral as mulheres se sentem mais confortáveis com a troca emocional nos relacionamentos do que os homens. Por causa disso, uma mulher que deseja exercer o controle deverá ser bem-sucedida, pois em geral o homem não tem consciência do que ela está fazendo. Como já falamos, o controle é uma forma de sentir segurança. Ao ter certeza de que um homem age e sente de determinada maneira, uma mulher pode prever seu comportamento e assim se sentir razoavelmente segura sobre ele e sua presença em sua vida. Mas a maioria das mulheres, independente do controle que podem ter, se sentem ambivalente em relação a isso. As mulheres não querem o controle total, de fato, não importando o quanto elas lutem por isso. As mulheres que estão controlando invariavelmente insistem que o homem lute de volta, que não ceda totalmente, pois se assim o fizer, ele parecerá fraco aos olhos dela. Se um homem ceder com muita facilidade, a mulher vai achar que ele está com ela apenas pela sua força de controlá-lo, não por causa de seus valores. Ela sabe que ele está apavorado — com muito medo de perder o amor da mulher — e isso a deixa ansiosa e com medo dela mesma. Ela diz para si mesma: "Se ele é tão fraco, tão maleável, como pode ser bastante forte para cuidar de mim, para me proteger e me amar?" Assim, numa forma paradoxal, os mesmos esforços que ela pode fazer para se sentir segura acabam causando ainda mais insegurança. Nenhuma mulher quer realmente controlar, pois quando o homem acaba sendo facilmente dominado, ela se sente ansiosa e sozinha.

Quando um homem se sente dominado

Os homens detestam se sentir dominados. Num nível inconsciente, isto evoca as lembranças primitivas e assustadoras da impotência da infância e do domínio da mãe. Quando o homem está consciente do controle da mulher e este controle persiste, ele se sente ainda pior — ele se sente castrado. O Fator Polaridade ajuda a explicar a reação do homem por se sentir controlado. Os homens querem estar ligados e ser íntimos da mulher que amam, mas não às custas de sua habilidade de controlar seu próprio destino. Quando o homem se sente obrigado a se manter muito grudado ou muito próximo, eles sentem raiva e ressentimento, mesmo que não expressem isso diretamente.

Uma razão para a sensação de impotência do homem ao ser controlado é que ele, até um certo ponto, é dependente da mulher e portanto reluta em dar alguns passos que possam ameaçar os laços com ela. O que acontece com alguns homens é que eles ficam chateados ao se sentirem restringidos e controlados e, ao mesmo tempo, sentem que é perigoso expressar estes sentimentos. Assim, em silêncio, eles ficam com mais ressentimento ainda. Os homens nesta situação difícil sentem como se estivessem presos — acham que não podem ir embora ou simplesmente revidar, assim, o único recurso é ficar quieto e ferver por dentro com as emoções negativas.

Mais especificamente, se o homem tentou deixar sua não satisfação a respeito de ser controlado clara para a mulher e ela não reconheceu que sua raiva possa ser justificada, ele pode escorregar para uma postura de ressentimento mudo. Às vezes as mulheres não percebem os sinais de irritação que o homem sente ao ser controlado porque eles conseguem esconder bem. Em geral os homens se sentem envergonhados de seu ressentimento. Eles não querem ficar se lamentando e não gostam de admitir que não sabem como mudar a situação. Como resultado, a mulher pode ter poucas dicas da tormenta interna e a subseqüente raiva que o homem está vivenciando até que seja muito tarde e ele, abruptamente, abandone o relacionamento.

Estar na posição do controlado é, fundamentalmente, não se sentir digno de confiança nem amado, exceto nos estreitos limites da percepção da outra pessoa. Como resultado, o homem controlado se sente solitário e afastado enquanto, ao mesmo tempo, se sente sufocado por suas necessidades de manter o relacionamento. Este tipo de ligação negativa com uma mulher está ligada à servidão e não ao amor.

Quando o homem está com uma mulher excessivamente controladora, ele se sente preso num dilema: se ele cede ao seu controle porque quer agradar à mulher, ele teme que ela o veja como um fraco, um acomodado. Os homens sabem que as mulheres não gostam de controlá-los de fato. Assim, por um lado, o primeiro instinto do homem é tentar agradar a mulher e, do outro lado, ele teme ser considerado um "idiota" se ceder muito.

As mulheres que controlam os homens, tipicamente são bem-intencionadas e atenciosas. Elas fazem isso sem perceber e sem intenção consciente. Independente disso, este comportamento é auto-envolvente e autodestruidor e raramente leva a mulher a segurar o amor que ela deseja.

A princesa

Laurence, 29 anos, descreve por que ele decidiu parar de se encontrar com Rita, 31 anos, depois de apenas três encontros. Se conheceram num churrasco na casa de um amigo. "Eu gostei muito dela. Era bonita e amigável e parecia fácil conversar com ela. Aí eu liguei para ela alguns dias depois e perguntei se ela queria ir a um determinado filme."

"Primeiro ela disse que queria vê-lo, depois mencionou alguns outros que preferia ver. Eu não ligava para que filme íamos, e lhe disse que escolhesse. Ela o fez e me perguntou, 'Bem, está bom para você ou você preferia ver o que você sugeriu primeiro?' Finalmente eu tive que escolher o filme, mas agora achando que não sabia o que ela queria ver."

"Foi a mesma coisa quando chegamos ao cinema e começamos a andar pelo corredor. Eu perguntei onde ela queria sentar e ela disse, 'Onde você quer?' Encontrei algumas cadeiras no meio do salão e ela disse, 'Você não prefere ficar mais perto?' Eu disse logo que não, prefiro sentar no meio e posso me lembrar exatamente o que ela disse, porque fiquei irritado: 'Não há por que discutir por isso.'"

"Afinal", lembra-se Laurence, "Eu gostei de Rita. Fomos a uma boate alguns dias depois disso e no fim de semana seguinte ela me convidou para uma festa. Ela era doce e carinhosa, mas não parecia ser fácil estar com ela. Se estávamos simplesmente planejando ir a algum lugar ou até discutindo, sempre havia este vaivém. Ela concordava em fazer o que eu queria e depois mencionava todas estas coisinhas que estavam em desacordo com o que eu queria.

"Por exemplo, ela me perguntava o que eu achava, depois descobria as falhas no que eu dizia, e concordava, 'Mas você está certo.' Ela expressava suas opiniões ou assumia uma posição e depois voltava atrás. Era o bastante para me levar à loucura. No fim era mais fácil e simples perguntar diretamente o que ela queria primeiro e fazer isso. Acabei achando que ela estava tentando me controlar e me manipular de uma maneira indireta. As coisas pequenas começaram a aumentar e a me irritar a ponto de eu não me divertir mais nem ter sensações agradáveis em relação a ela. De positivo, eu a achava firme em suas maneiras; de negativo, eu achei que ela agia como uma princesa mimada."

Sentindo-se à vontade. Sempre que encontramos alguém pela primeira vez ou vamos ao nosso primeiro encontro, a maioria de nós fica um pouco nervoso — queremos causar uma boa impressão. Isso é normal e compreensivo, mas como lidamos com este nervosismo é outro problema. Algumas pessoas podem ficar muito irritadas ou tensas porque elas se ressentem da pressão que sentem. Outros ficam tão ansiosos por serem aprovados que agem exageradamente doces e condescendentes. E depois, existem as pessoas como Rita, que têm uma necessidade inconsciente de controlar para se sentir à vontade.

A rigidez de Rita era sua maneira de se sentir segura, mas lhe causou problemas com homens desde o início. A flexibilidade e a acomodação deixavam seus sentimentos estranhamente vulneráveis para possíveis ferimentos, até rejeição. Mas a maneira como ela lidava com isso levou ao resultado que ela mais detestava.

A solução para alguém como Rita é ficar ciente de suas ansiedades sociais e, mais especificamente, como lidar com elas. Muitas vezes pode até ser mais apropriado dizer para a outra pessoa que você está um pouco nervosa e ansiosa em relação ao encontro, pois isso pode ajudar ambos a relaxarem um pouco. As possibilidades indicam que ele deve estar nervoso também.

A desmancha-prazeres

"Vince é infantil e irresponsável", reclama Sara, 40 anos. "Sou uma viúva do esporte. Dependendo da temporada, ele passa todo seu tempo livre jogando beisebol ou vendo futebol pela televisão com uma turma de amigos." Parece familiar? A verdade é que Vince é um promotor público, muito devotado ao seu trabalho e muito atencioso para evitar enganos. Mas nos fins de semana, Vince gosta de relaxar e jogar, o que, na primavera, tem a forma de jogar num time amador de beisebol e, no outono, gritos e berros na sala de televisão com os amigos enquanto torcem para seus times.

Sara está desapontada com Vince num área muito significativa em seu casamento. Ela esperava que ele fosse mais atencioso e generoso com seu tempo livre para ela e as crianças. Ultimamente, ela tem reclamado muito sobre sua "imaturidade". Quanto mais ela tenta diminuir suas horas de recreação, mais ele se ressente dela.

Vince procurou a análise depois de que, sem o conhecimento de sua mulher, teve um caso que foi significativo o bastante para que ele considerasse a possibilidade de largar a mulher. Ele via as batalhas sobre o esporte do fim de semana não como briguinhas inócuas de casal, mas apenas como a ponta do iceberg no problema do casamento deles. Sob estas reclamações estava sua crença de que Sara desaprovava o prazer dele e dela mesma. Vince achava que sua mulher via a vida como uma série de obrigações que devem ser cumpridas, com a obrigação de ser pai em primeiro lugar.

Durante as sessões, Sara revelou o que estava sob sua necessidade de controlar Vince. Ela sempre se sentiu insegura do amor de Vince por ela e tinha medo que um dia ele simplesmente a deixasse. Depois que as crianças nasceram, ela achou que ele não era tão carinhoso e atencioso para com ela como deveria ser. Em vez de lidar diretamente com estas inseguranças e falar sobre elas com Vince, ela gradualmente adotou uma postura de ser a mais "madura" do relacionamento como uma forma de controle.

Entendo a necessidade do homem brincar. Os homens são muitas vezes definidos como sendo no fundo uns meninões, obcecados por brinquedos, jogos e a vontade de brincar. Algumas vezes isso é dito num tom depreciativo como se os homens "maduros" fossem as excessões. O fato é que, não só o homem quer brincar como precisa brincar para contrabalançar a intensa busca de sucesso no trabalho. Dessa forma a tensão é liberada, tornando-o capaz de colocar a vida numa perspectiva mais realista.

É interessante que tantas mulheres adorem o lado "menino" do homem assim que o conhecem, mas, mais tarde, fiquem perturbadas por esta mesma qualidade. Existem algumas mulheres que têm a dificuldade de aceitar o fato do homem ser forte e confiável mesmo que, algumas vezes, eles queiram ser bobos e infantis, principalmente quando estão com os amigos homens.

Sara não entendia a necessidade de Vince relaxar e brincar. Ele não amava a ela ou aos filhos menos porque precisava de tempo para ele. A sutil desaprovação de Sara para os traços brincalhões de sua personalidade acabaram tirando o lado divertido do relacionamento com ela e com as crianças. Sara não podia ver quanto ressentimento ela tinha causado em Vince e como ela o estava afastando.

A *inquisidora*

Catherine, 30 anos, achava que ia enlouquecer. Ela se percebeu remexendo na carteira de Gil depois que ele estava dormindo, checando as contas de telefone para números não conhecidos discados durante as noites que ela tinha aula e ligando para ele duas ou três vezes quando ele ficava no escritório à noite ou nos fins de semana. Mesmo quando ela estava agindo porque tinha suspeitas, Catherine se sentia envergonhada por sua conduta e não podia parar.

Um ano antes, quando se relacionavam a poucas semanas, Catherine descobriu que ele tinha passado a noite com uma antiga namorada, mas isso foi muito antes deles começarem um namoro mais firme. Fora esse incidente, Gil nunca deu motivos para as suspeitas de Catherine. Ainda assim, o ciúme e a possessividade se tornaram um problema sério entre os dois, conforme o tempo foi passando.

Quanto a Gil, ele se sentia sufocado por seu ciúme e estava constantemente na defensiva. Ele se sentia como se tivesse que justificar onde estava a cada minuto, como se estivesse sempre na defensiva. Não importava o quanto Gil reafirmava seu amor por Catherine, o seu ciúme e suspeita continuavam e estavam cada vez mais envenenando seus sentimentos por ele.

Gil estava profundamente magoado e desapontado pela deterioração do relacionamento deles. Ele se sentia seguro de que se casariam e teriam filhos juntos.

"No início, era maravilhoso estar com ela. Era intenso, mas eu pensei que era porque estávamos nos acostumando a viver juntos. Mas em vez de ficar mais fácil, mais relaxado, foi ficando cada vez mais tenso. Ela ficou obcecada por este problema daquela noite muito antes que tivéssemos formado um casal. Eu tentei amá-la e fazê-la se sentir segura, mas não pude mudar a situação."

O ressentimento de Gil foi aumentando até que ele odiasse cada pergunta que ela fazia, até as inocentes sobre como tinha sido o dia dele. Ele começou a trabalhar até mais tarde no escritório e antes que eles completassem um ano juntos ele pediu que ela se mudasse.

Catharine estava tão obcecada em descobrir os possíveis sinais da infidelidade de Gil que ela nem tinha idéia do impacto de seu comportamento nele. Ele queria se sentir próximo dela — mas não se a proximidade fosse um convite aberto ao interrogatório. O fato dele passar cada vez mais tempo no escritório deveria ser um aviso para ela de que isso o estava afastando. Em vez disso, ela percebia suas ausências como provas adicionais de que ele deveria estar tendo um caso e suas temerosas suspeitas se intensificaram.

Superando a tormenta do ciúme. O ciúme é uma das emoções mais dolorosas que podemos vivenciar. Ele pode ser obsessivo e implacável e pode levar a sensação de estar totalmente fora de controle. O medo de perder alguém de quem dependemos pode ser apavorante. As pessoas que são ciumentas estão de fato em guerra com um inimigo imaginário que pode roubar-lhes o amor. No caso extremo, o ciúme é semelhante à paranóia. As dicas aparecem em todos os lugares. Cada palavra ou gesto assume sentidos assustadores. Quando não está resolvido, definitivamente, o ciúme pode estragar um relacionamento. Mesmo que o homem não se afaste fisicamente, ele recolhe as emoções. Amor e confiança não podem florescer numa atmosfera de suspeita e ressentimento.

O ciúme, em geral, tem motivos verdadeiros: infidelidades passadas. Catherine usava o caso de uma noite de Gil para sua amargura, apesar deles ainda não terem se comprometido com exclusividade um para o outro quando isso aconteceu. Independente disso, seu comportamento destruiu o que poderia ter sido um bom e duradouro casamento.

Como respondemos ao ciúme é um assunto muito pessoal. Envolve nossos próprios níveis de confiança em nosso valor e capacidade de ser amado. Quando nos sentimos íntegros e valiosos, não somos atormentados por devastadores acessos de fantasias ciumentas e suspeitas. Ser ciumento é se sentir inseguro, inadequado e sem valor. Mesmo que um pouco de ciúme seja normal num relacionamento, pode sair do controle e se tornar destrutivo quando alimentado por falta de confiança em si mesma. O ciúme pode magoar, além do objeto de nosso sentimento, a nós mesmos, porque corrói nosso sentido de ser.

Se você se encontrar batalhando com o ciúme como Catherine estava, tente usar estes sentimentos tortuosos para começar a se ajudar. Primeiro de tudo, tenha certeza de que não está exagerando sentimentos negativos e desvalorizando os positivos. Ao se permitir ser tomada por estes sentimentos, cedendo a eles, você está se fazendo sentir pior do que deveria. Você pode parar este movimento em direção negativa ao apontar o verdadeiro problema: auto-estima. O primeiro passo é conter o ciúme. Fale sobre ele. Se ficar se preocupando com ele ou cedendo às suas atitudes suspeitas só vai servir para avisar mais as fantasias negativas a respeito do seu amante. Expressando o ciúme através de suspeitas e acusações não apenas aumenta o poder que este tem sobre você como também afasta seu amante.

Comece a canalizar a energia gasta em preocupações e dúvidas para se sentir melhor com você mesma. Tente escrever todas as coisas que gosta em você. Confie nestas afirmativas, pense nelas e se lembre delas. Pense também no que precisa melhorar em você. É útil até tentar imaginar o que seu amante gostaria em outra mulher, pois provavelmente serão qualidades que você acha que não tem. Não tente ser como esta outra pessoa, mas deve ter alguns aspectos de sua personalidade que você queira trabalhar e talvez mudar. Explore estes aspectos, não por medo, e nem para o homem com quem vive, mas para você mesma.

A salva-vidas

Anita, 36 anos, está namorando firme com Matthew desde que se conheceram há dois anos. Eles falaram sobre casamento um ano depois, mas ele ficava adiando a data por diversas razões vagas. Ela estava ficando cada vez mais chateada, desencorajada e irritada, pois achava que era muito boa para Matthew. Seus amigos achavam que ele estava louco em não se casar com ela. "Olhe só o que ela fez por ele", diziam eles. Mas, no entanto, Matthew não tinha certeza. Ele reconhecia que ela o ajudara a mudar sua vida, mas ele tinha inquietantes dúvidas a respeito de seu amor por ela. Com o passar dos meses, as dúvidas aumentaram e nem Matthew sabia por quê.

Quando eles se encontraram, Matthew estava saindo de um grande fracasso empresarial no qual brigou com um sócio um pouco sem ética num negócio de peças para automóveis. Apesar de se imaginar um empresário e certamente ter algumas boas idéias para negócios, nunca teve sucesso em nenhuma de suas empreitadas.

Quando ele encontrou Anita, uma decoradora de interiores muito bem-sucedida e objetiva, a combinação parecia perfeita. Anita o ajudou a erguer sua nova especulação comercial e também se transformou numa espécie de professora para ajudá-lo com alguma compreensão pessoal que lhe faltava. Ela adorava fazer isso por ele e ele estava profundamente grato.

Mas com o passar dos meses, Matthew começou a se chatear com a ajuda e encorajamento que no início ele achava tão bom e especial. Mesmo sabendo que ela tinha as melhores intenções, também se sentia controlado, até mesmo manipulado por ela. Mesmo que ele tenha ficado muito mais competente, ela ficou sendo uma "supervisora", para ter certeza que ele fazia tudo certo. Mesmo quando a maneira dela fazer as coisas era melhor, ele a afastava para tentar fazer de sua própria maneira. No final das contas, havia mais luta de poder no relacionamento deles do que momentos de harmonia e conforto. Ele sabia que parte do problema vinha de suas persistentes dúvidas, mas mesmo assim sentia um ressentimento crescente.

Anita estava vagamente ciente da resistência de Matthew à sua ajuda e não a levou a sério. Inconscientemente, ela tinha medo de perder o controle, como se Matthew não a amasse mais se não precisasse dela. Anita nunca percebera o fato de que ela lidava com suas inseguranças com homens se tornando valiosa para eles. Nem sabia que fazia isso de forma calculada, pois adorava ser a companheira prestativa. Mas Matthew começou a focalizar-se mais no lado negativo do aspecto controlador do que nas qualidades positivas da pessoa prestativa.

Anita achava que poderia ter lidado com sua competência de forma menos ambivalente. Ela estava certa. Se Matthew fosse um homem mais autoconfiante, ele poderia ter falado mais diretamente e pararia com este impulso negativo no relacionamento. Mas não o fez. Será que isso significa que era responsabilidade de Anita salvar o relacionamento? Não. O propósito deste caso é apenas ilustrar como ser uma "salva-vidas" pode dar para trás. Se você escolheu esta maneira de conquistar o amor de um homem, esteja ciente do ressentimento não dito que pode aparecer se você não permitir que ele desenvolva o dele mesmo.

No final, Anita e Matthew foram incapazes de mudar o comportamento e se separaram. Anita continuou a terapia e, aos poucos, resolveu algumas de suas inseguranças pessoais. Conforme seu sentido de valor e amor-próprio melhoraram, ela começou a acreditar em seu valor de ser amada por um homem por ela mesma, não pelo que podia fazer para "consertar" um homem que tinha problemas. Conforme ela se tornava mais saudável, começou a escolher homens mais saudáveis.

Sentindo-se importante pelos motivos certos. Se seu desejo de moldar, formar, resgatar e guiar seu amado é muito forte, pode ajudar se você der uma olhada e verificar se suas boas intenções estão produzindo os efeitos que você deseja. As mulheres salva-vidas são muito atraentes para os homens com problemas, mas a mesma mulher também ameaça o delicado equilíbrio entre generosas ajudantes e controladoras. Se você der uma olhada objetiva ao seu impacto, pode descobrir que o homem está, aos poucos, ficando menos receptivo ou respondendo menos às suas intrusões e auxílios. Este é um claro aviso de que ele está se sentindo controlado.

Não há nada necessariamente errado com controle desde que nos lembremos de que ele pode trazer certas conseqüências. Os controladores precisam de pessoas dependentes a quem controlar e as pessoas dependentes procuram parceiros mais dominantes para serem controladas. Tudo combina direitinho, a não ser por um problema: a raiva camuflada! Camuflada porque sempre há ambivalência em relação a ser controlado na verdade; o homem mais fraco não quer perder a ajuda da mulher, mas ao mesmo tempo ele fica irritado por estar numa posição inferior à dela.

Como então dar a volta e alterar a base de poder do relacionamento? Talvez você saiba que precisam de você, e que este tipo de ligação com um homem pode ter conseqüências negativas. Duas atitudes são necessárias: você deve estar disposta a abrir mão de algum poder que venha junto com este tipo de controle e precisa começar a falar mais abertamente com seu parceiro. Será que ele, sinceramente, quer sua ajuda? Tenha em mente que a resistência da pessoa muitas vezes acontece em nível inconsciente. Por isso, mesmo respostas positivas como "Você é a melhor coisa que já me aconteceu" ainda deve ser medida em relação ao comportamento real do homem em relação a você. Por exemplo, ele concorda com suas idéias, planos ou metas e, depois, sempre deixa de implementá-los? Ele está ficando mais passivo? Ele parece estar defensivo e age como se estivesse sendo criticado? Estes são sinais de que você pode estar lidando com um homem que gradualmente assume uma postura passiva-agressiva no relacionamento.

O homem gosta que sua parceira seja prestativa assim como a mulher. Mas existem homens que se colocam numa posição de ser ajudados mas se ressentem disso porque acabam se sentindo controlados. Isto é essencialmente um problema deles e não pode ser seu! Finalmente, procure seu próprio padrão de relacionamento. Você se descobre procurando homens mais fracos que você para se sentir mais no controle do relacionamento? Se você faz isso, preste atenção, pois este tipo de segurança pode durar pouco. No final, confiar e desenvolver seu amor-próprio é uma meta melhor.

Quando o controle é razoável?

Tentativas moderadas de controle fazem parte do relacionamento. Ceder algumas liberdades é mais do que compensado pelo maravilhoso sentimento de doação e atenção mútua. Mas quando o controle é excessivo, o resultado é conflito e ressentimento. O primeiro sinal de que um comportamento controlador é exagerado é quando um homem começa a mostrar sinais de protesto — sejam verbais ou em atitudes. Por "sinais", queremos dizer apenas isso. Um sinal de aviso. Isso não significa que você deva se afastar. O que significa é que é hora de você falar sobre o que está acontecendo. Descubra como ele está se sentindo e negocie uma nova maneira de se relacionarem um com o outro que seja confortável para ambos. Nos casos que apresentamos, esta comunicação não aconteceu. As mulheres achavam que tinham justificativas — o que de fato tinham, em alguns casos — e os homens se sentiam restringidos. Uma comunicação poderia ter invertido a crise que aconteceu.

Quanto ao que é certo esperar do outro num relacionamento, isto deve ser decidido pelo casal. Cada um de vocês tem que decidir quanto de sua autonomia e independência deve ser cedido para deixar seu parceiro mais seguro. Em qualquer sociedade ou relacionamento deve haver acomodação e acordos para que existam harmonia e satisfação mútua. A questão importante é quanto e da parte de quem? Não há respostas simples para isso. Nós sabemos que na maioria dos bons casamentos cada pessoa é responsável por cinquenta por cento do que é bom e do que é problemático. A responsabilidade não é da mulher porque é ela que é, tipicamente, mais sensível aos problemas emocionais. No entanto, você também deveria ter em mente que esperar que seu parceiro inicie as mudanças pode também ser frustrante se não for típico dele dar este passo. Como terapeutas, quando nos fazem esta pergunta, nossa resposta é que o que mais desejar as mudanças e a comunicação dever ser quem dá o primeiro passo. Mas mais uma vez lembre-se que flexibilidade e acordos são necessários para alcançar harmonia. O propósito de qualquer união é alcançar a sensação única de plenitude que só o estar junto pode dar.

Dominar é natural

Quando amamos alguém, acabamos por precisar dele ou dela — amar e precisar andam de mãos dadas. Em seguida, apesar da natureza pura e não egoísta de nosso amor, ainda desejamos, às vezes, exercer influência sobre nosso amado. Estas tentativas de influenciar estão, primeiramente, a serviço de um estreitamento dos laços e em geral e não deveriam enfraquecer a individualidade de nosso amado. Infelizmente isso acontece quando a influência fica excessiva e extrema.

No casamento e em outros relacionamentos de compromisso, existem códigos internos de conduta que são controladores, se quisermos ver por esta ótica. Por exemplo, comportamentos que são proibidos incluem ausência excessiva — esperamos que nosso amado passe um certo tempo conosco e com a família. Amizades muito íntimas com o sexo oposto em geral são vistas como possíveis prelúdios para a violação da fidelidade sexual e por isso são ameaçadoras. Dizer que estas convenções são muito estreitas e bobas é fugir do tema. Códigos de conduta se desenvolvem como uma forma de aumentar a segurança no relacionamento.

Tanto o homem quanto a mulher precisam ter alguma influência sobre seus parceiros para se sentirem seguros. Nenhum de nós é tão seguro que possa ficar sem nenhuma regra num relacionamento. As regras existem porque as assumimos, porque dão uma sensação de segurança no namoro e assim ficamos mais livres para amar completamente. Em nossa experiência, isso prova ser verdade — casais que se sentem seguros do amor um do outro acabam sendo mais expressivos, confiantes e demonstram mais seu afeto.

Dominando menos

Se você se identificou com o comportamento controlador de algumas mulheres deste capítulo, aqui estão alguns passos que você deve dar para alterar esta maneira autodestruidora de encontrar segurança no relacionamento.

Primeiro, seja honesta com você mesma e tente determinar o grau que sente de insegurança num relacionamento. Por isso queremos dizer o quanto nervosa e apreensiva você pode ser em relação a seu carinho. Você acha sinceramente que é amada e que seu amante lhe é fiel? Alguma preocupação ou dúvida é normal. No entanto, as pessoas inseguras vão mais longe do que os momentos de dúvida e preocupação: elas começam a sentir uma verdadeira ansiedade.

Todos temos a necessidade de conhecer o desconhecido, de lutar pela certeza face a incerteza. Uma maneira pela qual fazemos isso é usando o controle. Quando somos muito dependentes de alguém nós tentamos saber seus passos, queremos que eles possam sempre se explicar. Não importando se reconhecemos isso conscientemente ou não, todos precisamos saber onde nosso parceiro está a qualquer momento. Alguns de nós ficam satisfeitos com alguma idéia geral — "Ele está no trabalho". — mas outros precisam ter certeza, precisam ligar várias vezes por dia só para relaxar a ansiedade de não saber e ter certeza de que nosso parceiro está pensando em nós. Isto pode se tornar obsessivo e causar o próprio fracasso. Tentativas de controle são, na verdade, maneiras de assegurar nossa importância para nosso parceiro. Mesmo quando estas tentativas resultam em irritação ou evocam uma resposta negativa, podemos nos sentir aliviados! Atenção negativa ainda é atenção.

O controle mina o amor. A maneira mais saudável e melhor para sentir segurança num relacionamento é a confiança. Confiar em seu parceiro não é apenas acreditar nele, mas é um ato de fé — significando que a confiança não é uma coisa que se manipula, é algo que você sente apenas depois que pára de controlar ou tentar influenciar.

As pessoas inseguras que têm tendência de controlar seus parceiros vão aprender a confiar somente quando abandonarem as estratégias de controle. Se você o deixa ser quem é, se você lhe dá espaço, se você lhe concede a independência, ele volta para você? Ele continua agindo de maneira carinhosa? Ele ainda mostra sinais de sua afeição por você? Você pode descobrir tudo isso se tolerar a ansiedade de abandonar o controle. Lembre-se, a princípio você se utilizou do controle para reduzir seus medos, portanto, se você pára de controlar, sem dúvida vai passar por um curto período de mais ansiedade e nervosismo. Tente tolerar isso — não vai morrer, não vai ser consumida pela incerteza. Dê a seu amante a chance de demonstrar seu amor por você. Mas primeiro você tem que correr o risco.

As pessoas se sentem muito melhores quando confiam em seus parceiros. As pessoas que exercem controle excessivo acreditam secretamente que o amor que recebem não é muito merecido. Se você se arriscar, se você aprender a tolerar as incertezas, vai descobrir um amor muito mais sincero. E, talvez o mais importante, vai descobrir uma nova força interior.

Capítulo 6

MULHERES QUE SE ENTREGAM COM MUITA FACILIDADE

Nos anos mais recentes, as mulheres foram censuradas por uma qualidade pela qual costumavam ser admiradas — dar ou amar demais. No passado, diziam que a mulher se realizava quando ela recebia amor de volta como recompensa de sua generosa capacidade de amar. Agora estão sendo acusadas de "amar demais". É realmente quase impossível amar demais quando o amor é saudável e genuíno. Acreditamos que o amor seja a cura de muitos dilemas do relacionamento em vez de um problema. Mas é possível dar com muita facilidade. As mulheres que parecem muito amáveis estão, na verdade, dando muito delas devido ao medo.

As mulheres que são muito aptas ao sacrifício, que dão demais, sempre foram caracterizadas como doentes, como masoquistas — mulheres que são inexoravelmente atraídas para relacionamentos dolorosos. Achamos que este é um quadro maldoso e distorcido. Em nossa experiência, nem a mulher nem o homem buscam a dor e o sofrimento no amor. Mas para muitas mulheres, a angústia se transforma num subproduto indesejado de sua tentativa de encontrar a segurança num relacionamento. Existem mulheres que aprenderam uma maneira de se dar e de se auto-sacrificar que invariavelmente serve para exaurir suas reservas emocionais e, de forma irônica, afastar os homens, o mesmo problema que elas tanto temem.

Sem dúvida você conhece mulheres que se encontram neste tipo de doloroso dilema. Talvez você mesma seja uma delas. Isto lhe parece familiar? "Diversos homens me disseram que eu pareço ser muito desesperada, mas não sei por quê." Ou "Eu faria qualquer coisa por ele, mas ele não reconhece". Ou "Eu me percebo me envolvendo sexualmente com o homem muito antes do que eu gostaria — acho que tenho medo de dizer não". Cada uma destas mulheres sente que está fazendo o melhor possível para criar uma atmosfera positiva com o homem. Infelizmente, cada uma delas, sem saber, está espalhando as sementes da rejeição. Elas tentam ser amáveis, mas em vez de estarem favorecendo a intimidade, seus esforços, na verdade, estão impedindo que os homens se aproximem! A razão para este comportamento tão bem-intencionado mas destinado ao fracasso é que todas estas mulheres se dão com muita facilidade.

Pode uma pessoa se dar com muita facilidade? Não é o amor uma doação? Será que o verdadeiro problema não é que a outra pessoa não sabe lidar com a intimidade e ser amada? É possível amar demais? Certamente que se dar e amar estão intimamente ligados. Todos valorizamos e gostamos dos companheiros que são muito generosos com eles mesmos, que aceitam a noção de que o amor deve ser cuidado e tratado. Mas amar é mais do que simplesmente se dar, e o amor saudável tem restrições próprias; é condicional em vez de ilimitado e incondicional.

Um relacionamento amoroso positivo e enriquecedor para adultos é, em última análise, baseado em mutualidade e equilíbrio. As necessidades e desejos de cada um devem ser igualmente importantes. Amor equilibrado dá lugar a uma sensação mútua de amor e bem-estar, conforto e confiança. Ainda assim, por vários séculos, as mulheres foram condicionadas a acreditar que se espera mais delas do que do homem.

Por que as mulheres são mais generosas

No passado, sempre disseram às mulheres que elas eram as responsáveis pela relação, eram elas que deviam fazer o amor durar. As mulheres foram ensinadas que sua identidade e seu valor eram medidos pela sua capacidade de manter o homem

113

feliz. As menininhas crescem tentando agradar ao papai, e as moças acabaram por acreditar que sua auto-estima estava ligada a sua atração e capacidade de conseguir um homem. Independente da estratégia particularmente empregada, se era através de habilidades culinárias ou sexuais, a capacidade da mulher em cativar o homem era da maior prioridade para ela. Mesmo hoje, neste tempo de liberação feminina, preocupação com supramacia, independência e auto-realização, as mulheres ainda são persuadidas pelas propagandas e pela mídia a se vestirem, agirem e olharem de certa maneira para atrair o homem e mantê-lo feliz.

Como o Fator Afinidade demonstra, as mulheres são inclinadas na direção dos relacionamentos como um ponto crucial em seu desenvolvimento e por causa disso elas estão mais aptas a se envolver em comportamentos autodestruidores para assegurar a proximidade e a união com um homem. Tenho em mente que o homem também sofre uma espécie semelhante de excesso em sua busca por auto-estima. Onde as mulheres se dão demais, os homens se esforçam demais em seu trabalho. Assim como a mulher pode ser levada pelo medo de ficar sozinha, ou de não ser amada, os homens são levados pelo medo do fracasso e de não ser "bastante" bom.

Imaginava-se que, nestes últimos anos, o movimento feminino tivesse influenciado a mulher a dar de forma mais apropriada, a evitar ser consumida por modelos convencionais do que é ser uma mulher, a exigir que o amor seja igual e recíproco entre ela e o homem. No nosso ponto de vista, isso não aconteceu como se podia esperar. Existem duas razões por que as mulheres continuam a amar demais e a se dar com muita facilida, até mesmo hoje.

Primeiro, para as mulheres solteiras, as casadoiras, o impulso para encontrar um homem e estabelecer uma família forçou as mulheres a diversos excessos para encontrar o amor. Dar de si com muita facilidade foi um destes excessos. A ansiedade por estar sozinha é o bastante para causar, em algumas mulheres, uma reversão para velhas maneiras de se relacionar com os homens. Tais mulheres ainda acreditam ingenuamente que os homens querem as mulheres tipo antigo cuja primeira oferta para o relacionamento é o seu desejo de ser a doadora. Segundo, para as mulheres casadas, existe a ansiedade de saber que o casamento não é necessariamente eterno. Existem mulheres hoje em dia que temem secretamente que, de repente, seu marido as deixe por causa da crise da meia-idade e saiam em busca de uma mulher mais nova. Mesmo que estas preocupações sejam baseadas em alguns fatos e por isso não sejam inteiramente irracionais, dar com muita facilidade não é a solução, pois este tipo de doação raramente é interpretado pelo homem como amor.

Amar é mais do que apenas se entregar

Por que uma mulher se daria com muita facilidade? Nós nos relacionamos porque gostamos da pessoa com quem estamos e porque esta pessoa enriquece nossas vidas e nos faz feliz. Será que isso não acontece porque nos damos com facilidade sem preocupação se seremos ou não retribuído? Não exatamente. Na verdade, o homem ou a mulher que se dá com muita facilidade, pode nem estar amando. Mesmo que o ato de amar e de se dar pareça maravilhoso, ele pode estar disfarçando maneiras de satisfazer necessidades internas. Com muita freqüência o amor é usado como arena onde tentamos resolver nossos próprios problemas. É claro que a solução para estes problemas nada tem a ver com amor, mas freqüentemente, tentamos nos aliviar destes problemas no contexto de um relacionamento amoroso.

A dificuldade comum que caracteriza as mulheres que se dão com muita facilidade é a insegurança. Elas têm medos secretos de que quem elas são possa não ser o suficiente. A solução é compensar pelo que elas acham que está faltando fazendo coisas demais pelo homem.

Para muitas mulheres esta insegurança vem de problemas de infância não resolvidos. Quando eram crianças, o amor estava ausente ou tão inconsistente que gerou uma fome e uma ansiedade que podem durar a vida toda. Quando somos mal-amados, há uma constante tentativa de desfazer a dor que sentimos. As mulheres que foram abandonadas ou não amadas quando crianças, em geral cobrem o homem com amor na esperança que eles lhe dêem de volta o bastante para apagar a profunda tristeza que ainda sentem.

As mulheres que partiram na eterna missão de conseguir ser amadas por um homem com uma forma de preencher um vácuo, acabam acreditando que o sacrifício é o que estão pedindo delas. Tais mulheres acreditam que é tarefa da mulher ser a eterna fonte de nutrição e apoio emocional. Elas não acham que mereçam ser amadas por elas mesmas. Bem no fundo, elas temem ser abandonadas e é este medo que as faz tão vulneráveis a se dar excessivamente a um homem. Como diz Rosemary, uma mulher casada na casa dos 40 anos: "Eu detesto admitir, mas acho que me dou muito mais por medo do que por amor. Mesmo estando casada há 14 anos, e certamente tendo feito mais do que a parte que me cabia, ainda acho que deveria me sentir grata. Tenho medo de perder Paul se eu der menos, brigar por mim ou por pedir mais."

O que Rosemary está realmente fazendo é cair precipitadamente na situação que também a assusta tanto. Amar um homem é tão assustador que ela lida com o medo não amando menos, mas amando mais. Ingenuamente ela acredita que se agarrar ainda mais vai protegê-la do que ela realmente teme — a solidão. Infelizmente, este agarramento vai levá-la exatamente para o que mais teme. Quando as mulheres dão demais, os homens simplesmente não se sentem gratificados, se sentem sufocados.

Para outras mulheres, se dar demais ou de uma maneira unilateral as ajuda a manter o controle. Elas acham que precisar de um homem é desconfortável e ameaçador. Elas detestam estar do lado das que recebem, por mais estranho que isso pareça. "Não posso suportar precisar de um homem", exclamou Carol, "isso me deixa nervosa." Era muito mais fácil para Carol dar do que receber. Ela prefere que o homem precise dela. "Eu dou de uma posição de poder e controle, mas quando o homem me dá de volta, isso me faz sentir fraca. Eu começo a me preocupar que nossa relação esteja ficando importante e que posso perdê-la. Não sinto nada destas coisas desde que eu esteja tomando a iniciativa."

Existe um terceiro tipo de doação que realmente não tem nada a ver com amor que é dar apenas pela sensação de dar. A expressão "viciado em amor" se refere a este tipo de amor. Existem mulheres, e homens também, que nunca se sentem vivos ou com energia se não estão envolvidos no drama de um romance ou em busca de amor. Estas mulheres ficam viciadas com a busca de serem completadas e aprovadas por um homem. O sentimento de busca se transforma por si só num emocionante objetivo. Confusões amorosas, mesmo quando angustiantes, se transformam em intensos sinais de estar vivo. Quando estas mulheres se dão, se sentem preenchidas pelo momento, "quase" amadas. O que não conseguem enxergar é o terrível e negativo efeito que este "falso" amor exerce sobre o homem com quem elas estão.

Mulheres como Rosemary ou Carol se dão por causa de uma insegurança. Mesmo que expressem esta insegurança de maneiras diferentes, ela é o elemento comum que nutre sua contínua necessidade de dar, acomodar e adiar. Tais mulheres criam forças autodestruidoras no relacionamento. Atos de amor não são bonitos quando feitos através do medo da perda ou abandono ou quando são secretamente criados para manipular. A mulher que se dá excessivamente arrisca despertar no homem sensações de ressentimento e de ser engolido.

Como o amor pode ser sufocante

Provavelmente você já esteve num relacionamento onde sentia que o homem gostava mais de você do que você dele. Era ele quem telefonava. Ele era sempre o primeiro a demonstrar sua afeição. Ele lhe trazia presentinhos e lhe mandava flores. Ficava realmente preocupado se não podia encontrar você, mesmo que por poucas horas. Ele queria todo o seu tempo livre. Queria olhar no fundo de seus olhos com muito amor, ter longas e significativas conversas. E você não queria nada disso! Quanto mais ele se dava e mais ele pressionava, mais você se desligava. Você conhece esta sensação. É horrível, não é? Bem, esta é a sensação que os homens experimentam muitas vezes quando a mulher se dá com muita facilidade.

117

O amor sempre parece mais importante e mais ativo quando nós estamos na posição do que ama ativamente. O papel do "amante" é sempre mais vital e revigorante. Quando estamos no papel ativo, não sentimos obrigação, culpa, invasão de território, nem sufocados. Idealmente, o relacionamento deveria ser sempre dinâmico, cada parceiro sendo por sua vez o amante ardoroso. Cada um continua a se sentir renovado com a mágica especial que acompanha o papel de "amante" e nunca tem que extenuar-se muito tempo no papel do "amado".

Lembre-se do Fator Polaridade. O homem sente mais ativamente o amor e o envolvimento com a mulher em algum ponto no meio do Apego e Afastamento. É dentro desta faixa mediana que o homem está em contato com o maior grau de paixão, envolvimento e interesse. As mulheres que se dão com muita facilidade acabam apertando todos os botões errados no homem sem o saber. Desejando apenas atrair e agradar, estas mulheres afastam os homens, estimulando neles uma determinação de se dar cada vez menos, enquanto as mulheres se dão cada vez mais. Por quê?

Primeiro de tudo, um homem precisa dar amor para manter seu interesse pela mulher. As mulheres que se dão com muita facilidade tendem a sufocar o homem ao saciar rapidamente seus desejos por proximidade. Se a mulher der tudo e fizer tudo, há pouca motivação para o homem fazer alguma coisa. Isto dispara o medo do homem de ser engolido emocionalmente, o que faz com que ele se afaste, deixando de estar carinhosamente perto dela. Como o desconforto dele e a necessidade de se distanciar começam a preocupá-la, é capaz dela achar que este afastamento é sua culpa. Exatamente quando ela deveria estar se dando menos, faz exatamente o contrário — sua solução é dar mais ainda. E assim o problema cresce. Quanto mais a doação vier de um lado só, mais o homem vai se afastar dela.

Os homens não se sentem confortáveis, não gostam e nem mesmo respeitam as mulheres que se dão sem esperar amor de volta. Para um homem, estar envolvido ativamente com uma mulher requer sua doação também, seu respeito e seu desejo de colocar energia e sentimentos dentro da relação. Se o homem não está se dando para a mulher, amando-a de forma ativa ou envolvido, ele está se afastando num processo de distanciamento. Os relacionamentos nunca ficam estáticos. Ou estão num momento de crescimento e redefinição ou estão num estado de gradual deterioração. Doação excessiva tem um resultado muito consistente e previsível, leva à falta de interesse e respeito e desencoraja relacionamentos significativos. Num caso extremo, dar-se com exagero pode até criar uma atmosfera de exploração por parte do homem.

Explorar alguém parece uma coisa muito maléfica, mas existem formas de exploração que não são necessariamente conscientes ou intencionais, apesar de ainda resultarem na depreciação da mulher por parte do homem. O que predispõe uma mulher a ser explorada envolve, invariavelmente, fortes sensações de insegurança, uma excessiva necessidade de se ligar a um homem e a negação de que o caráter e a ética do homem sejam questionáveis.

Tanto o homem quanto a mulher obviamente temem que se tire vantagens deles, pois isso destrói a auto-estima e a confiança nos outros. Mesmo assim, isso acontece. Quantas vezes você ouviu mulheres solteiras, por exemplo, contarem com tristeza histórias de homens com quem saíram e que pareciam não ter outro interesse a não ser "usá-las" sexualmente, ou mulheres casadas que reclamavam de se sentirem negligenciadas e tratadas com indiferença pelos maridos?

Exploração por parte do homem significa tirar vantagem da forte necessidade da mulher de se unir a ele. Por causa de seu desespero, ela interpreta de forma errada a verdadeira intenção do homem. O que ele está procurando, em vez de amor mútuo, pode ser mais imediato e mais centrado nele mesmo. Ela fica cega para este seu egoísmo e de maneira tola projeta nele as fantasias de união e amor semelhantes às dela. A falta de honestidade do homem aparece em suas evasivas sobre a importância do relacionamento. Em geral seus crimes são os de omissão já que ele permite que ela faça especulações falsas sobre o futuro.

Independente do nível de desonestidade do homem, a fome da mulher pode ser tão grande que, mesmo se ele quisesse amá-la, se sentiria sufocado. Perceber o afastamento dele a deixa ainda mais apavorada. No final desta luta, o homem se focaliza no que ele pode conseguir dela e não no amor que pode sentir por ela. Por mais triste que pareça, as mulheres que se dão com muita facilidade acabam sozinhas em vez de amadas.

A salvadora

Brad, um empreiteiro de eletricidade de 41 anos, vê todas as mulheres como muito parecidas e, infelizmente, tudo reminiscente de sua mãe. Ele acha que nunca conseguiu o amor que precisava de sua mãe. Por ser mãe solteira, ela ficava longe boa parte de seu tempo, ou trabalhando em seus dois empregos para poder pagar tudo, ou saindo com seus namorados. Brad sentia que estava sempre querendo conquistar seu amor, sua atenção e aprovação, mas sem sucesso.

Janet, uma professora primária de 36 anos, lembra-se de se sentir protetora em relação ao seu pai a quem ela via como uma pobre vítima das implacáveis exigências de sua mãe por sua natureza abusiva. Ele se encolhia passivamente enquanto Janet lutava suas batalhas por ele. "Eu sempre achei que tinha que compensar o comportamento de minha mãe. Ela era muito ruim com papai. É claro que eu não entendia toda a situação e o que ele fazia para provocar a raiva nela, mas sempre vi papai como um tipo de santo que de alguma forma ficou preso em ter que lidar com minha mãe, a tirana."

O envolvimento de Janet com os homens era todo determinado por suas tentativas de mostrar a eles como as mulheres podem ser amáveis. Como Janet diz: "Tenho esta mania de me sentir responsável por compensar as falhas das outras mulheres. Não posso ver homens que acham que as mulheres são más e não se pode confiar nelas."

Como resultado destas influências da infância, Janet sempre encontra um homem amargurado para tentar curar suas feridas com sua forma mágica. Quando Brad apareceu, ele era o par perfeito, tendo em vista seu passado exaurido emocionalmente.

Brad e Janet estão morando juntos há dois anos. Janet gostaria de se casar, mas Brad vive adiando a decisão, usando como desculpa as antigas relações que o magoaram. Em vez de se sentir ressentida ou lhe dar uma data limite para que ele tome uma decisão, Janet é paciente. Ela acredita que a força e a doçura de seu amor eventualmente vão ganhar sua confiança.

Na essência, Brad aceita os carinhos de Janet e sua generosa sensibilidade quanto às suas necessidades sem nunca sentir que precisa retribuir. Ele não está motivado a permitir que o relacionamento se desenvolva para um nível de comprometimento mais sério. Janet confia em Brad e, basicamente, ele tira vantagens dela. E vai continuar fazendo isso até que ela dê um fim a esta situação. Como Brad diz candidamente: "Às vezes eu gostaria que ela não fosse tão boazinha. Ela nunca fez nada para me magoar, mesmo assim eu a desaponto todo o tempo. Sinto como se eu pudesse fazer qualquer coisa que ela vai sempre me amar. É loucura, mas em vez de gostar mais dela, acabo perdendo o respeito por ela mesmo sabendo que ela merece coisa melhor."

Conquistando o que você merece. A ansiedade de Janet em fazer todo o trabalho é responsável de maneira direta pelo crescente desrespeito e distância por parte de Brad. É óbvio que Brad também precisa assumir a responsabilidade por sua falta de capacidade de aceitar e dar amor de forma madura. Mas o problema é que a disposição de Janet dar sem receber de volta acaba por fechar os olhos ao comportamento de Brad. Se você achar que está numa situação similar a de Janet, existem três passos que você pode tomar para desenvolver um sentido de que você merece o homem.

Mulheres como Janet estão, na essência, trabalhando problemas de infância nos seus relacionamentos adultos. Ao assumir o papel da salvadora, Janet estava tentando encontrar algum sentido em sua vida, alguma maneira de se sentir bem com ela mesma. Quando criança, ela não só era protetora em relação ao seu pai, mas também estava tentando ganhar seu amor. Um homem passivo como o pai dela sem dúvida deixava sua mãe irritada com sua inabilidade em fazer qualquer coisa a não ser viver a vida como um tipo de vítima de si mesmo. Janet não tinha ciência de que não só ele privava a esposa, como também era negligente em mostrar seu amor por Janet, permitindo que ela bancasse a sua defensora.

Ser uma salvadora pode ser uma maneira de se aproximar e encorajar sua dependência e ter uma ilusória sensação de segurança, ao menos por algum tempo. Depois de um tempo, o homem perde o respeito porque percebe que a mulher não espera ser tratada de forma justa. Se este tipo de mulher tivesse mais auto-estima e um senso de valor apropriado, ela esperaria e até exigiria a reciprocidade. Dar muito e ser uma salvadora, uma estratégia inconsciente para se sentir mais segura, nunca funciona realmente.

O que uma mulher como Janet pode fazer é reconhecer que esta sua doação é motivada por insegurança e não por amor. Se você tem estes problemas, precisa primeiro entender a presença de profundos medos e ansiedades sobre seu valor. Depois pergunte a si mesma se você acredita que tem algum valor além de sua capacidade de paparicar um homem. Sempre que uma mulher ou um homem faz esta pergunta importante para si mesmo, em geral há uma rápida e detalhada resposta afirmativa — somos interessantes, inteligentes ou completos em diversos sentidos. Às vezes temos realmente uma auto-estima e confiança maiores do que achamos que temos. Na verdade, são nossas atitudes que dão a verdadeira resposta para esta questão. As mulheres que sentem merecer um amor maduro e recíproco não permanecem como as salvadoras por muito tempo, não importando o quanto intrigante possa ser o projeto de "reabilitação" do homem.

Para quebrar estes antigos padrões, é necessário assumir os riscos de esperar mais ou fazer exigências quando o amor estiver desequilibrado. Mas aqui está a essência. Para se sentir bem com os riscos, primeiro tem que se sentir bem consigo mesma. Realmente não é importante o que vem primeiro, a expectativa ou a auto-estima; cada um se alimenta e se ergue sobre o outro. O mais importante é agir, é dar o primeiro passo. Se você parar de se dar tanto, vai começar a descobrir o que mais em você o homem pode gostar e amar. Se parecer que ele só liga para sua capacidade de salvar, defender ou de resolver problemas, então talvez seja hora de você partir para outra. Tenha certeza que o ato de se sentir merecedora de receber amor de volta vai fazer com que ele olhe você de forma mais positiva. O pagamento por quebrar estes padrões e por correr estes riscos é enorme: relacionamentos com mais satisfação mútua e ser amada pelo que você é em vez de simplesmente precisarem de você pelo que você pode fazer. E além disso esperar amor de volta tem o efeito de se abrir para a oportunidade de estar com um homem mais saudável e mais capaz de se dar.

Os siameses

Algumas mulheres lidam com os sentimentos de privação emocional tentando manter um relacionamento quase simbiótico com o homem de sua vida.

Gail tem 28 anos e casou-se recentemente. Ela cresceu num vácuo emocional. Ignorada pela mãe e desprezada pelo pai que nunca teve o filho que queria, Gail conta: "Eu me lembro de tentar fazer coisas de meninos, coisas que eu achava que agradariam a meu pai. Mas sempre tinha aquela terrível sensação de que em vez de fazê-lo se interessar mais por mim, eu o deixava ainda mais desapontado por eu ser uma menina."

Os oito meses de casamento de Gail foram complicados desde o início. Do seu ponto de vista, ela está fazendo tudo para que Jack se sinta amado e feliz. A verdade é que ela está sufocando-o aos poucos e matando o sincero amor que ele sente por ela. Conta Jack: "Eu achei que ela se sentiria mais segura depois que nos casássemos. As brigas que costumávamos ter sempre giravam em torno de suas preocupações de que eu não gostava tanto dela quanto ela gostava de mim. Não era verdade. Eu gostava muito, e mesmo que eu lhe dissesse que a amava, não era suficiente."

Depois do casamento, as demonstrações de amor por parte de Gail aumentaram. "Ela sempre me manda cartões românticos, escreve bilhetes, até liga para mim no trabalho, algumas vezes três ou quatro vezes por dia. Ela acha que está sendo carinhosa e doce, mas é demais" — e Jack continua. — "Existem muitas coisas que gosto de fazer com Gail, mas ela quer fazer tudo junto. Eu me lembro de nossa lua-de-mel no Havaí, ela queria segurar minha mão enquanto estávamos fazendo mergulho submarino. Naquele dia achei que era carinhoso da parte dela, mas ultimamente este estar juntos o tempo todo está me levando à loucura. O que eu queria neste casamento era uma companheira, não uma gêmea siamesa. Tenho sérias dúvidas sobre se vamos continuar juntos. Não importa o que eu faça, nunca parece ser suficiente. Sempre fui muito carinhoso, mas agora quando ela pede um abraço, sinto meu corpo se retrair por dentro."

O isolamento emocional de Gail quando criança a deixou com profundos sentimentos de privação e insegurança. Ela não confia que seja digna de amor como uma parceira adulta pois nunca recebeu, quando criança, o apoio e estímulo que precisava tão desesperadamente. Gail faria qualquer coisa para demonstrar seu amor por Jack. No entanto, sua fome pela resposta faz com que isso pareça uma exigência emocional. Gail comete o erro fatal de tentar demais. Seus esforços não são entendidos como amor dado de graça, mas como um desejo insaciável de estímulo e preenchimento.

Se separando um pouco mais. Apesar do amor sincero que Jack sente por Gail, sua inabilidade de fazê-la se sentir segura de seu amor o deixa se sentindo impotente e exaurido. Sem o saber, Gail está estimulando sentimentos primitivos de desconforto e ansiedade em Jack. Sua intensa necessidade por proximidade o está sufocando e está muito além dos limites de uma intimidade saudável.

Mulheres com sentimentos semelhantes aos de Gail precisam se afastar um pouco e permitir que o homem tenha espaço para respirar. Os homens não temem sentimentos de insegurança. Apenas temem como estes sentimentos sejam expressos. Mas ao sugerir que a mulher se afaste, estamos cientes que este é o comportamento que ela mais teme pois só se sente segura e apoiada quando está "fazendo" alguma coisa. Deixar as coisas acontecerem é equivalente a se sentir só e abandonada. Uma mulher que precisa desta proximidade se sente sufocada pela ansiedade ao se afastar, porque perde contato com o motivo pelo qual deveria ser amada.

Para quebrar este padrão, a ansiedade causada pela solidão deve ser vivenciada; não pode ser evitada. É semelhante à quebra de qualquer hábito. Ter algum tempo afastada do marido — estar com algumas amigas ou até mesmo sozinha — é essencial. Descubra o que sente dentro de você quando não está com ele. O normal é que os primeiros sentimentos que apareçam sejam semelhantes aos que tinha quando criança — solidão e medo. Mas enquanto você permite que mais tempo passe sem que esteja ligada a um homem, vai descobrir que rapidamente se sentirá melhor, mais forte e mais autoconfiante.

Enquanto aprende a se sentir melhor sem a reafirmação constante de um homem, vai começar a descobrir que, no passado, o que parecia com um gesto de amor era apenas a expressão disfarçada de suas profundas dúvidas sobre seu valor e sua atração.

A amante fácil

Terry, 34 anos, já dormiu com diversos homens ao longo dos anos. Ela se sentia à vontade com seu estilo de vida mas suas amigas a avisavam que ela era fácil demais. Terry dizia a si mesma que era sexualmente liberada e se sentia perfeitamente bem em ir para a cama com o homem no primeiro encontro desde que a "química" desse certo. No entanto Terry não estava apenas interessada em se divertir, tinha a intenção de se casar — e não percebia o impacto negativo que seu comportamento exercia sobre suas chances de encontrar um companheiro.

Terry acreditava que ser liberada sexualmente ou estar disponível poderia assegurar o contínuo interesse do homem. Mas num nível mais profundo, Terry tinha o infeliz receio de que ela poderia não ser o "suficiente" sem se oferecer como uma parceira sexual fácil e flexível. A combinação de sua fome emocional e de sua baixa auto-estima funcionou para empurrá-la para relacionamentos que, em última análise, eram superficiais e não satisfatórios emocionalmente.

Além do mais, esta facilidade em relação ao sexo que para Terry era um presente, não era assim valorizada pelos homens com os quais dormia. Os homens que inicialmente eram atraídos por ela por sua quantidade de atributos positivos — ela é atraente, interessante e inteligente — e aqueles que poderiam estar interessados em construir um relacionamento de troca mútua, acabavam valorizando Terry tão pouco quanto ela valorizava a si mesma. Porque ela encorajava uma relação sexual muito rápida, frustrava as possibilidades de uma verdadeira intimidade.

O sexo quase nunca é o que mais se anseia num relacionamento. Uma mulher que se ofereça com muita facilidade vai descobrir que isso simplesmente atrai os homens para usá-la para gratificações passageiras. Raramente os homens se sentem atraídos por mulheres "de uma noite só". Os homens fazem julgamentos rápidos sobre as amantes fáceis e é pouco provável que apreciem suas outras qualidades reais ou valores.

Respeitando seu verdadeiro valor. Para restaurar sua autoestima, Terry tinha que agir contra seus instintos, fazer alguma coisa que parecesse paradoxal. No início do relacionamento, quando ela queria se aproximar, tinha que aprender a tolerar um pouco de distância e conter sua insegurança. Tinha que enfrentar e superar seu medo mais básico — temor de ser abandonada e de se sentir sem apego. Mas isto não significa ser fria ou distante, pois isso assusta e afasta os homens. Em vez disso, como Terry descobriu, uma postura positiva de autocontrole cria uma ligeira insegurança no homem e aumenta seu interesse.

Com seu objetivo de manter um relacionamento equilibrado, duradouro e respeitoso em mente, Terry está indo mais devagar em seus novos namoros. Ela conta: "Antes, depois de ter dormido com um homem logo no início, eu ficava muito ansiosa se ele iria ligar de novo. Era como se eu entregasse o jogo logo que dormia com ele." Depois de entrar na análise, ela comenta: "Por mais ou menos oito meses eu tive encontros casuais e não encontrei ninguém com quem quisesse me envolver seriamente, assim eu não fui para a cama com ninguém."

Arriscando-se a dar menos, Terry ganhou mais. Descobriu que os homens apreciavam facetas de sua personalidade que antes ficavam escondidas atrás de sua pose de mulher fatal. Mas tinha que correr este risco. Como já notamos, o próprio ato de acreditar que você vale mais serve para realmente fazer você acreditar que vale mais. É uma espécie de corajoso salto de confiança mas, na verdade, você tem pouco a perder ao tentar agir assim.

Porque o sexo tem sido tão exageradamente valorizado em nossa cultura, existe a errônea crença de que é uma forma sempre eficaz de atrair um homem. Isto simplesmente não é verdade. Na verdade, o conservadorismo sexual está reaparecendo precisamente porque o homem e a mulher parecem preferir assim! Por exemplo, pense naquela velha advertência de não ir para a cama com um homem no primeiro encontro. Bem, não apenas isso é um bom conselho, como podemos ir um passo mais longe: achamos que é prudente não se tornar amante de um homem até que tenha passado tempo, suficiente com ele para conhecer seus objetivos e seu caráter e ter estabelecido com ele algum nível de confiança e mutualidade. Isto separa os homens que são capazes de amar dos que são apenas exploradores. Este conselho é baseado no fato de que os homens, mesmo que pareçam mais liberados, ainda agem de acordo com velhas programações inconscientes. Os homens pressionam para um rápido envolvimento sexual, mas num nível mais profundo, a maioria deles acredita que relações sexuais deveriam mesmo ser uma expressão de amor e envolvimento. Quando este amor está ausente, então é apenas um instinto. A atração pode estar presente desde o primeiro momento, mas o amor não pode existir no início de um relacionamento. O amor cresce aos poucos como resultado de experiência e depois de um certo tempo. Não é uma coisa rápida, não importa o quanto uma mulher possa desejar que seja, ou quanto o homem possa lhe dizer que sente amor.

Apesar de alguns destes comentários serem dirigidos às mulheres solteiras, há uma sugestão correspondente para as casadas. As esposas que sempre cedem aos avanços sexuais do marido por medo de dizer não, invariavelmente vão encontrar dificuldades mais tarde. Primeiro e o mais importante, acomodar-se e ceder às exigências do homem desta maneira só faz com que você sinta um crescente ressentimento. Pior ainda, algumas vezes os homens acabam ficando cientes deste ressentimento. Sentem que você não está "fazendo amor", mas apenas concordando para manter o amor entre vocês. Mesmo que você ache que o homem está grato por você ser tão acessível, ele pode estar, secretamente, se sentindo tão mal quanto você. Mesmo os homens que são tão obtusos que não sintam esta ausência de desejo sexual em sua resposta vão acabar não apreciando sua atitude e achando que você sempre estará ali, disponível. Independente do resultado, dar demais, inclusive no campo sexual, vai corroer o casamento.

A mártir

O que faz com que a mulher se transforme numa mártir? De longe, o sentimento mais básico e consistente para este comportamento é a baixa auto-estima. O martírio nunca é um prêmio, independente de como ele está disfarçado. Na verdade, é em geral uma atitude agressiva disfarçada para controlar e induzir culpa no parceiro. Quando uma mulher escolhe renunciar à sua força, quando ela se nega a defender seus próprios interesses, ela está à beira de se tornar uma mártir.

Jackie, 38 anos, sempre se sentiu inferior a Sheldon, seu marido há seis anos. Ela foi trabalhar assim que saiu do colégio; ele tem um diploma de pós-graduação em engenharia. Ela é calada; ele é animado e cheio de amigos. Lá no fundo, ela teme que tenha se casado com alguém muito superior e que um dia ele vai se cansar dela. Em vez de se desenvolver como pessoa e aprender a se sentir mais confortável em seu casamento, ela se apagou e se sacrificou para colocar o marido à sua frente em todas as áreas de sua vida. Por exemplo, Jackie fazia compras para Sheldon na melhor loja de roupas masculinas, achando que roupas caras eram importantes para a carreira dele. Quando chegava a vez das dela, comprava em lojas baratas.

No início do casamento, Sheldon ficou emocionado com o que parecia ser generosidade, mas logo sentiu-se um pouco culpado. Ele a encorajou a fazer cursos, não de uma maneira autoritária, mas porque seus comentários autodepreciativos o deixavam triste. E quando ele lhe dava presentes caros, ela sempre os devolvia. No dia seguinte ao que ele lhe deu uma pulseira de ouro, presente de aniversário de casamento, ele chegou em casa e descobriu uma pasta executiva de couro muito cara esperando por ele. Jackie, mais uma vez, devolveu seu presente e colocou os desejos dele acima dos dela. Ele explodiu e causou uma crise que os levou a procurar ajuda profissional. O que aconteceu neste caso? Por que seu aparentemente amoroso e carinhoso marido explodiu? Do ponto de vista de Jackie, aconteceu por nada. "Sempre fiz tudo por ele, coloquei minha vida em segundo plano." Sheldon tinha um ponto de vista muito diferente. Ao olhar para trás no seu casamento, ele percebeu que estava repleto de culpas. Jackie era uma mártir. Ela se sentia mais segura quando estava abandonando suas necessidades por ele. Cheia de dúvidas sobre si mesma e inseguranças, estava tentando, de forma tola, controlar a relação fazendo que seu marido sentisse pena dela. Sua crença secreta era de que ele nunca iria deixar alguém tão pronta a se sacrificar e a se dar. Mais tarde Sheldon comentou que ele conhecia de forma dolorosa seus sacrifícios, o que o levava a se sentir culpado e construir, aos poucos, o ressentimento. "Eu nunca me senti muito feliz ao voltar para casa. Costumava pensar como seria bom ter uma esposa que tivesse suas próprias amizades e atividades e não alguém que voltasse correndo para casa após o trabalho para me receber na porta com um drinque e um jantar maravilhoso."

Quais foram os sinais de alerta que Jackie perdeu? Primeiro, nunca acreditou que Sheldon se importasse. De alguma forma estranha, este seu comportamento de mártir era muito centrado em si mesma. Sua ansiedade a fez tão míope que nunca pôde acreditar que ele poderia amá-la. Quando Sheldon tentava achar o equilíbrio no casamento e fazer com que os dois fossem iguais, ela o frustrava a cada tentativa. Não havia recipiente para receber o amor que ele queria dar. Jackie se sentia ameaçada pelo desejo que Sheldon tinha de igualdade. Tinha medo de que não pudesse corresponder às expectativas e que, de alguma forma, ela não era inteligente ou atraente o bastante para manter seu interesse.

Abandonando o auto-sacrifício. Um parceiro com tendências a mártir sempre cria sérios desequilíbrios. Os homens de hoje não querem estar num relacionamento desigual; não querem mulheres que se sacrificam. Estas mulheres criam um grande sentimento de culpa em seus companheiros. Em vez de fazer o homem se sentir melhor e mais seguro, a mártir faz justamente o contrário. Homens com este tipo de companheiras se sentem sós.

Quando uma mulher não se respeita, é difícil para o homem gostar dela. Mas se se arriscar a desenvolver sentimentos positivos e de confiança sobre si mesma, a mulher descobrirá que o homem vai responder de forma carinhosa e positiva.

Se você se identificou com o comportamento de mártir semelhante ao de Jackie, é importante que entenda que está se engajando numa estratégia que não aproxima um homem de você, mas na verdade está mexendo com o ressentimento dentro dele. O sacrifício e outros comportamentos que induzem à culpa só vão trazer conflitos entre vocês.

As mulheres que se transformam em mártires são tipicamente as que não têm qualidades assertativas. Elas temem ficar de pé e expressar suas legítimas necessidades e desejos para seus maridos. Em vez disso esperam que com o seu sofrimento o homem sinta pena. Existe até a fantasia de que este sacrifício vai levar a admiração, já que em geral as mártires são admiradas como pessoas que se dão espontaneamente para criarem harmonia em casa.

Como com as outras mulheres que se dão demais, o modo de quebrar este padrão é gradualmente fazer menos e, ao mesmo tempo, começar a esperar mais. Veja se o interesse dele aumenta quando você começa a agir de uma forma que peça respeito. No princípio, fazer menos vai causar ansiedade em você, pode até disparar o gatilho do medo de que ele a deixe. Esta ansiedade que vai sentir é a emoção da qual esteve fugindo todos estes anos ao se comportar como uma mártir. Lembre-se, mesmo que tenha aprendido este comportamento como uma forma de lidar com a falta de amor durante a infância, não deve deixar que seu passado controle você. Não precisa ser uma vítima, o que a mártir sente que é em seu íntimo.

A babá

As mulheres que assumem o papel de babás de um homem têm diversos traços em comum. A maioria sofre de perturbantes preocupações sobre seu próprio valor e se sentem muito mais confortáveis no papel de doar do que de receber. Estas mulheres temem que esperar amor de volta possa precipitar seu maior temor: "Você não vale a pena se eu tiver que fazer alguma coisa de volta." Ellen, uma secretária de 35 anos, se transformou numa babá em seu relacionamento com Jimmy. Quando se encontraram pela primeira vez, Jimmy, 33 anos, tinha um emprego de meio-expediente ensinando linguagem de computador numa corporação e estava em seu primeiro período do mestrado. Ele parecia ser tudo que ela estava procurando — melhor ainda, ele também parecia gostar muito dela.

Seus primeiros meses juntos foram realmente maravilhosos e levaram Ellen a perguntar se Jimmy queria morar com ela. Seus horários deixavam pouco tempo para passarem juntos, assim o tempo que pudessem estar um com o outro era duplamente precioso. Para terem um pouco mais de tempo juntos, primeiro Ellen se ofereceu para datilografar alguns de seus trabalhos da faculdade. Ela fazia isso com prazer e estava satisfeita que isso os deixasse com mais algumas noites livres. Ellen sempre gostou e teve facilidade com palavras. Não demorou muito para que ela, além de datilografar os trabalhos, os escrevesse também.

Jimmy estava tendo momentos duros com a pesada carga acadêmica. Cada vez gostava mais das freqüentes "noitadas de rapazes" com seus amigos, deixando Ellen em casa batalhando com seus trabalhos. Mesmo que às vezes sentisse algum ressentimento, Ellen justificava a falta de autodisciplina de Jimmy como temporária e aceitava sua necessidade de um tempo longe da implacável pressão da faculdade.

Jimmy gostava de conversar com Ellen pois ela era carinhosa e atenciosa. Não só ela era compreensiva como também tinha um grande poder de acalmá-lo e reafirmá-lo. Jimmy falava durante horas sobre as pressões que sentia e Ellen estava sempre pronta a assumir outra tarefa para ajudá-lo.

Ellen amava Jimmy e gostava da confiança crescente que ele sentia nela. Sentia sua proximidade e amor reassegurados através de seu envolvimento ativo e íntimo em cada aspecto de sua vida. Sem o saber, Ellen criou aos poucos um padrão com

Jimmy que infelizmente encorajava a exploração e desencorajava a ligação carinhosa com ela. Sua vontade em fazer coisas por ele e arranjar desculpas para suas falhas e deficiências teve um efeito previsível em Jimmy. Como filho único, ele estava acostumado a que fizessem as coisas por ele, com uma mãe muito condescendente e disposta ao sacrifício. O passo que teve que dar de sua mãe para Ellen foi muito fácil para ele. Sem o saber, Ellen se tornou um tipo de mãe substituta, uma que dava sem perguntar e esperando muito pouco em troca.

Sendo menos mãe e mais mulher. Muitas mulheres se prendem num papel maternal. Algumas se sentem bem fazendo isso, pois faz com que se sintam "mães naturezas", mulheres que são maiores que a vida. Isto não significa que as mulheres carinhosas e maternais estão, inconscientemente, escondendo alguma outra coisa atrás deste comportamento. Mas no fundo, ela pode estar negligenciando seu próprio potencial em ser mais, em ser vista de uma maneira mais complexa e abrangente do que está sendo vista agora. Por mais triste que pareça, estas mulheres podem passar suas vidas inteiras sendo mães para seus maridos assim como para suas crianças. Dar demais desta forma pode encorajar o homem a negligenciar a esposa e achar que ela sempre estará à mão, mas o mais importante é que pode impedir que a babá descubra quem ela poderia ser.

Como percebemos, as mulheres que se transformam em babás em geral assumem este papel porque isso permite que evitem lidar com outros aspectos de suas personalidades. Por exemplo, existem mulheres que se sentem inadequadas sexualmente e ser maternal é uma forma de fugir do confronto com esta dúvida pessoal. Muitas vezes o homem pode ser cúmplice deste aspecto. Um homem que quer que sua mulher seja maternal pode não querer que ela seja muito sexual, pois isso pode se tornar confuso. Esta é uma variação da dicotomia sagrado X profano. As outras mulheres podem ser sexy, mas a minha esposa tem que ser pura e acima destes prazeres.

Para quebrar este padrão de babá você tem que confiar que o homem quer uma mulher e não apenas uma mãe. Você deve arriscar e mostrar mais facetas de você mesma. Revelar mais e dar menos. Deixe que ele descubra você. Se o homem parecer chocado com alguma mudança súbita de comportamento de sua parte, discuta o problema com ele. Com carinho, explique que ao se dar tanto você se desvalorizou demais.

Sabendo quando o amor é unilateral

A maneira mais direta de saber se você está se dando demais é dar uma boa olhada na forma como sua atitude é recebida. Será que o homem está ligado em sua generosidade e seu amor? Ele responde com a valorização adequada? É típico das mulheres que dão muito livremente não procurar a reciprocidade, mas estão sempre esperando que ela venha. Quando se fizer estas perguntas, não procure por respostas imediatas. Leve algum tempo. Alguns homens não conseguem responder logo. As vezes demora alguns dias, outras demora uma semana para se ter alguma indicação da maneira do homem receber sua atenção.

Ele parece se afastar de você depois de você ter tido alguma atitude particularmente atenciosa? A valorização e o respeito dele por você aumentam depois de algum tempo juntos ou será que diminuem? Depois de algumas semanas ou meses, se você estiver mesmo prestando atenção deveria ser capaz de perceber os primeiros impactos de sua aproximação, carinho e atenção e saber se está ou não sendo valorizada.

Está sentindo ansiedade com o passar do tempo? As mulheres que se dão muito livremente tendem a ser impacientes e depois sufocam esta ansiedade se dando mais ainda. É como se este se dar muito pudesse segurar o amor que elas buscam tão desesperadamente.

Você se percebe arranjando formas de desculpá-lo? Você está sendo compreensiva demais ou perdoando demais? As mulheres que se dão com muita facilidade sempre têm a suspeita de que estão exagerando. Em geral elas estão cientes de que estão arrumando muitas desculpas para explicar por que o homem age desta ou daquela maneira, por que ele não é mais generoso. Se você descobrir que está explicando para amigos e familiares por que seu relacionamento parece ser unilateral, este é um sinal definitivo de que o desequilíbrio foi muito longe.

E finalmente, você acha que sua generosidade coincide com suas próprias dúvidas sobre sua capacidade de ser amada? Você sente que você é "suficiente" ou, como muitas mulheres que se dão demais, você acha que sua insegurança está sempre canalizada em algum comportamento com o homem que é na verdade uma maneira disfarçada de conseguir aprovação? Se é assim, você sabe, no íntimo, que não está funcionando.

Aprendendo a esperar amor em troca

Deve-se exigir do homem o retorno do carinho. Deve-se esperar que ele seja recíproco com a mulher e dizemos isso apenas para sermos justos e equilibrados. Além disso, de acordo com o Fator Polaridade, esta exigência por reciprocidade num relacionamento é necessária para a formação dos laços de um homem com uma mulher. Quando uma mulher oferece demais e espera pouco em troca, o laço, do ponto de vista do homem, não se forma de maneira certa. Isto não quer dizer que com este tipo de comportamento um homem não possa ficar dependente dos favores, apoio e serviços que a mulher faz por ele. Mas esta ligação não é emocional, não é baseada em respeito e paixão, não é esse o amor que uma mulher quer.

Um relacionamento unilateral, no qual se espera que o homem dê muito pouco, pode inibi-lo de se mover em direção à proximidade. As mulheres que fazem todo o trabalho impedem o desejo do homem de fazer algum trabalho e este é um erro muito sério e enganador. Por outro lado, a mulher que sabe que ela merece um amor ativo e deixa o homem saber que espera que isso aconteça de forma plena vai sempre atraí-lo mais para perto dela.

Para evitar o erro de dar demais você deve estar certa de quais são suas expectativas. Dê uma boa olhada se é fácil ou difícil para você se achar merecedora de amor por parte de um homem. Se você vier a se valorizar e agir de acordo com este valor, vai evitar a exploração porque estará ciente de que sua própria dignidade vai evitar que isso aconteça. Mulheres que vivenciam a exploração ficam cegas pela própria fome emocional, deixando os julgamentos de lado. Estar em contato com seus valores age como uma fonte de iluminação em sua busca por amor.

As mulheres que dão demais sentem que o tempo está contra elas. Agem como se suas chances de amor estivessem quase se esvaindo. Se você é solteira, aprenda a dar um tempo com os relacionamentos novos. Permita que a experiência sexual venha naturalmente com o tranqüilo desenvolvimento da confiança, conhecimento um do outro e carinho. Não confie no seu impulso para correr e no impulso dele para apressar você. Entenda que não importa o que o homem lhe diga, ele irá respeitá-la e confiar mais em você se você mesma se valorizar.

Arrisque-se e fale sobre seus sentimentos, diga a ele seus medos e mostre sua responsabilidade e participação em todo o processo. Daí por diante você deve assumir uma postura e atitude de pedir mais e dar limites no que você vai fazer por ele. Quando acreditar que tem o direito de esperar amor de volta, ele vai se aproximar mais de você. Se não o fizer, é melhor descobrir logo e partir para o que você-realmente merece.

SEGUNDA PARTE

MULHERES QUE ATRAEM OS HOMENS

Capítulo 7

O CAMINHO PARA O COMPROMISSO

O desejo de encontrar amor é uma força motriz fundamental no ser humano. Não importa quem somos ou o que fazemos, se somos homens ou mulheres, casados ou solteiros, todos queremos exatamente a mesma coisa no que diz respeito ao amor. Alguém para partilhar as experiências da vida, alguém que nos faça rir, alguém que entenda nossos medos e mágoas e alguém que nos faça sentir bem com nós mesmos.

Nesta parte do livro vamos discutir como o homem é atraído para a mulher e por que ele se apaixona. Mas nenhuma discussão é completa sem um entendimento do processo do amor em si, desde o seu tumultuado início através de vários estágios, desde a delirante experiência do romance até a profunda e segura maturidade do compromisso.

Existe uma razão básica de por que a maioria de nós acha que é tão difícil de se alcançar o amor. Nós começamos nossa busca pelo amor não apenas com objetivos sinceros e realistas, mas também com fantasias primitivas muito arraigadas. Estas forças inconscientes, em vez das conscientes, moldam nossa necessidade de amar e ser amado e cria muitos obstáculos quando nos movemos da solidão em direção ao compromisso. Nós acreditamos que para romper com os padrões autodestruidores, para parar de sabotar nossas tentativas de alcançar o amor ou de fortalecer o casamento é necessário, num primeiro passo, entender as fantasias que acompanham a busca pelo amor.

Os três desejos secretos do amor

A busca pelo amor é motivada por três poderosos desejos inconscientes: o desejo por fusão, aprovação e estímulo. Não importa quem sejamos, independente da sensibilidade que acreditamos ter, não importa o quanto sejam razoáveis nossas expectativas conscientes, estes três desejos primitivos estão incrustrados em nosso inconsciente. Mas aqui está o problema: nenhum destes desejos tem alguma coisa a ver com dar amor para outra pessoa! Todos eles são desejos alternativos, que envolvem uma preocupação básica consigo mesmo e com as próprias satisfações. Por que estes desejos são nutridos pela necessidade de receber em vez de dar, eventualmente podem criar um problema entre nós e a pessoa que esperamos que satisfaça estes desejos.

De onde vêm estes desejos? Enquanto nos desenvolvemos da infância para a idade adulta, nos movemos por um caminho de individualização, de nos tornarmos nós mesmos, sempre criando e expandindo um sentido mais definido de quem somos. Algumas destas mudanças são positivas, outras são negativas. A experiência da vida para algumas pessoas é uma luta constante para lidar com as ansiedades internas aliada com a assustada tentativa de fugir das pressões externas. Alguns indivíduos mais afortunados desenvolvem um desejo positivo e saudável de receber os desafios e riscos de viver. A maioria de nós tende a oscilar entre medo e confiança, dúvidas e aceitação de si mesmo.

Ansiando por integração. Talvez a força motriz mais primitiva ligada ao amor seja nosso desejo de sermos completados, de nos fundirmos. Este desejo vem do medo da solidão e do sentimento de sermos incompletos. Inicialmente cada criança existe numa relação simbiótica ou numa relação de interdependência com a mãe antes que a separação saudável e a individualização aconteçam. Desde o momento em que nos separamos de nossas mães até nosso último sopro de vida, a possibilidade de solidão é nossa companheira constante. Nós desenvolvemos o que é chamado de necessidade narcisista muito cedo, assim como o amor por nós mesmos e a necessidade de nos preocuparmos conosco. Necessidades narcisistas são naturais e saudáveis com moderação e elas acontecem da seguinte forma:

Quando temos pais saudáveis e atenciosos, que tomam conta de nós com carinho, desenvolvemos um sentimento positivo em relação a nós mesmos. Aos poucos aprendemos a incorporar e a internalizar o amor de nossos pais por nós e a capacidade deles em nos confortar e acalmar. Ao nos descobrirmos através dos olhos deles, aprendemos a nos acalmar e a administrar nosso amor-próprio. Através deste processo, aprendemos a ser menos ansiosos, a ter menos necessidade de fusão e nos sentimos mais completos em nós mesmos.

Infelizmente, este processo nunca é perfeito pois os pais podem errar e podem ser inconsistentes em seu amor. Num processo de crescimento saudável, as crianças podem lidar com facilidade com as pequenas inconsistências dos pais, aprendendo a lidar com frustração e com um mundo imperfeito. A consciência de individualidade da criança vai se fortalecendo, se definindo e se tornando mais elástica. Mas se os pais são negligentes e sem amor, a individualidade da criança pode ficar fragmentada e subdesenvolvida. Infelizmente, esta criança não é capaz de se dar conforto e acaba por procurar fontes externas para obter esta sensação necessária — outras pessoas, drogas, até amor. Qualquer estímulo externo intenso que bloqueie a dor da dúvida sobre si mesmo e a sensação de não estar completo.

A fusão se transforma em uma solução fantasiada para estes sentimentos de deficiência pessoal. Por exemplo, uma mulher com uma história de vida de relação incompleta com os pais pode fantasiar, no seu inconsciente, que se ao menos ela pudesse se unir a um homem, poderia alcançar aquele estágio maravilhoso e seguro que sentia com a mãe. A maioria das pessoas tem este desejo ou fantasia até um determinado ponto. Apenas é mais acentuado em pessoas muito carentes. Em momentos de stress emocional e privação em especial, podemos sonhar em nos ligar a alguém que nos dê o amor que não sentimos por nós mesmos, alguém que nos faça sentir completos.

O desejo de aprovação. Outro desejo poderoso que estimula nossa busca por uma ligação amorosa é a aprovação: a necessidade de nos sentirmos bem com nós mesmos, de ter autoestima. Mais uma vez, por causa de uma infância incompleta e longe da perfeição, podemos nos sentir desvalorizados e sair desesperados para procurar esta aprovação no mundo exterior. Ser bom pai inclui encorajar as crianças a pensar por elas mesmas e através das suas próprias experiências virem a se valorizar. Mas alguns pais não estimulam a autonomia, eles mantêm as crianças dependentes de sua aprovação. Isto resulta numa busca eterna de provar para o mundo o próprio valor e capacidade de ser amado. Algumas pessoas olham no espelho e sorriem: "Será que fulano vai gostar do que vê?" Elas procuram outras pessoas para lhes dizer que estão bem. Os adultos que não aprenderam a valorizar a si mesmos têm o potencial mais forte de se tornarem obcecados pelo amor e por estarem sempre na busca daquela pessoa que vai fazer com que se sintam bem o bastante.

A maioria dos homens ou mulheres busca alguma aprovação na sua escolha de amante. Até um certo ponto, todos nós vemos nosso parceiro em potencial como uma medida de nosso próprio valor e status. Por exemplo, talvez você tenha tido a experiência de apresentar o seu novo namorado aos amigos com a esperança secreta de que eles pensem melhor de você por causa do tipo de pessoa que você atraiu. A crença secreta neste caso é que se uma pessoa atraente e bem-sucedida amar você, de alguma forma isto eleva seu próprio valor.

O problema com a aprovação como uma solução dominante para sentimentos de deficiência é que nós deixamos de amar a verdadeira pessoa. Em vez disso, amamos a ilusão de nosso novo ser. Além do mais, sempre existem aqueles momentos sombrios de solidão quando nossas inseguranças gritam e nos lembram do que realmente sentimos sobre nós mesmos. Autoaprovação através do amor de outra pessoa realmente não funciona.

O desejo de estímulo. O terceiro desejo que motiva nossa busca por amor é o estímulo. Neste mundo tão stressante, é um verdadeiro desafio recarregar nossas próprias baterias e fazer com que nos sintamos vivos e animados com a vida. Esta é uma razão-chave do por que damos tanta ênfase ao sexo, pois esta é uma das maneiras mais fáceis de nos sentirmos estimulados, vibrantes e animados. Uma outra maneira pela qual muitas pessoas procuram o estímulo hoje é através da busca do romance, uma fonte garantida de emoções fortes. Outros ainda, talvez os mais pessimistas, buscam o estímulo através da comida, bebida ou drogas. Tais pessoas têm uma sensação de bem-estar temporária pelo tempo que o efeito das substâncias químicas durar — o que nunca é muito!

A origem de nossa intensa fome por nos sentirmos vivos e estimulados pode ser encontrada, mais uma vez, na infância, provenientes de uma melancolia que resulta da perda da mãe protetora e segura. Todas as crianças precisam de contato e proximidade para se sentirem vivas e satisfeitas. Na verdade, as crianças que deixam de receber estes contatos físicos e aconchego quase sempre desenvolvem doenças físicas e emocionais. Infelizmente, as pessoas que tiveram uma infância insegura e carente de contato humano vivem com uma tristeza intrínseca. O antídoto para este sentimento de vazio crônico é o estímulo — de qualquer espécie. Nos homens, é típico o uso do vício por substâncias ou atividade sexual como solução para este dilema. Nas mulheres é mais comum se tornarem viciadas nos altos e baixos emocionais do romance. Mas quando estas mulheres capturam o objeto de sua obsessão, é inevitável que vivenciem um abatimento emocional. Enquanto a paixão dá lugar para a realidade e o cotidiano, a intensidade se apaga. Assim, o viciado em amor se move compulsivamente através de inúmeros amantes.

Conforme crescemos e deixamos nossa infância pouco perfeita, todos podemos ansiar por vários graus de fusão, aprovação e estímulo. E buscamos soluções externas em diversos níveis para estas necessidades internas. Todos crescemos tentando compensar uma variedade de coisas que faltaram em nossa infância. Nenhum de nós é produto de pais perfeitos. Mas existem soluções saudáveis e que não são fantasias irrealistas. Pode-se aprender a amar e ser amado. Mas este aprendizado necessita da compreensão da evolução do amor. Uma visão clara das voltas no processo do amor ajuda a evitar as expectativas irrealistas e as desilusões que acontecem com tanta freqüência em nossos relacionamentos.

Os estágios do amor

Todos os relacionamentos amorosos giram em torno de um caminho determinado. O primeiro estágio é o romance ou a paixão. O segundo é um período de adaptação onde a ilusão e a realidade entram em atrito. A fase final é o amor maduro e duradouro.

Romance. Na nossa busca por amor, a primeira coisa que todos procuramos é a incrível sensação de excitamento e paixão por outra pessoa: romance. O romance envolve uma sensação de fusão e de unidade com o outro, um sentimento de satisfação e paixão, até mesmo momentos de êxtase. Vivenciamos uma elevada sensação de beleza, não apenas do nosso amante mas do mundo todo: outras pessoas, paisagens, aromas e todas as variedades dos sentidos. Nesta fase nós ampliamos as fronteiras de nossos sentidos e incluímos a outra pessoa. Sentimos como se conhecêssemos nosso amante há muito tempo mas nos encantamos com cada novidade. A experiência do romance incorpora todas as três coisas pelas quais ansiamos — fusão, aprovação e estímulo.

Mas existe um lado negro desta experiência. Você pode se descobrir sentindo-se ansiosa e até mesmo assustada: "Tenho medo de que se ele realmente vier a me conhecer, não goste de mim!" Ou "Parece que está bom demais para ser verdade, muito bom para durar!" Esta corrente de apreensões, apesar de dolorosas, também aumenta a carga emocional do drama. A incerteza e os medos somam-se ao mistério e ao excitamento.

Este é um período de inocência, quando as virtudes do amante estão muito aumentadas e em primeiro plano. Suas falhas e comportamentos desagradáveis estão de lado e podem até parecer incrivelmente charmosas. O pão-duro é visto como "um homem liberado que permite que eu divida as despesas igualmente". O homem egocêntrico e que vive falando de si mesmo é "aberto e vulnerável". O homem retraído é "forte e misterioso".

Não há dúvida de que o amor romântico é uma das grandes aventuras e experiências da vida. Mas como tudo na vida, sempre existe a relação risco-recompensa. O romance, com todas as suas inebriantes recompensas, traz consigo as inevitáveis e sérias conseqüências psicológicas.

A intromissão da realidade. O que acontece quando trazemos estes desejos inconscientes, necessidades e elevadas expectativas para dentro do relacionamento? O que acontece quando a realidade se intromete na fantasia? No segundo estágio do relacionamento, o período de adaptação, ou a realidade e a fantasia se chocam tão violentamente que a união é quebrada de forma irreparável ou se une com sucesso para formar expectativas saudáveis e realistas.

Um dos primeiros sintomas de que a intoxicação inicial do romance se acabou pode ser uma simples sensação de chatice. No início, estar com o amante já é bastante estimulante. Ficamos totalmente em paz, satisfeitos em ficar olhando em seus olhos por horas, extasiado e fascinado. Como resultado disso, muitas pessoas vêem os primeiros sinais de chatice como se estivesse "tudo acabado". Simplesmente o relacionamento não era o que pensávamos que seria, não era "aquela coisa". "Talvez eu tenha cometido um erro" é a primeira dúvida secreta que nos aparece.

Conforme os amantes se tornam familiares uns com os outros, as luzes não tão agradáveis da realidade mancham com imperfeições o perfeito conforto. Os hábitos irritantes e as pequenas diferenças que não incomodavam antes agora marcham para o centro das atenções. De repente os amantes ficam irritados e chateados. Críticas "construtivas", insinuações ou comentários depreciativos até mesmo arroubos de raiva ou chateação podem ser dirigidos ao parceiro que antes não fazia nada de errado. O período de descoberta das falhas começou. As roupas que ele usa estão erradas, seus amigos são chatos, a risada dele é estranha, seu beijo é muito molhado. Os amantes podem perceber, é claro, quando a imagem que o parceiro tem dele está se modificando e se tornam defensivos e resguardados. Repreensões indiscriminadas e exageradas podem precipitar:

"O que foi que eu vi nele?" Cria-se o ressentimento: "O que foi que eu vi nela?". O que está realmente acontecendo é que a idéia inicial e romantizada que um amante tinha do outro está sendo trocada por imagens mais realistas. Conforme as áreas de conflito vêm à tona e não são resolvidas diretamente por acomodação ou acordos, a fantasia se corrói e as fronteiras das duas identidades ficam, agora, dolorosamente distintas. O desejo inicial de unidade é modificado pelo desejo de espaço para respirar. Mesmo que a mulher reconheça a necessidade de distância normal e compreensível e comunique esta necessidade para seu amante de forma compreensiva, é normal que surjam ansiedade, medo de separação e abandono. Por exemplo, se ele quiser passar algum tempo com os amigos, pode ser interpretado como uma acusação: "Você não me basta." Se ela romper diversos encontros seguidos, dizendo apenas que não está com vontade de sair, ele pode achar que seu próximo pedido vai ser o de separação. "Eu não gosto mais de você."

Mesmo que as tensões diminuam, vagos sentimentos de tristeza, desapontamento e melancolia tomam conta da situação. Como resultado, o terceiro desejo romântico, o de estímulo, começa a diminuir. A sensação de isolamento que era sentida antes do início da relação, retorna. "Como isso pode acontecer? Quem destruiu o que era tão precioso para nós dois? Esta sensação de perda que eu sinto não pode ser minha culpa! Eu queria tanto isso! Deve ser culpa sua!" Culpar leva a raivas e os dois amantes, ou um deles em separado, começam a segurar o amor, carinho e avanços sexuais.

O sexo é o barômetro mais sensível destas mudanças. Mesmo nas relações mais harmônicas e apaixonadas acontece um resfriamento normal do desejo sexual. No entanto, a primeira vez que um parceiro indicar falta de interesse sexual pode ser traumática. Até este ponto, a insaciável fome sexual era um dos indicadores do perfeito relacionamento. Mas a tensão, conflitos e dúvidas diminuem o interesse sexual. As necessidades sexuais se acumulam. As negativas são interpretadas como não aprovação. O parceiro que está tendo as iniciativas sexuais e está sendo recusado vive sensações de ressentimento crescente. Como também sente o que está sendo pressionado para ceder. Com o passar do tempo, quem está negando endurece e cai num padrão de retração. Nem é consciente — ele ou ela apenas se sente "sem vontade". Neste ponto, um dos parceiros ou os dois podem ter fantasias de ter um caso e recobrar os sentimentos românticos de um novo amante.

Conforme os sentimentos de fusão, aprovação e estímulo diminuem, a desilusão pode disparar diversos pensamentos: "Talvez ele não seja o bastante para mim. Talvez não estejamos fazendo bem um para o outro. Talvez eu fosse mais feliz com alguma outra pessoa!" A busca para realizar aqueles antigos desejos românticos retorna. Pode-se tomar a decisão de terminar este relacionamento e começar um novo.

Mesmo que isto pareça um cenário angustiante, acalme-se, pois é, em exagero, uma das ciladas que podem acontecer quando nós liberamos desejos primitivos e expectativas inconscientes e deixamos que elas dominem nosso comportamento. Expectativas realistas sobre os ciclos naturais de um relacionamento podem prevenir melodramas tristes e dolorosos.

É essencial aceitar a noção de fases em quase todas as coisas da vida, inclusive relacionamentos amorosos. Agarrar-nos com muita força às visões românticas evita que lidemos de forma efetiva com os inevitáveis períodos de adaptação e torna impossível que andemos em direção ao amor maduro. Falando de forma realista, todos temos que completar algumas de nossas necessidades fora do campo do amor. Todos temos que aceitar nossa condição básica de isolamento mesmo que todos queiramos amar e ser amados por outra pessoa. Temos também que ter um forte sentido de suficiência para ser capaz de amar outra pessoa com sinceridade. Valor próprio emana de nossa estima por nós mesmos, não é algo que possa ser adquirido através de outra pessoa.

Um dos maiores perigos do romance é ficarmos presos na fase inicial de paixão e fantasia, levados por nossos desejos inconscientes e egoístas e objetivos não realistas. Quanto mais poderosas forem nossas necessidades e ilusões no princípio do namoro, mais tumultuado será o período de adaptação e conseqüentemente será menos provável conseguirmos atravessar este difícil estágio para chegar à fase final.

Amor maduro. Apesar de suas armadilhas inerentes, o romance tem um papel indispensável em preparar o terreno para um amor duradouro. Na verdade, um início apaixonado pode ser muito positivo a longo prazo. Quando os amantes começam vivenciando com total intensidade as experiências emocionais positivas e negativas, eles são mais capazes de ultrapassar o turbilhão da fase de adaptação porque experimentaram como o amor pode ser bom e apaixonante. A lembrança permanece e serve de motivação poderosa para suportar os momentos duros para se poder viver aqueles momentos de intensa emoção. Como terapeutas, o que sempre ouvimos de pessoas que estão bem casadas há muito tempo é: "O que aprendemos é que ele se movimenta em ciclos. Atravessamos períodos terríveis, de realmente não gostar um do outro até períodos de ansiedade e chateação, mas mesmo nos piores momentos sabemos que, mais cedo ou mais tarde, vamos nos descobrir apaixonados outra vez."

Quando alcançamos o fim da fase romântica, deixamos uma certa satisfação para trás. Mas o abandono das fantasias românticas pavimenta o caminho para uma experiência humana que transcende o romance. É fato que abandonar o romance é um tipo de perda de inocência, mas dá espaço para alguma coisa ainda mais recompensadora — amor adulto, maduro e mútuo.

O amor maduro não é idealização, adoração ou paixão. É o gostar de alguém pelo que ele ou ela é em vez do que gostaríamos que fosse. O amor maduro não é egoísta. Vai além de nossas necessidades e preocupações. Como diz o psiquiatra Harry Stack Sullivan: "O amor existe quando a segurança e a satisfação da outra pessoa são tão importantes quanto as nossas."

O que é necessário para amar

Provavelmente você já ouviu falar de alguém que não tem "capacidade de amar". Capacidade de amar significa ser capaz de sentir e mostrar preocupação e carinho por outra pessoa. Isto é empatia ou a vontade de participar dos sentimentos ou idéias de outra pessoa, a capacidade de nos colocarmos no lugar da outra pessoa, ficar curioso sobre o que está acontecendo dentro do outro e entender como ele ou ela se sente.

A capacidade de amar existe quando desistimos de nossa postura narcisística em relação a nós mesmos e ao resto do mundo. O que isto quer dizer é que deixamos de ficar absortos em nós mesmos para termos um sincero desejo de conhecer e nos preocuparmos com o outro. Narcisismo é uma coisa com a qual todos crescemos e, em momentos de stress, revertemos a esta situação algumas vezes. Ser narcisista significa uma preocupação excessiva consigo mesmo e com a própria necessidade por atenção, apoio e amor. Isso representa um desenvolvimento normal com necessidades normais que às vezes pode sair de controle em detrimento de nossa capacidade de nos preocuparmos de forma menos egoísta. Os três desejos básicos que descrevemos no início do capítulo se referem a preocupações narcisísticas.

A primeira parte deste livro estava preocupada, em diversas formas, com as várias maneiras pela qual nós tentamos diminuir nossas inseguranças em relacionamentos. O amor maduro vem quando estas necessidades não nos tiranizam mais. Todos temos a tendência ocasional de cair no egocentrismo, como em momentos de extrema solidão, mas chegar à capacidade de amor maduro significa que nossa energia está livre para amar e se preocupar com os outros. Um componente do amor adulto é a capacidade de integrar carinho com sexualidade, a capacidade de "fazer amor" com a pessoa a quem se ama. O amor não é apenas uma coisa ou outra, não é simplesmente carinho sem sexualidade ou sexualidade sem carinho. Os homens e as mulheres que ainda não atingiram este nível de amor acham que a sexualidade é apenas uma valorização de quem eles são. A mulher viciada em amor se sente valorizada desde que o homem pelo qual ela anseia lhe dê atenção. O Dom Juan se sente bem e valorizado desde que se sinta aprovado pelas suas conquistas sexuais de mais uma mulher atraente. É este tipo de amor, o amor como uma sensação, amor como um veículo para resolver velhas privações de infância, que nos mete em problemas.

Quando falamos sobre o abandono de uma postura narcisista e a disposição de abraçar o amor maduro, deve estar claro que o amor requer o envolvimento de dois egos razoavelmente maduros e saudáveis. Apenas quando temos um forte sentido do nosso ser é que podemos nos permitir amar de uma maneira madura. O amor real requer que nos submetamos e nos rendamos ao outro. Para poder ceder desta forma, não se deve temer a perda de nossa identidade no relacionamento amoroso. Quando nos sentimos bem conosco mesmo, não precisamos gastar energia exibindo nosso ego. Em vez disso, estamos livres para investir energia em amar outra pessoa. Para expressar de forma diferente, o amor maduro evolui da realização que o dar de forma não egoísta e o carinho renova e nos reabastece em vez de nos exaurir.

Em última análise, não é suficiente para nós ter consciência do perigo específico do estágio inicial da paixão ou o segundo estágio da adaptação no qual a ilusão tem que lidar com a realidade crua. Nem é suficiente para nós sabermos como navegar estas águas traiçoeiras o bastante para nos darmos bem com um amante. Temos que desejar fazer a transição do romance com seus desejos e necessidades essenciais e não egoístas e na sua intensidade emocional, até o estágio final do amor: maduro e duradouro, bastante incondicional e não egoísta, renovando-se sempre através das constantes acomodações realistas, aceitação e acordos. Esta transição, quando mudamos de um amor puramente emocional para um que é na verdade espiritual, é o momento do compromisso.

O que é o compromisso?

Hoje, compromisso é um tema com um profundo significado tanto para o homem como para a mulher. Existem duas maneiras de defini-lo: uma das definições é o ato de se decidir a casar, e a outra se refere a sentimentos não egoístas e atos de amor destes que entram numa relação exclusiva com outra pessoa. A maioria das pessoas hoje acha que a primeira definição é o que é o compromisso. Mesmo que esta definição seja de importância óbvia para alguém que está esperando, principalmente a mulher que está ouvindo seu relógio biológico bater cada vez mais alto, é a definição mais ampla que tem implicações mais profundas e significativas para o homem e para a mulher. Infelizmente, existem homens e mulheres que se casam mas nunca exploram realmente dentro deles as implicações mais amplas do segundo significado de compromisso. Em nosso ponto de vista, é esta segunda definição de compromisso como um conceito intelectual e ético que é a mais importante.

Vamos primeiro explorar a noção de compromisso como a decisão, como a escolha de casamento. Algumas vezes o compromisso tem muito pouco a ver com o amor verdadeiro. Uma pessoa que escolhe se casar sem o sincero desejo de se aproximar e se tornar íntimo está tomando uma decisão, mas não assumindo um compromisso. Ele pode não ter pensado de verdade em questões como amor, fidelidade e o pacto de uma vida inteira. É comum muitas pessoas se casarem e mais tarde evoluírem para um verdadeiro estágio de compromisso.

Quando vamos além desta estreita definição de compromisso — decidir-se a casar —, podemos explorar a mais complexa, o compromisso como um ideal intelectual. O compromisso, neste sentido, não se refere apenas a uma declaração de lealdade, mas num código mais amplo de conduta amorosa, refere-se à ética e à honra. Há muitos homens e mulheres que acreditam realmente que estão comprometidos a um relacionamento ou casamento mesmo que o sentido de seu compromisso seja completamente diferente. A pessoa que no íntimo sabe que seu amor é tépido e superficial pode estar "comprometida" com outra pessoa e até ser fiel, mas nunca pensou realmente na possibilidade da paixão e do carinho no casamento.

Existem duas facetas do compromisso, cada uma contém desafios, cada uma aumenta e fortalece nosso sentido de nós mesmos e ao mesmo tempo nos assusta e nos deixa relutantes em assumir as responsabilidades do casamento. Primeiro, o compromisso requer coragem. Para nos comprometermos com outra pessoa, precisamos ter coragem para amar e a vontade de lutar e arriscar uma união. Isso requer que nos sintamos bastante seguros conosco mesmos para podermos confiar. Não importa quanta informação tenhamos acumulado, quanto certo estejamos de que nosso amor será reconhecido e retribuído da mesma forma, ainda nos arriscamos que nossas esperanças sejam infundadas, que a pessoa que amamos, talvez um dia, não nos ame de volta. Não há garantias no amor, mas mesmo assim nós optamos por declarar nossas intenções. Este ato é confiança pura, simples e assustada.

A segunda faceta do compromisso envolve a postura ética que assumimos quando dizemos que estamos comprometidos. Como sugerimos, o compromisso em última análise é uma declaração ética, uma espécie de código definindo a conduta do amor. É uma afirmação da intenção de que vamos viver conforme os termos do acordo. Algumas vezes estes termos são os votos tradicionais do casamento: "Amar e honrar, na doença e na saúde, até que a morte nos separe." Palavras poderosas! Certamente estes votos, estas declarações e estas intencões não devem ser interpretados superficialmente.

O compromisso nos anos 80

Há décadas atrás, os homens e as mulheres entendiam que o casamento era para sempre. Hoje sabemos que não mais podemos nos deleitar nestas projeções ingênuas; sabemos que o casamento pode ser facilmente dissolvido e que o divórcio é uma alternativa comum para um casamento conturbado. Porque os homens e as mulheres de hoje percebem como os compromissos podem ser vazios, eles estão mais resolvidos a não cair nestas armadilhas. Hoje, homens e mulheres querem que seus compromissos tenham significado, que sejam sinceros em vez de superficiais e que durem em vez de se desintegrarem.

Os homens hoje parecem mais temerosos do compromisso, não porque não queiram se casar ou entrar num relacionamento duradouro, mas precisamente porque querem isso mesmo e porque estão levando este compromisso a sério. Como muitas mulheres estão hoje prontas para um relacionamento sério e dizem isso sem rodeios, por sua vez os homens estão falando de sua relutância também sem rodeios. não sobre o compromisso, mas sobre entrar no que eles acham que é um compromisso prematuro. Os fatos são: os homens estão se casando nas mesmas estatísticas que sempre o fizeram. Os homens não estão ignorando o casamento como alguns acreditam. O que eles estão fazendo é serem muito cuidadosos em expressar este desejo e para quem expressá-lo. Como as mulheres demonstram estar tão ansiosas para se casarem, muitas vezes até desesperadas, os homens, em contraste, parecem mais cautelosos. Os homens hesitam em discutir com uma mulher a visão que eles têm do casamento por temerem que mesmo uma discussão abstrata sobre o que gostariam no futuro possa levar a mulher a interpretar a conversa como uma promessa implícita. Mesmo que pareça que os homens evitam o assunto de futuro e compromisso, assim mesmo eles pensam sobre isso, querem o compromisso e se imaginam, desejosos, num relacionamento sério com uma mulher.

Não há dúvidas que se comprometer nos anos 80 é mais difícil do que foi no passado mas não porque homens ou mulheres estejam se importando menos. É porque todos querem que funcione. E sabem todas as formas pelas quais o casamento e o amor não funcionam, todas as formas pelas quais as boas intenções vão por água abaixo.

Os ritmos do compromisso

Muitas mulheres vivenciaram a espera de algum tipo de compromisso com um homem por quem se interessaram e encontraram resistência. Elas podem ter esperado muito que eles dessem o primeiro passo para aprofundar o relacionamento apenas para ouvi-lo dizer: "Não apresse as coisas. Não quero ser pressionado." Os homens podem declarar seus sentimentos românticos no início do namoro, mas isso não significa que estejam apaixonados ou prontos para se comprometerem de forma tão exclusiva, numa união permanente. Sentir-se romântico e desejar assumir um compromisso são duas coisas totalmente diferentes para o homem e uma não leva à outra automaticamente. Um homem pode achar que está se apaixonando e mesmo assim não estar pronto nem para pensar num laço permanente. Por outro lado, muitas mulheres permitem que os sentimentos românticos a levem mais rapidamente em direção ao compromisso. Para as mulheres, fortes sentimentos românticos em geral inspiram o desejo por união permanente, o que não acontece para os homens. Não que eles tenham se decidido contra o compromisso. Pode nem ter passado pela cabeça deles ainda, podem simplesmente não estar prontos. A maioria dos homens não sente a mesma pressa que as mulheres sentem. Esta discrepância é muito comum em relacionamentos. Por quê? As diferentes zonas de enlace do homem e da mulher, ou tolerância e conforto com proximidade levam claramente a ritmos diferentes e uma variedade de sensações de momento certo num relacionamento. Tipicamente as mulheres se sentem prontas a se comprometerem ou se casarem muitos meses antes dos homens. Mas existe uma outra coisa que acontece que pode surpreender as mulheres. Os homens estão sempre desejando aprofundar a união mas disfarçam completamente este desejo para as mulheres. Talvez até disfarcem deles mesmos. Uma mulher pode não reconhecer a reciprocidade de seu namorado porque ele lhe dá menos evidências de como está ligado. Em geral os homens são muito mais dependentes e ligados do que eles deixam as mulheres saberem. É exatamente esta dependência disfarçada que explica por que ultimatos dados no momento certo em geral funcionam para fazer com que o homem se comprometa num relacionamento. A oscilação do homem entre Apego e Afastamento não significa que ele não se importa, pois ele pode se sentir muito apaixonado. Assim, quando lhe dão um ultimato, ele é obrigado a admitir para ele mesmo que não pode viver sem a mulher que ama.

O compromisso é fundamentalmente uma atitude. Quando nós nos comprometemos estamos afirmando nosso amor. É uma expressão de como valorizamos a outra pessoa, a posição que esta pessoa tem em nossa vida. Sustentar um compromisso é um processo dinâmico que evolui diariamente através de nossos encontros um com o outro. Compromisso é intenção, é o amor em ação. Num bom relacionamento, cada ato de amor intencional não apenas tem sentido no momento, mas também serve para solidificar e reforçar os laços crescentes entre o homem e a mulher.

Capítulo 8

DESISTINDO DO PRÍNCIPE E ENCONTRANDO UM HOMEM

Recentemente se tornou moda atacar duramente os homens. Estes são descritos como preocupados com a imagem do macho, subdesenvolvidos emocionalmente e insensíveis em relação às mulheres. Depois, quando eles se abriram um pouco, foram depreciados como sendo muito moles e "frescos". Segundo a última moda de descobrir defeitos nos homens, eles se tornaram evasivos e relutantes em se comprometerem em relacionamentos. Nem é necessário dizer que todo este massacre não ajuda em nada a criar a harmonia e entendimento mútuo entre os sexos. Nossa tarefa neste capítulo é desvendar algumas destas mitologias e apresentar um quadro do homem que é livre destas distorções oriundas de retóricas de moda e caracterizações superficiais.

Uma das razões pelas quais as mulheres não conhecem os homens é porque eles fazem pouco esforço para serem conhecidos. Em vez disso, os homens permitiram que mitos sobre quem eles são, como eles se sentem e o que pensam, con tinuassem a existir. No entanto, mesmo que pareça contraditório, os homens querem ser conhecidos e amam a mulher que os entende e aceita.

Outra razão pela qual o homem não é muito bem entendido é que as mulheres estiveram relutantes em olhar de forma objetiva para a psiquê masculina. Esta visão clara e não apaixonada é até ameaçadora para algumas mulheres, porque elas têm medo de perder a sua fantasia do príncipe. Os homens não são cavaleiros em armaduras brilhantes. Eles têm falhas e muitas vezes algumas bem complexas. É uma afirmação nossa que muitas mulheres, até mesmo hoje em dia, queiram uma variação do príncipe. Um homem que seja forte, mas ao mesmo tempo sensível, heróico mas carinhoso, que tenha a energia para surpresas românticas mas que ainda domine o mundo do trabalho. Seria tudo, se pudesse ser verdade. Tal super-homem não existe. Mas se você desistir de ter um príncipe, nós prometemos que o homem que você vai encontrar vai lhe oferecer muito mais.

Compreender um homem gera poder. Um homem dá seu coração de forma mais completa para a mulher quando ele sente a segurança e a confiança que se segue a ser conhecido e ainda ser valorizado. A chave mais fundamental para a paixão de um homem e seu desejo de se comprometer é a capacidade da mulher de aceitar quem ele é realmente.

Compreender não é necessariamente aceitar

Compreender e aceitar não são sinônimos. Todos os homens anseiam por ser aceitos pela mulher que amam. Compreensão é apenas uma parte deste desejo. Compreender é saber quem o homem é realmente sob a postura e a bravata. É saber o que os motiva, assim como o que eles evitam ou temem. É saber como eles respondem às mulheres e como eles interagem nas uniões íntimas. É estar ciente das muitas formas que ele pode ser com você e também como pode ser diferente. Enquanto tudo isso é maravilhoso, aceitação vai muito além disso.

Algumas mulheres têm uma compreensão parcial do homem, principalmente seus pontos vulneráveis, mas não os aceitam de verdade ou gostam particularmente dos homens. Empregando seu incrível e sensível conhecimento dos homens, podem perceber seus pontos fracos imediatamente e sabem como jogar com eles de forma sutil. Um homem pode estar fascinado por ser conhecido por este tipo de mulher, mas esta fascinação raramente evolui até a confiança ou até o amor por si só. Este tipo de compreensão do comportamento masculino é tipicamente usado para manipulação e exploração e não para uma aproximação amigável.

Outras mulheres têm um profundo entendimento dos homens, mas também falham em não aceitá-los. Elas estão cientes da força dos homens assim como de suas fraquezas. Tais mulheres possuem poucas ilusões, elas sabem o que os homens podem fazer e o que não podem. Mas apesar de valorizarem os atributos positivos dos homens, elas mantêm o desejo secreto de que eles possam ser diferentes, de alguma forma melhores. Elas se ressentem das imperfeições humanas destes homens, pois isso faz com que eles não sejam os salvadores idealizados, os provedores ou o príncipe romântico que esperavam encontrar.

Um tipo de aceitação com a qual estamos todos acostumados é a que vem acompanhada de um movimento de ombros e um suspiro fatalista: "Você sabe como os homens são!" Ou: "Os homens são assim mesmo." Este não é o tipo de aceitação que o homem está procurando. O que o homem procura é ser apreciado como um todo e um compassivo perdão por seus hábitos incômodos, deficiências e defeitos de caráter.

Aceitação total e amorosa exige um tipo de maturidade especial. Significa ser capaz de gostar ao mesmo tempo em que percebe as coisas boas e as não tão boas. Como um homem descreveu, agradecido: "Sei que não é fácil viver comigo. Mas nem posso lhe dizer como é bom estar com Sara. Nunca tenho a sensação que ela espera que eu ande sobre as águas. Mesmo quando estou sendo um idiota — impaciente, mal-humorado ou simplesmente negligente em cuidar do meu lado do casamento —, eu sei que o bom se mistura com o ruim de alguma forma e que ela me ama. Não que ela não deixe que eu saiba quando estrago as coisas. É que eu sei que ela gosta de mim apesar disso. Sua aceitação, seu perdão e amor fazem com que eu queira trabalhar mais para ser uma pessoa cada vez melhor."

O que esta mulher oferece é amor e compreensão livre de "se" e limites rígidos. Como tem sido dito sempre, não é nada especial amar alguém no seu melhor momento. A parte mais difícil é amar quando estão no pior. Este tipo de amor não requer que se olhe para o outro lado nem que se desconheça coisas importantes além de certamente não ser cego. A aceitação amorosa simplesmente significa que não permitimos que os aspectos não heróicos ou irritantes de nossos parceiros afetem o centro de nosso amor. Quando estes aspectos aparecem, reage-se a eles de forma emocional e depois são esquecidos sem que se construam mágoas ou que perturbem o amor básico. Aceitação requer que abondonemos desejos perfeccionistas ou idealistas sobre nós mesmos e nossos parceiros. Pois se somos excessivamente críticos conosco mesmos, agiremos assim também com nossos parceiros.

A libertação dos restritos confins do idealismo se consegue ao reverter o que está em primeiro plano e o que está em segundo. Por exemplo, se deixarmos que a tosse de alguém da platéia fique em primeiro plano, vamos perder a maravilhosa sinfonia que a orquestra está tocando no palco. Se você permitir que a distração do homem ou sua impaciência no tráfego ou a mania de deixar a toalha molhada no chão do banheiro ficar em primeiro plano, vai perder sua firmeza em momentos de adversidade, sua paciência quando as crianças estão sendo chatas ou sua lealdade e satisfação com você. A aceitação permite que seus aspectos agradáveis fiquem em primeiro plano e aqueles que a chateam ou a desapontam fiquem em segundo plano.

Aceitação consciente e amorosa não é fácil. Requer a liberação de desejos irrealistas. Não é gostar e aceitar tudo, mas entender que as falhas, por mais presentes que estejam, são parte de uma pessoa que você ama.

Não estamos catalogando o que deveria ser aceito por você ou o que não deveria. São determinações subjetivas que você mesma deve fazer. Sem dúvida nenhuma a aceitação não é liberação e você não deve aceitar comportamentos intencionalmente maldosos ou insensíveis. Estamos nos referindo àquela quantidade de comportamentos típicos que são chatos e muito normais. Aceitar as falhas menores, principalmente quando são contrabalançadas com qualidades que gostamos e aceitamos, vai muito longe no sentido de prover o conforto e liberdade que a outra pessoa tanto aprecia.

Quem são, na verdade, os homens

Para entender um homem, de verdade, é importante ter uma visão geral de seus dramas, esperanças e sonhos, principalmente sua constante busca pela masculinidade. Esta busca, que o homem encara desde a infância, afeta profundamente a forma pela qual ele ama uma mulher. Pois assim como a mulher ama e valoriza o homem que apóia sua busca por realizações, a compreensão da mulher da necessidade do homem ter o controle no sucesso na carreira vai atraí-lo para ela.

A busca da autonomia. Autonomia é um componente essencial do Fator de Polaridade. A independência começa com a separação do menino de sua mãe. Mas a necessidade de um homem por auto-suficiência logo cresce além destas origens, se tornando um objetivo por si só. A busca por autonomia assume valor e significado próprios.

Os pensamentos dos homens são dominados por sua necessidade de se engajar em atividades que levam a sentimentos de força e vitalidade e sua semelhante necessidade de evitar situações que tenham o pavoroso potencial de fraqueza e impotência. A maioria dos homens é atraída pela ação e tem pavor da passividade. Procuram constantemente formas de se sentirem fortes e poderosos, pois estes sentimentos estão intimamente ligados com seu sentido de masculinidade. Apesar de força e masculinidade serem definidos pelos homens em diversas formas, a linha comum é a sensação de poder e de causar impacto — a habilidade de causar algum efeito ou impacto sobre o próprio meio-ambiente. Independente dos caminhos específicos que podem tomar para alcançar este desejo, a maioria dos homens tem uma forte busca por se sentir mais eficaz. Quando chegam neste ponto, se sentem mais masculinos.

Para o homem, a autonomia. a capacidade de crescer independente é a base para se conseguir o sentido da masculinidade. Isto não quer dizer que o homem deva estar sozinho para se sentir macho. Mesmo assim, esta sensação de masculinidade buscada pelo homem é um sentimento que em geral ocorre fora do campo dos relacionamentos, com a possível exceção do domínio da sexualidade. Os homens definem masculinidade tipicamente em atividades orientadas para o trabalho e ação nas quais estão vivenciando, em última análise, momentos de solidão.

A necessidade de ser corajoso. Na infância, os meninos aprendem com seus amiguinhos e com seu primeiro modelo de masculinidade, seu pai, a se sentirem envergonhados de sentimentos de medo e a ignorá-los. Este é um grande contraste com as mulheres que são ensinadas, de forma mais realista, que o medo é apropriado em certas circunstâncias e que é aceitável tomar conhecimento dele e expressá-lo.

Da infância em diante, a questão da força, bravura e comparação com os maiores é uma preocupação sempre presente nos homens. Muitos homens adultos ainda têm vívidas lembranças de sua adolescência de não levar desaforo para casa, não fugir de briga como um "maricas" ou comparar tamanho de pênis, secretamente ou não, nos vestiários. Mesmo que estas experiências sejam lembradas de forma divertida por alguns, outras vezes elas ainda estão manchadas de forma dolorosa com ansiedade e vergonha. Estes eventos moldam as primeiras imagens que um menino tem da masculinidade.

A competição e a comparação são os barômetros primários para se medir a masculinidade. Os meninos que desejam competir começam a se ver em imagens masculinas. O menino que tem medo de aceitar desafios, que é tímido ou que se afasta envergonhado da competição, é logo rotulado de "maricas".

Nas sociedades primitivas, o macho passava sua infância aprendendo habilidades de caçador como preparação para sua fase adulta de homem, matando e caçando um animal perigoso. Os testes de hoje para coragem e força são menos ameaçadores de vidas e, em regra geral, estão quase todos relegados as atividades esportivas, excetuando-se as atividades de gangs de rua e "pegas" de carros. Mas mesmo que as oportunidades para testes de coragem física e moral estejam mais limitadas hoje em dia na vida dos rapazes, a necessidade e o desejo de serem duros não diminuiu muito. A enorme popularidade dos filmes de aventura e ação comprovam este fato.

O filme *Rocky, o Lutador* sintetiza a fantasia do oprimido que triunfa no ring. Rambo destrói uma nação inteira sozinho. Clint Eastwood e Charles Bronson criaram carreiras em cinema fazendo o papel do vingador solitário que triunfa sobre hordas de malfeitores. Este enorme número de filmes que enfatizam as vitórias e revanches, seja no contexto esportivo, na guerra ou nas ruas barra-pesada (tiras contra bandidos), vem da necessidade masculina de transcender o sentimento de impotência e falta de poder. Todo homem gostaria de acreditar que pode dominar a situação e que pode enfrentar os desafios e vencê-los. Em suma, os meninos não "escolhem" ser fortes, eles "precisam" ser fortes. Esta busca implacável em direção à autoconfiança ajuda os meninos a superarem os sentimentos de fraquezas e impotência. Isso os fortalece, ajuda-os a definir melhor a masculinidade e os prepara para os rigores que encontrarão pela frente.

A necessidade de vencer. Um dos melhores e mais pungentes exemplos da importância de vencer e perder para o homem é o arquétipo do teatro americano, *A Morte do Caixeiro Viajante*, escrita por Arthur Miller. Seu protagonista, Willy Loman, é um homem que toca o coração e mexe com os medos de todos os homens que viram sua dolorosa batalha. Não importa quanto sua mulher insista com os filhos que o pai "merece atenção", não importa quanto Willy tente convencer a todos que não apenas "gostem" dele mas "gostem muito", sabemos que por causa de seu fracasso como caixeiro viajante ele está condenado. Ser um perdedor na América é um destino terrível. Durante as terapias com homens, descobrimos que não importa quanto sucesso tenham, sempre são assombrados pelo fantasma do fracasso. Na verdade é nossa impressão que os homens são movidos muito mais pelo medo do fracasso do que pelo desejo do sucesso!

Desde o início da infância, a ênfase nos resultados é enorme na vida do menino. As meninas recebem uma educação conflitante em relação a resultados e ambições de carreira, mas para os meninos nunca há nenhuma dúvida sobre a absoluta necessidade de se tornar economicamente independente e, além disso, ele se transforma no provedor da família. Desde menino, o garoto sabe que passará toda sua vida adulta trabalhando e, até um certo ponto, sendo julgado pelo nível de sucesso que alcançar.

Como a América é conhecida como a terra das oportunidades, os homens que fracassam neste país acham secretamente que é culpa deles, que não tentaram o bastante. O conceito da "coisa certa", de ser valente e corajoso é tipicamente americano e é o alimento das conquistas masculinas. Conforme os meninos vão se transformando em homens, seu sentido de valor é muito determinado pelo seu progresso na escada do sucesso.

Infelizmente, um dos mais importantes indicadores de sucesso na América é o dinheiro. Para alguns homens, conseguir o suficiente para sobreviver e uma grande conquista. Para outros mais abastados, o dinheiro se torna uma medida não só de sua capacidade de prover a família, mas também de suas habilidades ou espertezas nos jogos do poder. Os homens tendem a usar os mesmos termos para descrever a busca do sucesso financeiro que usariam para descrever assuntos de guerra ou competições esportivas. Os gerentes se imaginam como generais de campo liderando suas tropas para as batalhas. Eles "bombardeiam a competição", "matam no peito", "fazem um gol" no "time adversário". Se um homem tem as habilidades necessárias para sobreviver neste mundo corporativo, ele é um "vencedor".

Vencedores e perdedores, sob a perspectiva masculina, freqüentemente também são distinguidos pelo grau em que são valentes e malandros, o que mais uma vez os liga às batalhas no mundo corporativo com a luta de adolescentes crescendo nas ruas.

Os homens pensam que as mulheres não entendem sua compulsão para a vitória e a valentia. Mesmo que os homens tenham ouvido a mensagem do feminismo e a conversa sobre o "novo macho", eles continuam acreditando que as mulheres os julgam como parceiros em potencial pelos padrões tradicionais — quanto mais sucesso o homem tiver, mais atraente ele é para a mulher. Num sentido amplo isto é verdadeiro. Uma carreira de sucesso do homem, sua renda e realizações são uma alta prioridade na escolha de muitas mulheres para seu amante e parceiro. A insistente mensagem que os meninos recebem e depois persiste nos homens é: seja um sucesso no trabalho e todo o resto vem depois.

Vendo as enormes pressões sociais que o homem sofre para ser um "vencedor", não é de se estranhar que coloquem o trabalho numa prioridade tão alta, muitas vezes às custas de relacionamentos pessoais. Como Larry, um executivo de manufaturas de 32 anos, expressa com tristeza: "Sei que meus filhos estão em primeiro lugar, apesar de ter a suspeita que isto é mais um desejo do que uma realidade. Mas sei que meu casamento vem depois de minha carreira. Gostaria que não fosse assim, mas sempre achei que os padrões são muito altos para eu parar de prestar atenção na bola."

Oferecemos estas observações não como uma sugestão para que as mulheres sejam indulgentes com seus maridos obcecados pelo trabalho à custa de suas próprias necessidades, porém mais como uma dica sobre algumas das forças subliminares que motivam o homem. Estamos convencidos de que as mulheres que são bem-sucedidas com os homens são aquelas que compreendem totalmente o poder das forças subliminares que impulsionam os homens em suas carreiras.

A necessidade de brincar. Os homens são descritos com freqüência como permanecendo, no fundo, sempre meninos, obcecados com a compra de brinquedos e demasiadamente envolvidos com todo o tipo de jogos, de times amadores de beisebol a piadas. Algumas vezes isso é dito de maneira a minimizar a questão, como se homens maduros não fizessem nada de parecido. A realidade, no entanto, é que os homens não só gostam de bancar os menininhos de vez em quando, como necessitam disso como uma espécie de contraponto para a intensidade de sua solicitação no trabalho.

Como demonstramos no caso da desmancha-prazeres, no capítulo cinco, a maior parte das mulheres não entende a vontade do homem de brincar, se divertir, ser tolo, até. Alguns homens nos contaram que suas mulheres se sentem ameaçadas pelo comportamento brincalhão, que não conseguem aceitar que um homem seja, ao mesmo tempo, forte, confiável e maduro, mas também infantil. Os homens precisam brincar, e não só com suas amantes ou companheiras — eles precisam igualmente de tempo e espaço para serem infantis com seus colegas do sexo masculino. O prêmio, para eles, é o alívio da tensão e a habilidade de dar um equilíbrio maior à vida. As mulheres que realmente entendem os homens reconhecem sua necessidade de seriedade assim como a vontade de serem jovens e bobos de quando em vez.

A necessidade de ser um herói. Por toda a vida os homens se definiram pela sua capacidade de aceitar riscos, de serem heróicos e corajosos. Em tempos modernos, estes temas são vivenciados com sofrimento em livros e filmes pela dificuldade, em nosso complexo mundo tecnológico, de encontrar tarefas ou jornadas que sejam heróicas. Mesmo assim, agir com coragem, dar aquele passo que guarda um possível fracasso ou até mesmo dano físico, é uma fantasia que a maioria dos homens sustenta secretamente.

Hoje, é um desafio para o homem encontrar um contexto heróico, uma situação que exija risco, honra ou comportamento destemido. Numa sociedade onde a maioria dos esforços são rotineiros, interdependentes e, em geral, anônimos, os atos heróicos e corajosos não estão ao alcance da maioria dos homens. Neste século, a guerra e a sexualidade foram muitas vezes os únicos aspectos onde esta masculinidade pôde ser expressa. Graças a Deus, a noção de "uma boa guerra" já está muito longe de nós. E a revolução sexual tornou a conquista sexual de mulheres uma medida obsoleta de masculinidade.

No passado, o homem definia, em parte, sua masculinidade pela sua capacidade de seduzir as mulheres. Mas quando a revolução sexual igualou as regras, os homens pararam. Assim que perceberam que as mulheres têm apetite sexual igual e, algumas vezes, até maior e que os homens tinham que se preocupar em ser bons amantes, a conquista sexual foi por água abaixo. A sensação de supremacia que tinha através da sedução deu lugar a uma consciência de que a responsabilidade e a atuação eram esperadas dele.

Enquanto isso, o movimento feminino terminou a dominação masculina no local de trabalho. As mulheres provaram que podem assumir qualquer emprego que os homens tiverem e realizá-lo tão bem ou melhor que eles. Mulheres entraram para clubes que antes eram só para homens, foram indicadas para a Suprema Corte e se tornaram candidatas à vice-presidência. Elas se tornaram participantes em todas as áreas de trabalho desde os programas espaciais até os quadros de diretores. As repórteres esportivas até mesmo invadiram os vestiários masculinos! Que campo de testes permaneceu só para homens? Como os homens podem se definir dentro dos conceitos da masculinidade tradicional?

É difícil para o homem de hoje encontrar atividades e tarefas que exijam afirmação de coragem e heroísmo. Talvez nunca se encontrem novas formas de alcançar estas afirmações, mas a maioria dos homens ainda se sente compelida a encontrar esta forma, seja de maneira consciente ou inconsciente.

Como o homem reage à compreensão e aceitação

A maioria dos homens é contaminada às vezes com o medo da inadequação. A maioria deles sabe precisamente onde estão suas fraquezas e poderia escrever uma lista de suas falhas mais gritantes. Confiança em face a estas limitações são muitas vezes difíceis de se manter, pois os homens podem ser muito críticos deles mesmos e nunca deixarão as mulheres saberem. O homem que acredita que sua parceira o aceita intimamente tem um enorme impulso, ele se sente amado e bem aos olhos dela. Todos os homens precisam sentir isto, mesmo que eles não sejam capazes de expressar esta necessidade para as mulheres.

Quando o homem vivencia o amor e a aceitação consistente, ele aos poucos se torna mais aberto. Fica menos cauteloso e resguardado, menos assustado em ser julgado asperamente ou visto como deficiente. Todos os homens têm pavor de se perceberem carentes de qualidades em alguma área importante. A aceitação permite que o homem se sinta "mais" em vez de focalizar a preocupação masculina comum de ser exposto como "menos".

Como resultado destes sentimentos positivos, os homens se sentem mais expansivos e deixam que mais partes deles sejam reveladas e conhecidas. A recompensa para a mulher que o aceita é o amor mais forte que o homem sente por ela. Tanto o homem como a mulher vivem a união mais rica como resultado da intimidade e da liberdade da expressão que sua aceitação estimula nele.

A confidente

Ken, 30 anos, administrador de um centro de artes municipal, descreve seu primeiro encontro com Marisa, 27 anos, assistente de um proeminente marchand. Eles se encontraram quando os dois foram voluntários para trabalhar num comitê para um leilão de arte de caridade. Acabaram dividindo a responsabilidade para algum aspecto do evento e se encontraram para tomar um café e discutir algumas idéias. "Em apenas 15 minutos já estávamos de acordo com nossas idéias. Ela era muito aberta e me encorajava dizendo coisas como 'que boa idéia', e também sugerindo coisas. Seu carinho, sua espontaneidade ao sorrir me fez sentir atraente e inteligente. Ela perguntou sobre mim, onde fiz faculdade e começamos a falar de nós mesmos.

"Olhando para trás, eu posso apontar exatamente o momento quando fui além deste tipo de conversa superficial entre duas pessoas no mesmo círculo de negócios para a sensação de que Marisa era alguém com quem eu queria sair. Descobrimos que tínhamos um conhecido em comum, um homem que tinha uma certa má reputação por ser mal humorado e difícil de se lidar e nunca aparecia com a mesma mulher mais de uma vez. Eu comecei a criticá-lo como um adúltero quando ela me interrompeu e disse: 'Acho que ele ainda está sofrendo uma mágoa de alguns anos atrás.' Ela me contou que ele fora noivo de uma mulher que o deixou por outra pessoa. Ela descreveu algumas situações onde este cara se esforçou para ajudar pessoas e fez um quadro muito mais simpático dele. Ela falou com tanta compreensão e compaixão, vendo o lado bom em alguém que a maioria das pessoas criticava sem saber. E começou a falar como os relacionamentos são difíceis para homens e mulheres hoje em dia. Eu me percebi contando para ela sobre meu último relacionamento e o que aprendi com ele. Falamos até quase meia-noite. Quando a levei até seu carro, convidei-a para jantar na noite seguinte. Ao dirigir para casa percebi que esta era uma mulher com quem eu queria estar. Ela era amistosa, aberta e um tipo de pessoa que realmente me faz querer me abrir. Tenho a impressão que vamos nos encontrar muitas vezes."

Acionando a química. Freqüentemente, os homens e as mulheres não percebem como formam uma impressão rápida. O caso de Ken ilustra o quanto rapidamente um homem pode perceber a possibilidade de uma mulher se tornar uma confidente. Nós acreditamos de forma errada que a atração é sempre o catalizador inicial para que a química comece a funcionar. Mas perceber o que realmente precisamos e responder a isso pode ser a fagulha que atrai um homem e uma mulher para perto um do outro. Ken sentiu a capacidade de aceitação em Marisa que obviamente era muito importante para ele.

Molly também é uma mulher que se tornou uma confidente. Era o primeiro aniversário de casamento de Molly e Ben. Depois do último dos muitos brindes dos amigos ao casamento deles, Molly ficou abraçada com seus melhores amigos, Andrea e Brad, e os três inspecionaram a festa, a casa e Ben. "Eu tenho que agradecer a vocês dois por isso", disse Molly, sorrindo. "Ei, nós demos o conselho", respondeu Brad, "mas foi você quem o colocou em ação."

Foi há pouco mais de um ano e meio antes disso que Molly chegou a um ponto quase suicida em sua vida. Três semanas num caso apaixonante e intenso com Stan, o dono de um restaurante, e ele parou de ligar e não respondeu mais a nenhum dos recados que ela deixou para ele.

Molly se sentiu humilhada, rejeitada, furiosa e, acima de tudo, impotente. Impotente porque quando se lembrava do frustrante relacionamento de três semanas ou o de dois meses que teve ao longo dos anos, este caso mais recente e a abrupta rejeição que ela sentiu parecia uma melancólica repetição de todos os outros que ela teve — romance, excitação, paixão e depois o desaparecimento do homem.

Ao parar na casa de seus amigos a caminho do trabalho, Molly se percebeu chorando e, pela primeira vez em sua vida, realmente pedindo ajuda. A resposta que teve naquela noite tanto de Brad quanto de Andrea foi honesta e até brutal. Brad disse: "Todas as vezes que lhe apresentamos a um rapaz simpático e bom que quer uma família você liga no dia seguinte dizendo: 'Ele é simpático mas chato', ou 'Ele não era sexy', ou 'Ele não era bastante excitante'." "Quando você nos conta sobre seus encontros", disse Andrea, "tudo sobre o que você fala é como eles são bem-sucedidos, a que restaurante maravilhoso ele levou você, como ele é fantástico na cama — nada sobre apenas se sentir confortável com ele, ser pessoa de carne e osso." "E quando saímos com você e um destes caras, você age de forma diferente do que quando está só conosco", disse Brad. "Você assume esta personalidade de flerte, de sedução e de quem está representando, realmente mostrando sua sexualidade. Esta coisa pode ser atraente para homens por um período curto, mas num tempo maior ele quer alguém com quem possa **falar honestamente.**"

Molly não se modificou da noite para o dia, assim como seu comportamento autodestruidor com os homens não se formou da noite para o dia. Mesmo que Molly fosse uma profissional agressiva e eficiente em sua carreira e uma pessoa genuína com seus amigos e amigas, quando se chegava ao amante, ela agia como a sedutora, comportamento romântico que ela internalizou profundamente de sua mãe durante sua infância. Após sua crise, ela percebeu que tinha aprendido a ser uma amiga assim como uma amante.

Depois de alguns encontros de uma noite só com homens que não lhe interessaram muito, encontrou Ben num campeonato de voleibol. Ele era exatamente o tipo de homem que a atraía antes: dinâmico, sexy, e bem-sucedido. Teve uma resposta poderosa e imediata por ele, mas na primeira conversa que tiveram, e nos outros primeiros encontros casuais, ela se forçou, de acordo com sua determinação, a se portar de forma diferente com os homens, a falar com ele de forma direta e natural em vez de usar a linguagem sexy de corpo que aplicara no passado.

Ela se sentiu muito bem com seu novo comportamento e foi com calma em sua nova relação, mas apesar de ter tentado não fazer isso, se percebeu pensando e fantasiando sobre ele de forma quase obsessiva. E desde a noite que se tornaram amantes, Molly caiu em seu velho padrão de comportamento. Ela se tornou feminina à moda antiga, às vezes até infantil, estilo Scarlet O'Hara e Rhett Butler.

A resposta de Ben a surpreendeu. Pouco depois de terem se tornado amantes, ele deu um corte nela no meio de uma sedução, brincando enquanto descansavam na cama depois de terem feito amor. "Talvez devêssemos voltar a ser amigos, apenas amigos, Molly", disse Ben com irritação em sua voz. "Estamos entrando num tipo de comportamento que sinceramente não me atrai mais."

A reação imediata de Molly foi ficar vermelha de vergonha e magoada. Sentia que ele a estava rejeitando como todos os outros fizeram antes. Estava pronta a pular fora da cama e ir para casa, mas Ben a pegou em seus braços e a segurou bem perto. "Vamos conversar."

Na longa conversa que se seguiu ele contou a ela que teve muitas paixões românticas e casos sexuais intensos mas que estava cansado disso. Disse que sentia uma constante pressão em sua carreira para estar sempre estimulado, para ser dinâmico e autoconfiante e que, neste ponto, a última coisa que ele queria era uma relação onde se sentisse pressionado a ser romântico e excitante o tempo todo. "O que me atraiu em você desde a nossa primeira conversa no torneio de vôlei foi que eu me sentia relaxado e era eu mesmo com você", disse Ben.

Foi preciso um grande ajustamento psicológico para Molly abandonar os anseios emocionais enraizados em seu comportamento e que sempre equacionaram o papel do amante com o de um salvador, príncipe e ideal romântico. Mas acabou conseguindo, com o apoio e estímulo de Ben. Ben encontrou em Molly uma mulher em quem podia confiar, uma mulher que o atraía cada vez mais para perto dela. Ela encontrou em Ben e na maneira totalmente diferente de se relacionar com ele um amor profundo e duradouro além de um confidente e um amigo que a estimula.

Sendo real com um homem. Ainda existem milhares de mulheres que acham que um comportamento "coquete" vai conquistar um homem. Agir dessa forma pode chamar sua atenção ou estimular sua curiosidade mas é pouco provável que desenvolva um relacionamento significativo. Os homens se cansam de jogos muito mais rápido do que a maioria das mulheres percebem. Homens como Ben estão basicamente procurando alguma coisa mais sincera com uma mulher. Já jogaram estes jogos.

Como dissemos com freqüência neste livro, quebrar padrões enraizados é difícil. Requer que se abandone o que é conhecido e certo e que se tente o desconhecido e que pode não funcionar. Mesmo assim, o ato de tentar mudar já vale a pena. Obviamente todos os homens podem ficar perturbados no início, mas no final eles querem uma confidente, alguém com quem possam ser eles mesmos sem a pressão de estar se apresentando para uma performance.

A que tudo aceita

Parecia que a cada duas semanas Janie tinha um homem novo sobre quem falar quando vinha para a terapia semanal. Aos 33 anos, ela dirigia sua própria firma de decoração de interiores para lojas de roupas e restaurantes. Ela é excepcionalmente criativa e inteligente e é perspicaz tanto sobre ela mesma quanto sobre as outras pessoas. Neste campo extremamente competitivo, foram as habilidades sociais de Janie, sua capacidade de se vender e sua marca registrada de idéias fora do comum que lhe conferiram muito sucesso.

As habilidades sociais de Janie e sua percepção não evaporaram em seus relacionamentos com homens. Ela demonstrou um bom entendimento das motivações nas carreiras dos homens e sua necessidade de serem entendidos. Com seu fantástico senso de humor e com sua capacidade de fazer o homem se sentir à vontade, Janie não tinha dificuldades em atrair os homens. Cada vez que se encontrava com um homem diferente, falava com entusiasmo sobre as realizações dele e como se divertiram naquele encontro. Ela parecia sinceramente esperançosa. "Quem sabe, talvez este dê certo."

Mas, invariavelmente, em algumas semanas, ela dizia que encontrou uma pessoa nova. "O último acabou mostrando que era um chato", ou "inseguro" ou "excêntrico", ou "Acho que ele se interessou por outra, afinal de contas não deu o clic entre nós." Apesar de Janie ter dito que queria um relacionamento permanente com alguém quando começou a terapia, começava a parecer que ou ela não estava interessada em manter um relacionamento — ainda queria rodar um pouco — ou era uma perfeccionista que estava rejeitando um homem após o outro como não sendo bastante bom para ela. Apenas depois de vários meses de intenso exame de seu comportamento com homens que este padrão autodestruidor emergiu.

Apesar do interesse declarado em ter um relacionamento duradouro, Janie provou ser profundamente cínica sobre os homens e o amor. Ela atraía o homem para ela, mas parava num certo ponto, temerosa de ser magoada ou rejeitada. Enquanto na superfície seu comportamento era caloroso e compreensivo, seu senso de humor ficava sarcástico e irônico. Confuso com estas mensagens diferentes, o homem se afastava dela. O efeito final que ela causava nos homens era intimidação. Eles não podiam confiar na afeição que ela dizia ter por eles.

A hostilidade de Janie era tão bem disfarçada que nem ela a reconhecia conscientemente. Se formou de uma mistura de raiva não resolvida contra seus pais e ressentimento contra os homens por dominarem o poder no mundo dos negócios.

A mãe de Janie era uma idealista romântica cujo desejo de fazer a vida familiar feliz e carinhosa foi aos poucos sabotado por seu marido que se tornou amargo e sarcástico como resultado de repetidos fracassos nos negócios. Com comportamento de menino desde criança, Janie estava determinada, desde sua adolescência, a se tornar uma mulher de negócios destemida e sabida e sempre lutou contra suas inclinações românticas. Não queria se tornar uma réplica de sua mãe, desapontada e vitimizada.

Acabou percebendo que seu irônico senso de humor, seu cinismo e sarcasmo eram seus meios para reprimir seu romantismo e sua carência. Na verdade, sua vivacidade era usada como um escudo para manter os homens a uma certa distância.

Agora está envolvida em um namoro saudável com Luke, um ilustrador que é perceptivo, inteligente e criativo como ela. Não está aceitando menos que um parceiro do mesmo nível dela com Luke. Janie é igualmente engraçada e esperta com Luke como sempre foi com todos os homens. Mas hoje, muito do cinismo e do sarcasmo estão ausentes.

Como ela quebrou o velho padrão de comportamento neste novo namoro? Ela explica: "Tentando ter em mente desde o princípio que isso não era uma questão de ver quem fala mais alto, colocando-o por baixo, que não era uma questão de vencer ou perder como se fosse uma guerra contra os homens, mas que todos iríamos perder a não ser que eu fosse gentil, compreensiva e o aceitasse da mesma forma que queria que ele fizesse comigo — a Regra do Ouro, Faça aos outros... Tinha que aceitar suas carências e revelar as minhas para ele, deixá-lo entrar, não que isso seja tão fácil de se fazer assim."

"Eu valorizo os *insights* que ela tem de mim e de nós enquanto casal", diz Luke. "Ela conhece os homens e me conhece. Sabe exatamente quem sou e quem não sou, mas me ama assim mesmo. Antes, sempre achei que as mulheres ou estavam me idealizando para que pudessem ser românticas ou não havia romantismo algum. Agora temos um pouco dos dois e aceitamos um ao outro pelo que somos."

Ser falante mas sem o ferrão. Humor e percepção podem ser usados como forma de defesa, para manter alguém afastado e na defensiva. De forma mais positiva, pode ser usado para comunicar compreensão e carinho. Janie aprendeu a usar sua esperteza e *insight* de uma maneira sensível. Homens como Luke respondem às mulheres que falam a verdade, mulheres que não têm medo de serem desafiantes e falantes.

A maioria dos homens gosta sinceramente da mulher que é direta e sem censura em sua comunicação, desde que não traga com isso uma farpa de julgamento. Isso também é verdade mesmo quando ela está comentando algum aspecto negativo de seu comportamento, se as críticas forem construtivas e não apenas puras acusações do que ele é. Na verdade, os homens ficam muito intrigados com as mulheres que são perceptivas em relação a eles, principalmente das que não têm medo de colocar suas observações dentro do relacionamento de forma direta e bem humorada. A maioria dos homens não gosta de dar fora com as mulheres, mas quando elas o "pegam" com alguma coisa de seu comportamento e falam de forma certa mas sem julgamentos, eles gostam disso. Esta satisfação vem da sensação de ser conhecido e aceito pela mulher.

Reconhecendo a necessidade do homem de ser aceito

É comum os homens sinalizarem seu desejo por aceitação e compreensão. Eles podem se sentir envergonhados em expressar este desejo profundo e ubíquo em palavras porque acham que homem não faz isso. Alguns indicadores são, por exemplo, o comentário que o homem fizer sobre casais que têm conversas "reveladoras", ou pode mencionar, com inveja, homens cujas esposas "os entendem". Ele pode fazer confidências com seu irmão, sua irmã ou sua mãe. Ele pode procurar uma amiga mulher com quem conversar ou até mesmo algum amigo íntimo de vocês. Estes são indicadores da necessidade de uma compreensão mais completa que não está encontrando em você. A verdade é que ele preferiria estar partilhando suas confidências com a mulher a quem ama mas não se sente capaz de fazer isso.

Quando nos expomos e não somos compreendidos, somos sutilmente depreciados ou não levados a sério, pode ser devastador. É para se proteger desta mágoa que os homens deixam de ser diretos e se voltam para outros. Quais são estes medos, desejos e sentimentos que o homem quer ser capaz de revelar a você? Como já falamos, talvez o assunto mais crucial que o homem precise discutir é trabalho. Mesmo que isso lhe pareça repetitivo, os homens tentam resolver estes problemas do trabalho falando sobre eles — muitas vezes até cansar e sem parar. Eles precisam ser capazes de falar de seus sonhos e metas assim como de seus conflitos e frustrações. Precisam sentir que podem revelar suas dúvidas internas e as inseguranças tanto quanto precisam partilhar seus triunfos.

Em algum momento na vida do homem, ele precisa discutir "para que tudo isso", tem necessidade de revelar sua impotência e sensação de esgotamento e de frustração que vem junto com o não saber o que fazer. A maioria dos homens, em algum momento, sente uma profunda perda de interesse em seu trabalho, o que os enche de ansiedade e culpa. Podem ter desejos e fantasias sobre outras coisas que gostariam de tentar. Podem ter ansiedades sobre envelhecer e sobre o declínio físico, sentimentos de ter perdido tempo, não tendo alcançado o que se esperava. Estas preocupações afetam todos os homens.

Outra área que o homem pode querer discutir, mas que em geral não sabe como, é a sexualidade. Os homens, assim como as mulheres, podem ter dúvidas sobre a qualidade do seu fazer amor e o nível geral de satisfação mútua.

Outro assunto que raramente é abordado por homens é amizade. Infelizmente, a maioria dos homens tem poucos amigos do mesmo sexo. Conhecidos, sim. Amigos, não. Os homens têm mais dificuldade do que a mulher de fazer amigos depois de adultos porque se sentem menos confortáveis com suas emoções. Eles sempre vivenciam alguma tristeza quando pensam nos amigos que gostariam de ter, mas não se sentem à vontade em revelar isso, como se não devessem precisar de amigos ou como se devessem ser mais auto-suficientes.

A maioria dos homens tem fortes necessidades por companheirismo e igualdade. Eles gostariam de parar de andar por aí em suas armaduras de ferro e de se sentirem pressionados para ser o príncipe. A companheira mulher é uma alma irmã, uma companhia e uma aliada através das inevitáveis lutas e mágoas da vida. Todo o homem anseia por um amor constante e aceitação, a amiga carinhosa e passional que o ama e acredita em seu valor apesar dos erros que cometa ou dos fracassos que sofrer.

Criando confiança

Como encorajar a confiança do homem? Não é um tipo de coisa que existe ou não? Existe mesmo alguma maneira de fazer um homem se sentir mais livre e se abrir com você sobre os sentimentos dele? Sim, você pode ajudar um homem a ficar mais expressivo e aberto se assim o quiser. A chave é um lento desenvolvimento de confiança.

Para todos nós, homens e mulheres, o pré-requisito para sentir confiança é sentirmos e acreditarmos que somos amados apesar de nossas falhas, peculiaridades e limitações. No final, o desejo do homem é que sua ligação não seja com uma fantasia idealizada dele mas com o que ele é de verdade.

Aprender a abandonar as noções idealistas sobre o homem é um desafio para muitas mulheres. Algumas mulheres têm medo de que, se abandonarem estas noções, elas vão vivenciar a perda. Teriam "cedido" de alguma forma. Na verdade, isso funciona exatamente da forma oposta. Libertar um homem de padrões altos demais e impossíveis permite que ele se torne mais ele mesmo. Não precisará esconder suas características doces nem seus defeitos, seus medos nem seus sonhos, sua fraqueza nem sua força. Ele traz para o relacionamento uma personalidade mais íntegra e totalmente ele mesmo, oferecendo uma experiência mais rica para ambos os parceiros.

Existem algumas coisas específicas que uma mulher pode fazer para encorajar isso se assim o quiser, mas lembre-se que o aumento da confiança acontece com o tempo, não procure resultados instantâneos.

Comunique sua vontade de saber mais sobre o que ele pensa ou o que ele sente. Seja perceptiva, o que significa ter atitudes receptivas e convidativas. Não quer dizer que é tarefa sua estar sempre disponível ou vigiando-o o tempo todo. Uma atitude perceptiva não pode ser expressada em palavras, mas elas sempre são o primeiro passo. Deixe ele saber que pode confiar em você, que você está interessada em ouvir mais sobre ele, o que ele pensa e o que sente mas que geralmente não fala sobre isso. Arrumar tempo para falar quando não se está pressionado, quando há relaxamento e não serão interrompidos pode ajudar. Expresse seu interesse nos planos de vida dele, seus sonhos para o futuro e que obstáculos ele acha que precisa ultrapassar. Deixe ele saber que você entende que existem muitas coisas que ele nunca disse, assuntos que nunca discutiram um com o outro sobre os quais você está interessada em ouvir, falar e conhecer mais completamente.

Se sentir compreendido é se sentir amado. Aceitação e encorajamento são a base de todos os relacionamentos completos.

Capítulo 9

CONFIANDO QUE UM HOMEM PODE AMAR SUA FORÇA

Muitas mulheres não percebem que um número crescente de homens de hoje procuram uma mulher não apenas para apoio emocional mas também para inspiração. Sempre que falamos às mulheres que os homens se sentem atraídos por mulheres fortes, elas nos olham com ceticismo. O mito de que as mulheres fortes intimidam os homens e causam hostilidade ainda vive. Mas a verdade é que os homens sempre se pasmaram com as mulheres fortes e nutrem a fantasia da "mãezona".

A expressão, "Atrás de um homem bem-sucedido há sempre uma grande mulher" é em geral bastante verdadeira. A história está cheia de histórias de mulheres que eram a força motriz atrás de seus maridos, a "força atrás dos tronos". Nesta época e agora, este tipo de mulher age como uma conselheira, uma confidente e usa sua percepção para ajudá-lo a evitar comportamentos e ilusões autodestruidoras.

Em nossa prática psicoterápica, quando trabalhamos com um homem que está em conflito com algum dilema de carreira, sempre perguntamos:

— O que sua mulher ou namorada acha deste problema? Como ela se sente em relação a seu chefe ou sócio? Como ela vê esta nova tacada emocionante mas arriscada que você está considerando?

Perguntamos porque sabemos que em geral elas têm maior percepção da força e falhas do homem do que ele tem.

A união entre um homem e uma mulher que o impulsiona e inspira é, segundo nossa crença, a mais poderosa e duradoura de todas as uniões. Esta mulher prende um homem, o conforta e o fascina ao mesmo tempo.

A nova mulher e os homens

Hoje, mais de uma década depois do início do movimento feminista, uma nova mulher surgiu — forte e bem-sucedida, ela deixou sua marca no mundo do comércio.

Durante a maior parte dos anos 70, conforme a mulher lutava por igualdade, os homens secretamente se sentiam ressentidos da ameaça de uma nova mulher. De forma ingênua, eles acharam que seus domínios exclusivos foram invadidos. Acharam que não tinham uma posição única e valorizada aos olhos da mulher que amavam. Então, no ano de 1980 veio a grande recessão, a queda econômica mais severa que este país viveu deste a Grande Depressão em 1929. Seu impacto no homem foi profundo. Pela primeira vez eles falaram abertamente sobre suas ansiedades com as finanças e o medo do fracasso. Muitos destes homens viram a necessidade óbvia de suas esposas entrarem no mercado de trabalho para que a família tivesse duas fontes de renda. Os homens mais novos, ainda não casados, perceberam que viam as mulheres sob uma ótica nova. Em vez de se sentirem ameaçados pela nova mulher profissional, começaram a vê-la como uma sócia, uma co-provedora partilhando a carga de sustentar a família.

Os homens começaram também a ver as mulheres não apenas como parceiras financeiras mas como parceiras psicológicas. O mundo dos negócios não era mais misterioso e fora dos limites para a mulher. As mulheres estavam lá também, com os mesmos sonhos, os mesmos sucessos e as mesmas frustrações. As mulheres sabiam tudo sobre o jogo. E os homens sabiam que elas sabiam.

Agora, uma nova fase está começando, uma com um grande potencial. Mulheres fortes e bem-sucedidas são, em muitos aspectos, superiores aos homens no que diz respeito a conhecimento, capacidade financeira e sabedoria em relação às diversas formas em que funciona o mundo. Claro que muito disso era verdade também no passado, mas agora as mulheres não acham mais que precisem manter sua força escondida do homem.

Os homens também estão começando a reconhecer os poderes intuitivos da mulher e seu valor no campo profissional. Enquanto o homem tende a ser exageradamente racional e lógico, as mulheres em geral são mais capazes de conciliar pensamento racional com intuição e sensibilidade na linguagem do corpo das pessoas e nas entrelinhas do que elas dizem. Esta é uma combinação única e pode servir como um poderoso suplemento para a maneira mais dicotômica do homem pensar — certo X errado, bom X mau.

Muitas mulheres hoje se sentem muito confortáveis em usar tanto a inteligência quanto a intuição para criar, resolver problemas, fazer negociações e lidar com empregados. E estão expressando esta forma feminina única de fazer negócios de uma maneira direta em vez de seguir o velho modelo de sucesso para as mulheres que ela: "Se você quiser ser bem-sucedida no mundo dos homens você tem que assimilar este mundo, tem que se vestir como um homem, pensar como um homem, falar como um homem e agir como um homem."

Muitas mulheres descobriram que não se sentiam bem imitando o modelo masculino, que os homens não gostavam de ver as mulheres agindo como caricaturas suas e, o mais importante, a sua performance não era boa.

Nossa observação se aplica não apenas à mulher de carreira mas também às donas de casa e mães de tempo integral. Independente do caminho que tenham escolhido, as donas-de-casa podem ser tão liberadas psicologicamente quanto as mulheres que seguem uma carreira. Elas estão atentas, são esclarecidas e não têm medo de expressar sua força. Estas mulheres também estão sendo vistas pelos homens sob uma nova luz dramaticamente favorável.

Há dez ou cinco anos atrás não estaríamos tão confiantes sobre estas observações como estamos agora. Porque a nova mulher que está surgindo está aprendendo a balancear sua expressão de força direta e sem censura com a competência e capacidade de ser doce e interessada, os homens estão, finalmente, confiando nas mulheres para viver papéis cada vez mais poderosos em suas vidas.

Existem milhares de homens que admiram e gostam da nova mulher. Ela pode ser indispensável na vida de um homem. Ela influencia não apenas sua vida pessoal mas também sua carreira.

Os homens são receptivos

Se você dissesse a um homem que acaba de conhecer que você poderia ajudá-lo a se tornar o homem que ele espera ser com a ajuda de sua inspiração, seria muito provável que ele respondesse com ceticismo. A maioria dos homens foi condicionada a acreditar que eles precisam ter o controle em um relacionamento no que diz respeito a poder e dinheiro. Os homens receberam esta mensagem não apenas pela nossa cultura em geral, mas também, de forma mais específica, pelas expectativas femininas. Os homens não são cegos às fantasias femininas do príncipe e eles sabem que algumas mulheres querem ser a princesa e não a rainha.

No passado, os homens que tinham esposas fortes eram muitas vezes ridicularizados por outros homens assim como pelas mulheres. Estes homens eram vistos como "frangotes" ou, pior ainda, "castrados". O comentário depreciativo clássico sobre este tipo de homem era: "Você sabe quem usa calças naquela família!"

Apesar desta atitude estar se modificando, estas apreensões profundamente enraizadas não são facilmente abandonadas, mesmo pelos homens chamados "liberados". Este é o motivo pelo qual o fenômeno de amar a mulher forte, até mesmo inspiradora e motivadora, ainda não é discutido com muita facilidade. Os homens que são atraídos por estas mulheres ficam relutantes em anunciar seus desejos e atração.

Para poder entender as preocupações dos homens nesta área, tenha em mente como é difícil para uma mulher abandonar as fantasias românticas do homem perfeito. A fantasia pode ser facilmente abandonada, num nível intelectual, pela mulher de hoje, mas o abandono emocional e psicológico da noção do homem perfeito ainda é difícil. Da mesma forma, é difícil para o homem abandonar suas noções estereotipadas sobre o comportamento "masculino" apropriado em relação às mulheres. Com isto em mente, é fácil ver porque, quando o homem encontra uma mulher que possui o dinamismo, a visão e a inteligência para funcionar como um guia e uma mentora em sua vida, é difícil para ele "se render" a ela. E esta é a palavra certa para se usar — "render" — porque isso é exatamente o que significa para um homem o deixar a mulher liderar.

Todos tivemos uma experiência de nos sentirmos defensivos e resguardados quando damos a alguém o poder de gostar de nós ou nos aprovar. É assustador e nos deixa ansiosos. Mas quando deixamos alguém fazer isso, mesmo que esta pessoa venha a nos ensinar alguma coisa que pode nos fazer sentir bobos no início ou nos criticar, nos sentimos aliviados. É exatamente com o que o homem luta quando permite uma mulher assumir a posição de grande autoridade e liderança.

Os homens que aprendem isso — e definitivamente eles estão crescendo em número — notam um ganho óbvio. Sentem que não estão sós. Não apenas eles têm uma mulher que é compreensiva, que o aceita e é companheira, mas também têm uma verdadeira sócia. Eles sentem uma incrível sensação de alívio porque há uma sensação de alívio por se ter alguém com quem se pode partilhar cargas, sonhos, ansiedades e esperanças. Eles se sentem mais fortes, mais completos e maiores.

Há um paradoxo interessante aqui. Mesmo que os homens tenham uma resistência profundamente enraizada em ceder o poder e a autoridade para a mulher, é muito mais fácil para ele aceitar a liderança de uma mulher do que a de outro homem, já que existe uma sensação de conforto e confiança. Uma atitude de aceitação por parte da mulher permite que as preocupações mais vulneráveis do homem aflorem. Com outro homem, a não ser que ele seja um amigo muito íntimo, esta intimidade é bloqueada pela competição ou pelo medo de ser menosprezado. Os homens que têm este tipo de relacionamento com uma mulher sentem que ela os conhece de uma maneira que ninguém mais conhece. E em geral estão certos.

A sócia

Kelly e Matt estão comemorando o primeiro mês que sua estação de rádio deu lucro. Eles adquiriram a estação de FM da região da montanha apenas há oito meses atrás. Naquele tempo, estava afundada no vermelho por causa da péssima direção. Kelly e Matt mudaram para música *country* e têm ganho cada vez mais ouvintes e anunciantes.

Kelly, 36 anos, começou sua carreira em noticiário de rádio e acabou se tornando uma conhecida repórter de televisão numa cidade grande. Ela foi demitida de repente depois que a estação de TV mudou de dono, há dois anos. Matt, 34 anos, era gerente de vendas da mesma estação. Casaram-se alguns meses depois que se conheceram. "As mulheres que são famosas por alguma razão têm muita atenção por parte dos homens, mas a maioria deles não têm as melhores intenções", diz Kelly. "Eles querem ser vistos com você ou poder dizer que foram para a cama com a mulher do noticiário do Canal 9. Matt e eu tivemos um bom entendimento desde o início. Estar no mesmo negócio nos deu uma grande vantagem."

Sempre falaram à respeito de sair da guerra de foice urbana e se mudar para o campo, assim participaram de diversas convenções de estações de TV e rádio para procurarem as boas e as más estações. Quando Kelly foi demitida, eles decidiram realizar o sonho.

Kelly e Matt agora trabalham literalmente lado a lado nos pequenos escritórios da estação de rádio. Eles se alternam como disc-jockeys e atuam como entrevistadores nos programas de entrevistas aos domingos e nos programas sobre assuntos públicos. Matt controla a força de venda de três pessoas, sendo Kelly a mais devotada de suas vendedoras. Kelly diz com um sorriso: "Puxa, como eu confio nele para dicas de como vender." "Claro que como todos os casais que têm um negócio juntos", diz Matt, "estamos preocupados se não será muita pressão para nosso casamento. Mas até hoje, estamos indo maravilhosamente bem. Estamos aqui nestas montanhas lindas, vencendo financeiramente e cuidando de tudo quase como uma operação doméstica." "Eu não poderia estar mais feliz, tendo alguém que me ama como meu sócio num negócio", explica Matt. "Somos sócios noite e dia. Isto está nos aproximando cada vez mais, descobrindo juntos o que funciona e o que não funciona na estação de rádio. Conforme caminhamos, estamos aprendendo como aconselhar um ao outro, como equilibrar nossas fraquezas e forças e como formar uma boa equipe. O entusiasmo de Kelly realmente me inspira. Quando estou ficando tenso, ela percebe, me dá um abraço e falamos sobre o problema até que termine." "Um conselho que dou para casais que estão pensando em entrar num negócio juntos é fazer um trato em não discutir trabalho quando chegam em casa à noite" — diz Kelly. "Matt e eu estávamos ficando esgotados depois dos primeiros meses, começando a ficar implicantes um com o outro. Agora, tentamos relaxar em casa e tirar a rádio de nossas mentes. Se nosso tempo livre não nos reabastecer e nosso casamento se acabar, esta vida maravilhosa que estamos tendo será destruída."

O apoio mútuo. A sociedade e mutualidade que existe entre Kelly e Matt ampliou sua visão no que diz respeito às recompensas do relacionamento. O casamento deles ilustra como a eliminação dos papéis sexuais com suas diferenças e desigualdades pode levar a uma união mais vibrante e mais profunda em vez de uma igualdade sem cor.

O casamento deles representa um novo tipo de equipe marital que parece estar prevalecendo hoje em dia. Seja uma estação de rádio pequena ou uma grande barraca de hambúrgueres, os pontos fundamentais são os mesmos. Nesta era empresarial, milhares de homens e mulheres querem misturar um relacionamento amoroso com uma sociedade profissional. Eles acreditam que a relação mais emocionante e excitante é aquela onde a proximidade — em casa e no trabalho — aprimora o amor.

A realizada

Tracy, 28 anos, é uma mulher que parece viver em velocidade dobrada. Vibrante e entusiasmada, ela está em agitação constante. Tracy cresceu no meio do distrito da indústria de roupas de Nova York. Sua mãe era uma costureira numa fábrica e seu pai, que fugira da Polônia durante a guerra, ganhava pouco como vendedor de roupa.

Tracy começou a trabalhar na indústria da moda enquanto ainda estava na escola, criando cópias baratas dos modelos dos costureiros famosos. Quando tinha 24 anos, seus desenhos próprios conseguiram um investidor que os bancassem. Ela lançou, numa escala pequena, sua própria linha de roupas de trabalho para mulheres por preços moderados. Hoje sua firma emprega 25 pessoas e sua equipe de vendas conseguiu diversas contas com cadeias de lojas de departamentos.

"Eu admito que tive inveja do sucesso de Tracy e de sua força motivadora por muito tempo" confessa Gordon, 25 anos, seu namorado há três anos. "Eu dava umas espetadas nela por ser obcecada em fazer dinheiro e a interrompia quando ela começava a contar sobre o último negócio que tinha fechado. Eu até lhe dei muita chateação sobre a ambição mal direcionada da "nova mulher de carreira" para quem sua roupa é projetada. Demorou muito tempo para que eu aceitasse o fato de que na verdade estava com ciúmes da incrível facilidade com que ela lidava com o mundo dos negócios."

Até poucos anos atrás, Tracy se sentia insegura de sua inteligência porque nunca fora à faculdade. Com o tempo, ela ultrapassou sua insegurança e medo das pessoas aprendendo como falar e trabalhar com todos os tipos de homens e mulheres que encontrou no mundo dos negócios. Aprendeu que a auto-estima vem de ações e façanhas e desenvolveu um estilo positivo, entusiasmado e direto de fazer negócios que, junto com suas roupas bem-feitas e de estilo provaram ser uma excelente fórmula para o sucesso.

Tracy conheceu Gordon quando ele subiu para reclamar que o som de sua casa estava muito alto — ele era seu vizinho de baixo. Ela o convidou para uma xícara de chá e percebendo que este estava mal-humorado, perguntou o que mais, além de sua música alta, estava errado. O que estava errado, disse ele com um suspiro de frustração, é que ele estava chateado com o trabalho.

Nos meses seguintes, eles se convidaram para jantar algumas vezes e sua amizade, aos poucos, floresceu num romance, apesar de Gordon ter momentos de desconforto. "Aí está você, chefe de sua própria firma", dizia Gordon com um pouco de tristeza, "e eu ainda tentando descobrir o que quero fazer de minha vida."

Gordon era inteligente e suas idéias em seu trabalho de assistente de marketing numa agência de publicidade eram criativas, mas faltava a ele habilidade social, uma personalidade mais agressiva e perceptividade sobre as pessoas que fazem o tipo de equipe que prevalece num tipo de trabalho colaborativo como o marketing. Nas reuniões, quando ele ficava frustrado tentando explicar suas idéias, era comum ficar na defensiva, o que invariavelmente acabava por ser autodestruidor. Ele sentia uma grande distância entre ele e seus colegas de trabalho, mas não sabia como reverter o processo.

Pouco depois que encontrou Tracy, começou a fazer cursos noturnos sobre negócios. Tracy conta: "Eu sabia que ele estava tentando se descobrir e por mim tudo bem. Meu trabalho é muito restrito e eu adorava ouvi-lo contar sobre todos os cursos interessantes que ele estava fazendo. Ele me mostrava seus livros e me levava para palestras na universidade. Para mim era como ter um pouco da experiência universitária que eu perdi."

O relacionamento de Tracy com Gordon poderia ter sido prejudicado por ciúmes e competição. Em vez disso, Tracy percebeu que Gordon estava secretamente enciumado de seu sucesso nos negócios e decidiu que ela era bastante confiante no que estava fazendo e nela mesma para não se deixar levar por suas espetadelas ocasionais. "Se eu tivesse achado que sua frustração era comigo, poderíamos ter brigado o tempo todo e terminado. Eu não dei a ele nenhum conselho porque ele não pediu, não até bem mais tarde." Nem Tracy diminuiu seu entusiasmo por seu trabalho apenas porque Gordon estava frustrado com sua carreira. "Acho que somos duas pessoas diferentes e ambos precisamos respeitar a aceitar um ao outro pelo que somos. Eu estabeleci este modelo desde o início e mais do que qualquer outra coisa, é isso que nos mantêm juntos."

Com o tempo, estando perto de Tracy, Gordon começou a polir suas próprias habilidades interpessoais. Ele começou a perguntar a ela como deveria lidar com uma negociação difícil ou com um empregado complicado. A energia de Tracy e sua crença no trabalho eram contagiosas. Seu amor por ele, o exemplo que dava como uma mulher de negócios não pretensiosa e direta e seus conselhos objetivos de como lidar de forma adequada com as políticas de escritório ajudaram a animar sua confiança. Gordon renovou seu compromisso com seu trabalho, foi promovido e, o mais importante, está gostando do que faz. "Tracy foi uma verdadeira inspiração para mim, quando penso em tudo que aconteceu", diz ele. "Ela me deu um exemplo de como fazer parte do jogo e ainda ser você mesmo. Sem que eu percebesse isso, ela foi um tipo de mentor para mim. E esta é a chave de tudo — ela nunca me pressionou nem me criticou."

Rompendo padrões antigos. Por partilhar sua experiência, sensatez e entusiasmo, Tracy foi uma inspiração verdadeira e apaixonada para Gordon. Ele vivenciou uma coisa inesperada com uma mulher — descobriu que podia abandonar a necessidade de ser o que tem todas as respostas e, no processo, ficar mais forte e mais eficiente.

Existem muitas mulheres inteligentes e bem-sucedidas hoje que muitas vezes relutam em utilizar totalmente sua capacidade de encorajar e até mesmo liderar. Tracy foi uma mentora para Gordon e ele aprendeu a realmente amá-la por isso. Se você estiver numa relação como esta, não fique com vergonha de dizer o que está certo para você. É perfeitamente aceitável quebrar os padrões e romper com as expectativas de velhos comportamentos. Os homens não têm sempre que ser os líderes.

A conselheira

Angelo e Diane se encontraram há três anos atrás num evento de caridade patrocinado por uma organização de solteiros. Diane, 31 anos, é uma executiva de contabilidade numa agência de publicidade. Angelo, 30 anos, é sócio de uma agência de empregos para executivos. Eles estão planejando se casar no ano seguinte. Que eles estejam juntos ainda é "nada menos que um milagre" diz Diane, "considerando os problemas que tivemos no início".

Quando se encontraram, Angelo acabara de deixar uma grande firma de empregos para executivos para entrar numa sociedade com outro recrutador da mesma firma. Angelo conta: "Eu queria sair da mentalidade de corporação e fazer negócios do meu próprio jeito. Meu chefe sempre estava em cima de mim tentando me convencer a me conformar com o estilo corporação. Entendi que provavelmente teria que trabalhar mais horas na minha própria firma, mas poderia criar minhas próprias regras e, é claro, ganhar muito mais dinheiro se realmente tentasse."

"Eu não o levei a sério nos primeiros meses", diz Diane. "Ele era aquele cara bonitinho e agressivo. Ele era divertido como companhia para o cinema e me levava a lugares onde nunca estive, como às corridas de cavalo que fui pela primeira vez com ele, mas ele era tão macho." Ele reclamava dos imbecis da corporação com os quais tinha que lidar o tempo todo, mas quando eu sugeria alguma coisa a respeito de como lidar com pessoas diferentes, ele ficava muito defensivo. Eu podia ver por que ele tinha problemas com o trabalho — ele é impulsivo e às vezes muito direto com as pessoas, abrupto e até rude e este tipo de comportamento não fecha negócios. Eu sei — eu vendo para todos os tipos de pessoas. Se você está em vendas, tem que ser muito profissional. Tem que ser sensível às personalidades das pessoas e saber como lidar com estes pequenos problemas.

"Apesar de ter um enorme coração e poder ser muito doce e divertido, Angelo ficou preso em ser certo o tempo todo, até comigo. Também era extremamente ciumento e possessivo, o que eu podia entender. Estávamos sempre discutindo. Ele tentava começar uma briga comigo porque eu não podia estar com ele porque tinha que trabalhar ou iria fazer alguma outra coisa.

"Finalmente perguntei a ele por que me ligava o tempo todo se obviamente ele queria algum tipo antigo de namorada que pudesse controlar e dominar. O que ele me disse realmente me surpreendeu. Disse que estava louco por mim porque eu era esperta e estava vencendo no mundo dos negócios. Disse que me admirava e me respeitava, pirncipalmente pela forma com que eu me dava tão bem com as pessoas 'Você faz todo mundo se sentir bem, Diane'.

"Eu lhe disse que estava disposta a ver se podíamos nos sair bem como casal se ele fizesse um verdadeiro esforço em discutir menos e parasse de me controlar — que este relacionamento não era para se vencer, mas para respeitar as opiniões dos outros e se dar bem um com o outro. Como eu assumi o compromisso com ele, ele fez o esforço."

Diane se tornou uma influência poderosa e positiva para Angelo. Ela é muito perceptiva sobre ele e conhece seus pontos fracos assim como os fortes. Diane é intuitiva, sensível e voltada para as pessoas e, nos últimos anos, ela se tornou uma valiosa aliada e conselheira para Angelo, ajudando-o a desenvolver habilidades com as pessoas, o que não só deu um impulso em sua carreira mas também fez dele um companheiro mais sensível.

"Diane fez muito por mim", diz Angelo. "Ela me dá sabedoria e amor junto com muitas dicas de trabalho. Ela me conhece como a um livro e eu aprendi a confiar sinceramente em suas observações. Eu costumava ser muito agressivo, mas ela me ajudou a ver que, no negócio que estamos, eu não ganho a não ser que todos ganhem."

Confiando em sua força. Por sorte, Angelo foi capaz de apreciar as boas qualidades que Diane possui. Como muitos homens de hoje, Angelo estava disposto a mudar os conceitos pré-moldados e autodestruidores sobre as mulheres para uma relação mais completa.

Sempre que uma mulher se apresenta desta forma para um homem, existe uma grande possibilidade dele ser defensivo no início. Não é fácil para o homem mudar de papel, não importa quanto eles gostassem disso. Quando uma mulher confia nela e em suas intenções, ela não vai ser negativa ou competitiva. Mas quando ela não está segura dela mesma e questiona sua confiança, existe o perigo de que o homem pense que ela o está menosprezando ou tentando provar quem ela é.

Permitindo sua liderança

Como já descrevemos, os homens não falam abertamente sobre sua atração e vontade de estar com mulheres que podem inspirá-los, motivá-los e liderá-los. Nos casos que relatamos, no entanto, você pode ver o impacto que estas mulheres têm sobre os homens e a sensação de satisfação e gratidão que elas geram. Mas a receptividade masculina para este tipo de influência, no seu melhor, é apenas sutil.

Para estimular este desejo no homem, você deve agir assumindo que isso existe em todos os homens. Existem exceções, mas são raras. Alguns homens vão aceitar seu apoio e encorajamento apenas esporadicamente. Outros vão gostar dele como sendo uma parte do processo das suas experiências partilhadas, mas lembre-se primeiro que o mais importante é que os homens querem suas idéias e inspiração.

Explorar as possibilidades de aumentar a compreensão e a amizade entre homens e mulheres requer o abandono das fantasias de um relacionamento, como foi discutido no capítulo anterior. Também requer que você expresse todo o seu ser, o que quer dizer que você não faça poses, não finja ou esconda sua verdadeira força ou intuição. Mesmo que o homem não pergunte, você pode partilhar com ele. Isso não significa atacá-lo com sua sabedoria e intuição se ele não está receptivo. Pode ser útil se você esperar até que haja sentimentos calorosos e de amor entre vocês antes que lhe fale sobre suas idéias.

Em geral uma mulher teme ser tão direta e objetiva com um homem por medo de que ele se afaste por causa de seu comportamento. Seja sensível ao tempo dele e à sua reciprocidade, mas seja assertativa. Tome a iniciativa de aprender sobre os objetivos que o impulsionam no trabalho e os sonhos e fantasias que possa ter sobre sua vida fora da carreira. Se interesse sinceramente. O que pode parecer chato no início vai ficar mais interessante quando você olhar sob o ponto de vista dele. Acontece muito em casamentos que preocupações e determinados problemas surjam repetidas vezes, mesmo assim maridos e esposas não tiram tempo para realmente aprenderem sobre o que se trata. Não caia nesta armadilha. Uma sensação de ambição partilhada e sociedade é um poderoso adesivo nos melhores casamentos. Trabalhar lado a lado para transformar seus sonhos em realidade pode ser muito enriquecedor para vocês dois.

Assim que começarem a lutar juntos por objetivos comuns, e ao assumir o risco de lhe dar direção, você vai descobrir novas facetas de sua personalidade e da dele. Ele vai descobrir em você uma confidente e parceira de vida que preenche suas expectativas secretas. Você vai encontrar um novo nível de intimidade que é muito mais profundo do que você pensou que fosse possível. Ao dar um para o outro, uma sinergia mais vibrante do que o sol de suas vidas separadas vai promover sua união para um nível muito maior de realização.

Capítulo 10

ESTIMULANDO A PAIXÃO E O DESEJO MASCULINO

Luxúria, química, a intrigante busca romântica — estes são os ingredientes eternos da paixão e do desejo. Provavelmente não há forças mais maravilhosamente complexas e ainda assim com enorme potencial para problemas do que as que envolvem a paixão e o desejo entre um homem e uma mulher. Na sua expressão mais completa, o amor e o desejo sexual se fundem numa união apaixonada. Mas paixão é mais do que apenas desejo sexual. É também caracterizado pela liberação das poderosas emoções do amor, ódio, raiva, luxúria, ciúmes, possessividade e dedicação. A paixão inclui milhares de expressões de vivacidade e intensidade num relacionamento.

Quando está presente, a paixão nos faz sentir mais vivos e vibrantes. Na sua ausência, nos sentimos chateados, sem graça e sem motivação. Paixão é uma maneira de se responder à vida, às idéias, às pessoas e, é claro, aos amantes. A paixão sempre envolve risco pessoal e a revelação de seus sentimentos da maneira mais fervilhante e irrestrita possível. As pessoas apaixonadas querem viver a vida em sua plenitude. Eles procuram o que é novo, o que é inesperado e o que é excitante e liberam suas respostas sem inibição.

Conforme crescemos, todos ficamos mais cautelosos e conservadores em como agimos e reagimos. Mas guardamos memórias vívidas daquele tempo em nossa vida quando nos sentíamos menos sobrecarregados por expectativas e restrições e quando éramos mais infantis e espontâneos. Todos desejamos secretamente reviver sentimentos de liberdade e desinibição. É por isso que o amor romântico é tão sedutor, pois para a maioria de nós ele proporcionara um contexto para vivacidade, excitação e paixão. Na verdade, a maioria das pessoas, quando descrevem como se sentiram nas primeiras semanas de um namoro falam de como se sentiam "vivas". O que estão vivenciando de fato é o ressurgimento das emoções da juventude que estão adormecidas, pois como adultos maduros temos a tendência a sermos mais controlados e racionais. Porque é muito fácil perder nossa própria capacidade de autogerar estas sensações maravilhosas, somos atraídos para os que podem estimular e liberar estas sensações dentro de nós. Por esta razão, as mulheres que estimulam paixão e desejo são magnéticas para os homens.

A sensação de estar vivo acontece quando nos permitimos sentir clímax emocional através da liberação de restrições, inibições e censuras. Mesmo que isso pareça muito atraente, existem homens e mulheres que têm medo do excitamento e da intensidade da paixão, seja dentro deles ou dentro de seu parceiro. Eles temem que isso resulte numa perda de controle e até convide o perigo, pois experimentar a paixão é também se sentir fora do estado de alerta. É por isso que nossos parceiros, mesmo que nos amem, podem às vezes suprimir inadvertidamente nosso entusiasmo infantil, alegria e paixão.

A maioria de nós acha a paixão excitante no campo do sexo. É neste domínio que podemos sentir luxúria, o desejo, a fome e a deliciosa antecipação da união sexual e o relaxamento. Mas acompanhando estas maravilhas estão as emoções mais escuras que são assustadoras para tantos de nós com um medo que invariavelmente cega nossa capacidade de expressão da paixão. Amar outra pessoa é viver momentos de insegurança, raiva, ciúmes e possessividade. Estes são acompanhantes normais para os laços de paixão.

Desejo sexual e paixão estão presentes no início de todos os casos de amor. A pergunta que perturba a maioria dos casais é se a capacidade de elevar e estimular nossos parceiros ao clímax emocional pode durar com o tempo. Será possível manter uma sensação de vivacidade num relacionamento longo? No início, a novidade é suficiente para faiscar a paixão e o desejo em ambos. Conforme vão se tornando familiares um para o outro, a faísca é substituída pela noção de como gerar conscientemente sentimentos de paixão através de certas atitudes e comportamentos.

A mulher passional

Através dos tempos, os homens tolamente suprimiram e controlaram as próprias qualidades nas mulheres que eles desejavam. A mulher que era vital, sexual e espontânea e tinha uma alegre visão de si mesma era vista com reservas pelos homens. Em algum nível primitivo, o homem sentiu que não podia controlá-la e quis uma parceira mais passiva. Mas isto está mudando. Os homens se sentem menos ameaçados em abandonar o controle e mais inclinados a apreciar as mulheres que são confiantes e desinibidas.

Hoje mais do que nunca, milhares de mulheres estão explorando suas capacidades para paixão, excitamento e desejo em qualquer área que escolham. As mulheres estão descobrindo a paixão no trabalho, estão alcançando um novo nível de sexualidade desinibida e estão descobrindo excitamento inerente a qualquer situação que envolva risco pessoal.

Um conceito errado em relação à paixão é que é apenas para poucos que ela dura a vida inteira — apenas para "os passionais". Muitas pessoas acreditam que suas personalidades básicas são tão fixas, tão incapazes de mudar que é quase impossível criar uma relação realçada dramaticamente entre elas e seus amantes. Isto não é verdade. É um dos grandes mitos do amor pensar que você não pode fazer nada de importância significativa para influenciar a expressão, intensidade e longevidade da paixão e do desejo. A paixão pode ser realçada e reacendida, primeiro através de entendimento de como o homem e a mulher diferem em relação ao amor e desejo, depois por sincronizar seu comportamento nestas leis naturais.

Como os homens reagem à paixão

Muitas mulheres acreditam sinceramente que o homem típico é desconfiado da mulher que se sente confortável com ela mesma e permite que suas emoções aflorem com força total e sem censura. Independente da insegurança com que o homem responda ao início às intensas e energéticas expressões de entusiasmo, satisfação e alegria da mulher, tenha certeza de que no fundo ele adora isso.

Os homens, principalmente os do tipo orientado para a carreira, acham que a mulher que pode partilhar a paixão com eles lhes proporciona mais do que simples alívio, ela rejuvenesce e revitaliza. A sabedoria popular diz que o homem quer a mulher que seja dócil e acomodada. Não quer. A mulher que não tem medo de ser quem é, de expressar suas emoções, de afirmar sua vivacidade, é bem-vinda pelo homem por uma razão em particular. Muitos homens estão preocupados demais com seu trabalho, ou até mesmo extenuados e precisam contrabalançar. Como observamos antes, o andítodo para este homem é brincar em vez de relaxar. Isto é o que eles procuram com amigos e também amam encontrar isso na mulher de sua vida. Os homens precisam e querem experimentar a vivacidade que muitas mulheres trazem para a relação.

Até mesmo as menos nobres manifestações de paixão como raiva, ciúmes e possessividade servem para avivar relacionamentos. É um dos grandes mitos do casamento que deve-se procurar intensamente a harmonia e a paz. Algumas vezes, o oposto disso é necessário para a relação. Quando uma amena instabalidade é um subproduto de outra emoção poderosa, na verdade ela pode servir para revitalizar um relacionamento. Por exemplo, o ciúme, quando não examinado, tende a ser corrosivo e até mesmo destrutivo entre o casal. No entanto, um dos melhores antídotos para um estilo de casamento onde se sabe que a pessoa está sempre disponível, pode ser pequenas doses de ciúme. Quando um homem ou uma mulher assume que seu parceiro é fiel independente da qualidade do relacionamento, criar um elemento de dúvida é precisamente o que se precisa para dar nele ou nela um choque para que olhe melhor pela relação. Não estamos sugerindo que você arrume situações de suspeita, estamos apenas observando os pequenos benefícios de uma emoção que é tipicamente vista como negativa.

Algumas vezes a raiva também pode ser vista como um elemento positivo. Descarregar a raiva é muitas vezes necessário como um pré-requisito para a expressão de amor, calor e sensualidade. É por isso que casais, com freqüência, fazem amor de modo muito apaixonado depois de uma briga. É como se uma represa fosse quebrada. Mais uma vez, não estamos sugerindo que você provoque brigas com um homem, apenas que não tenha tanto medo de momentos que envolvam raiva. Trocas esquentadas são em geral necessárias e podem evoluir de um começo negativo para uma conclusão intensa e apaixonada.

A amante

Rhonda, 30 anos e Jeff, 32 anos, estão casados há pouco mais de dois anos. Ela é uma assistente administrativa numa empresa de empréstimos e ele é um eletricista. Se conheceram no casamento de um amigo em comum e se casaram quatro meses depois.

Rhonda descreve sua vida sexual hoje em dia como "melhorando a cada dia". Mas não foi sempre assim. A princípio Jeff sentiu-se atraído por Rhonda por sua natureza boa e sua atitude simples, divertida e carinhosa. Por sua vez, ela sentiu-se atraída por sua personalidade impetuosa, seus valores sólidos e uma atitude em relação à vida que é "trabalhe duro e seja duro".

Rhonda teve apenas dois amantes antes de se dar com Jeff. Ele teve alguns relacionamentos casuais e pouco sérios. Rhonda nunca se sentiu como sendo sexualmente atraente. Era insegura por causa de seus seios pequenos e não se sentia bem ficando nua na frente de Jeff. Além do mais, apesar de gostar de sexo, era um tanto inibida em expressar sua paixão. Seu estilo sexual era carinhoso, mas quieto e passivo.

O estilo sexual de Jeff era menos inibido — era ansioso por novas experiências. Mas ele percebia a timidez e modéstia de sua esposa e isso o inibia. Ela vestia a camisola no banheiro e sempre insistia em fazer amor com as luzes apagadas. No início, quando ele tentava disfarçar sua modéstia através de uma brincadeira suave, ela ria e o abraçava e beijava com carinho como uma forma de fazê-lo sentir-se seguro e mudar de assunto. Mas com o passar do tempo, um ressentimento não expresso cresceu em ambos os lados.

Uma noite, ele forçou o assunto acendendo a luz subitamente quando ela tirava sua camisola na cama para fazerem amor. Suas frustrações não ditas foram finalmente postas em palavras — uma troca furiosa de acusações sobre a vida sexual do casal. Depois, ficaram deitados na cama, sem se tocar, sem dormir, olhos fixos no teto, sentindo culpa e ressentimento e pensando: "Será que vai ser sempre desta forma?"

Nos meses seguintes, o amor que praticavam caiu numa rotina previsível, às vezes acompanhada por momentos de tensão e nervosismo. Ambos se lembravam do dia na festa de um amigo quando alguém contou uma piada suja e eles ficaram ali, incapazes de rir como todo·mundo e sem poder olhar um para o outro. A vida sexual deles ficou tão imersa em conflitos e desapontamentos, que mesmo a menção de sexo os deixava embaraçados.

Depois de tantos meses de estranhamento, decidiram que umas férias poderiam ajudar. Ao voltar de uma noitada agradável e calorosa, Rhonda decidiu tentar quebrar seu próprio padrão de comportamento: "Eu acreditava que Jeff me amava, era fiel a mim mesmo neste período difícil. Acho que sabia que tinha que arriscar, tinha que fazer alguma coisa diferente."

Tarde naquela noite, eles mergulharam na banheira juntos e Rhonda começou a acariciá-lo de uma forma que nunca tentara antes. Depois disso, no quarto, finalmente Rhonda se permitiu liberar suas inibições e aproveitou a melhor noite de amor que já tiveram.

Cada vez mais feliz, enquanto Rhonda confiava mais em Jeff e em seu amor por ela, seu desejo por ela e a satisfação que ele tinha com seu corpo delgado, ela ficou mais interessada em fazer com que este aspecto de seu casamento fosse tão pleno e recompensador como todos os outros aspectos. Começou a ler artigos sobre sexo nas revistas femininas e comprou diversos livros sobre técnicas sexuais, depois começou a experimentar estas técnicas com seu marido, para total satisfação dele.

Enquanto nos primeiros dias do casamento ela via sexo como uma expressão de sua afeição por seu marido, agora ela começava a ver sexo como uma vantagem única e divertida de estar casada, não sobrecarregando-o com sentidos. Ela assumiu uma responsabilidade igual pela certeza de que não cairiam em rotinas chatas, seduzindo-o em momentos e lugares inesperados, até mesmo num dia memorável numa caminhada através de um campo isolado. Ela gostava de arrumar cenários para sexo com afeição física divertida, música, até o provocando na sala enquanto viam televisão.

Bastante inteligente, Rhonda não vê o sexo como uma afirmação de seu valor ou como um dever. Ela permite que seu marido saiba quando realmente não está a fim, mas deixa que ele tenha momentos de seduzi-la no papel do amante ativo. A recompensa de Jeff é que a mulher que ele ama se tornou uma parceira sexual muito apaixonada.

A sedutora

Depois de 10 anos de casamento, Brenda sentiu um ressentimento crescer contra seu marido, Brian, de 34 anos. O problema era a vida sexual do casal. "O clímax de nossa vida sexual foi antes de nosso primeiro filho nascer, ao que parece. Eu sei que muitas vezes afastava quando nossos dois filhos eram bebês, eu estava exausta ou distraída a maior parte do tempo. Mas agora que as crianças estão com seis e cinco anos, parece que estou muito interessada em sexo novamente, mas ele não. Se ele me procura para fazer amor uma vez por semana, é muito. E mesmo assim, acaba muito rápido e não é excitante. E costumávamos ser grandes amantes."

Brenda tem uma personalidade vivaz e calorosa. Ela continuou a trabalhar como administradora de colégio por todo o casamento. Brian é sócio de uma farmácia. Como um todo, são uma família de sucesso com duas boas fontes de renda, partilhando tarefas caseiras e a responsabilidade em cuidar das crianças de forma flexível e igual. Mas Brenda estava começando a questionar a amizade e a sociedade que ela e seu marido lutaram tanto para conseguir dentro de seu casamento. "Talvez seja por isso que nossa vida amorosa é tão morta. Nos tornamos o melhor amigo um do outro e isso matou a paixão. Eu não quero me afastar do que temos, mas desistir de sexo parece um preço muito alto para se pagar só para permanecer casado."

Ao escutar Brenda, fica claro que ela estava acusando Brian de não tomar a iniciativa para o sexo mais freqüentemente e por não dar a ela a vida de sexo excitante na qual estava interessada, agora que seus filhos já não eram mais bebês. Ela caiu numa atitude passiva e, o que mais magoa, numa atitude acusadora.

Apesar de não ter comunicado sua insatisfação a ele com palavras, sem dúvida fazia isso com a linguagem do corpo, seus humores e suspiros de frustrações antes, durante e depois da relação sexual. Seu marido interpretou seus sinais como uma falta de interesse nele. Posto de lado pelo que achava ser uma rejeição e um desapontamento que ela sentia nele como amante, Brian começou a procurar amor com menos freqüência e alcançava o orgasmo logo que podia. Ela acreditava que ele perdera o interesse e a habilidade como amante; ele achava que ela não o desejava, por isso não tentava ser um bom amante. Estavam num beco sem saída.

Brenda achava que não deveria ter que dar o primeiro passo para colocar a paixão sexual de volta em seu casamento: "Eu não vou me tornar uma destas mulheres que recebem o marido na porta usando camisolas sexys, esta não sou eu."

Mas ela veio a entender que, para quebrar o impasse e acabar com a inibição que se desenvolveu entre eles, ela tinha que parar de pôr a culpa nele, deixar de lado o ressentimento e começar a mostrar a ele seu interesse e receptividade. Se ela queria uma modificação efetiva, era ela que tinha que dar a partida.

Brenda começou a mostrar para Brian uma maior afeição física — massageava seu pescoço, segurava sua mão enquanto ficavam na mesa do jantar depois de comer, beijava-o suavemente em momentos inesperados. Depois disso aumentou sua proximidade física na cama, deitando-se perto dele e acariciando seu corpo com amor. E começou a procurar sexo com mais freqüência, começando com beijos carinhosos, abraços, carinhos seguidos de um amor encorajador e suave.

Conforme ela comunicou seu interesse, seu gosto e paixão para Brian, ele começou a confiar em seu desejo por ele e respondeu com crescente entusiasmo. Depois de um período de meses, a vida sexual deles ficou melhor do que qualquer um deles poderia ter imaginado que seria, com um bom nível de imaginação. Agora Brenda diz: "Eu posso estar no meio de uma reunião de trabalho e de repente me lembro do que fizemos na cama na noite anterior e isso me dá calafrios na espinha. Estamos tentando coisas novas um com o outro, não apenas posições, mas humores, estilos e atitudes, até ao ponto de pôr em prática algumas de nossas fantasias em pequenas encenações."

Sua vida sexual revitalizada teve um efeito inesperado no resto do casamento. Descobriram um sentido de diversão, humor e vivacidade que aumentou a satisfação de um com o outro.

Estimulando o desejo masculino

Nada é mais capaz de apagar o desejo sexual no homem mais rápida ou dramaticamente do que expressões de ansiedade. A mulher que é muito explícita em descrever o que ela quer sexualmente ou a que é muito agressiva em iniciar o contato sexual com o homem pode correr o risco de criar ansiedade, não paixão. Os homens são atraídos por mulheres que expressam o interesse e receptividade, mas os homens ainda sentem alguma necessidade de estar no controle. Eles precisam vivenciar uma sensação de relaxamento e confiança e em geral encontram esta sensação quando tomam a iniciativa.

Criar o relaxamento num homem está relacionado com a sensibilidade no momento certo e às específicas demandas ou pressões. Os homens não vão lhe dizer que precisam desta sensibilidade, por não estarem totalmente conscientes disso ou por terem vergonha em admiti-lo.

Certamente não há nada errado na mulher ser atirada e assertativa. Você, certamente, tem todo o direito de expressar e procurar o que quer. O problema, no entanto, é que podem haver algumas conseqüências negativas se você não prestar atenção na possibilidade deste homem ter dúvidas sobre sua capacidade de se comportar na cama. Lembre-se que para o homem o relaxamento é um pré-requisito para a ereção e sempre precede um estado de excitação sexual. Mesmo que você não seja responsável por este estado de bem-estar, sua sensibilidade para o conforto e relaxamento do homem será recompensada pelo sensação de liberdade e de ser sexy por parte do homem.

Quando que o homem é ligado? Por que será que isso acontece em alguns momentos aparentemente estranhos? Você já ficou preocupada quando um homem fica amoroso de forma inesparada? Deixe a mulher estar se vestindo, estar lendo ou ocupada com alguma coisa e de repente, como se algum alarme tocasse, o homem parece compelido a ir em direção a ela de forma tátil e sexy. Parece familiar? Não, ele não está se esforçando muito para ser definitivamente chato. Em vez disso, ele percebe a falta de interesse momentânea da mulher, o que cria uma atmosfera na qual ele se sente confortável pois está no controle quando tenta ser sedutor.

De maneira contrária, se é dado ao homem muito sexo por um grande período de tempo, ele aos poucos tenderá a se tornar complacente, perder contato com suas sensações de paixão, e até achar que o desejo da mulher por ele é um fato consumado. Não é que ele não aprecie ou valorize o presente do amor, só que, quando muito é dado, o homem perde o excitamento que vem com ele e passa simplesmente a esperar por isso.

O antídoto para este estado neutro requer um caminho específico de ação para remediar. E é aqui que a mulher comete um erro fundamental. Elas vão em direção a ele de forma muito assertativa em vez de se comportar de uma forma que o faça se mover em direção a ela.

As mulheres que têm um relacionamento sexual completo e recompensador com um homem entendem a necessidade de nunca ser totalmente constante com o homem. Infelizmente, *querer* ou *desejar* é um sentimento muito mais intenso do que *ter*, e os homens precisam ser postos em contato com tais sentimentos ocasionalmente para liberar sua paixão.

Não tenha medo de criar um pouco de suspense e intriga. Não satisfaça qualquer de seus caprichos ou o agrade o tempo todo. Deixe que ele pense sobre seu amor e desejo por ele algumas vezes. Isto não vai pôr em perigo sua relação, vai fazer com que ele seja mais respeitoso, atencioso e interessado. Não seja excessivamente romântica ou sempre faça com que ele seja — esta é a maneira mais rápida de matar os desejos românticos. Você pode conseguir as flores, mas certamente não terá o sentimento. Lembre-se que por lembrar que suas identidades são separadas assim como os desejos, você vai manter o espaço psicológico que vai motivá-lo a ir em sua procura.

Algumas de vocês podem estar dizendo: "Bem, tudo isso soa como fazer joguinhos e não quero ter que fazer isso". Você está certa — isto *é* um jogo e, quando jogado com sensibilidade, é um jogo muito agradável para homens e mulheres. Mas *jogos* não querem dizer manipulação. Enquanto a compreensão de parceria e amizade são dimensões de um relacionamento que não envolve estratégia, a paixão é e sempre foi um jogo. Criar e sustentar romance e paixão no homem requer compreensão de como o homem opera e estar com vontade de colocar este seu conhecimento em ação. Você pode querer não jogar este jogo, mas estará perdendo muita diversão e sensação de plenitude.

As mulheres que racionam periodicamente suas necessidades de romance e aprendem a construir e manter níveis medianos de insegurança, distância e tensão num homem acabam conseguindo muito mais dos homens a longo prazo. Mudanças de comportamento sutis vão resultar numa atitude mais amorosa, atenciosa e apaixonada do homem.

Estimular o desejo no homem não é um processo verbal. Não conte o que você está fazendo — apenas faça. Ser assertativa e aventurosa desta forma não é uma ameaça para seu amor mas, pelo contrário, é uma dança estimulante que melhora a relação amorosa.

Tornando-se uma pessoa sexual

Primeiro você precisa determinar a proeminência e a prioridade para a sexualidade em sua vida. Para poder vivenciar a paixão e o desejo, você precisa aprender como deixar de lado os problemas e ansiedades diários.

A sexualidade tem que ser uma fonte de verdadeiro prazer para você, não apenas uma maneira de validar seu valor e sua capacidade de causar desejo ou cuidar das necessidades dele para que ele não se vá. Muitos homens e mulheres vêem suas relações sexuais apenas como uma forma de afirmar seu amor e assegurar a si mesmos a fidelidade de seus pares. Preocupações como essas, enquanto compreensíveis, não levam as pessoas a ações que podem estimular o desejo e as brincadeiras.

Você precisa aproveitar o sexo e sua satisfação tem que ser comunicada ao seu parceiro. Mesmo sendo verdade que um homem pode ser cuidadoso com uma mulher mais atirada, em geral eles desejam mulheres que sejam passionais e sensuais. Pergunte a si mesma se você realmente gosta de sexo ou se existem áreas de sutis desinteresses sexuais ou desconforto. Pesquise dentro de você mesma e entre em contato com os vários aspectos de sua sexualidade única. Muitas vezes, simplesmente aceitar áreas de desconforto e timidez vai ajudá-la a experimentar e superar estas inibições.

E o tempo das investidas sexuais? Nem o homem nem a mulher estão sempre dispostos. Assim como você pode achar chato quando o homem se aproxima de você quando está ocupada, ele sente da mesma forma quando também está no meio de algum atazer. Infelizmente, muitos casais permitem que as exigências do dia-a-dia dominem seu tempo e pensem em sexo somente quando tudo mais está bem. E é exatamente quando é mais provável que estejam cansados e esgotados. As mulheres respondem mais ao sexo quando estão descansadas e os homens também. E como a mulher, o homem quer alguma antecipação, brincadeiras ou sedução. Eles podem não dizer que querem, mas é o que funciona!

Como descobrir o que um parceiro gosta no campo sexual? Os casais tendem a cair em rotinas sexuais previsíveis e cansativas concepções. É muito freqüente que homens ou mulheres façam o que acham que é sexy ou excitante em vez de descobrirem através de tentativas e erros o que realmente agrada ao parceiro. Você está ciente do que seu parceiro sente ou gosta? Você é observadora e atenta para as dicas que ela dá sobre o que gosta? Você deixa que ela saiba, com palavras ou com a linguagem do corpo, o que estimula sua paixão, ou você cai na armadilha de achar que ele deveria ser capaz de ler seu pensamento?

Como o homem vê o romance

Imagine por um instante um cenário familiar. Uma mulher e um homem se encontram. Ambos sentem forte atração e interesse. Ele dá o primeiro passo e começa a persegui-la. Apesar de seu medo de estar revelando seus desejos por ela muito cedo, ele traz flores após aquele primeiro dia maravilhoso que passaram juntos no campo, fazendo um piquenique.

Ele liga quase todos os dias e deixa claro que quer passar bastante tempo com ela. Tenta não ligar com freqüência exagerada ou parecer muito carente e assim arriscar afastá-la com seu interesse fortemente demonstrado. Ele fica de mau humor quando está na casa dela e ela recebe um telefonema e fala animadamente e alegremente com a pessoa — ele tem certeza de que ela está falando com outro homem. Ele se sente ligeiramente enciumado, possessivo e inapropriadamente dono do território. Ele não pode evitar — ele quer e força a situação, determinado a conseguir seu amor.

Pode não estar claro para ele, talvez por causa de suas próprias inseguranças, que ela está começando a ficar amorosa em relação a ele. Ela acha que sua ligeira insegurança são sinais de timidez e são bastante cativantes e tranqüilizadores. Ela adora seus passeios silenciosos ao entardecer, pela praia, os jantares íntimos feitos para dois por ela, e todos os seus gestos doces e divertidos que fazem-na saber que ele gosta dela.

Finalmente, ela diz que gosta dele também. Ela sussurra: "Eu te amo" pela primeira vez num clímax especialmente apaixonado durante o fazer amor. Durante o café da manhã do dia seguinte, ela diz a ele que estava falando sério quando disse aquilo na noite passada: "Eu te amo". Mas em vez da alegria da parte dele, isto marca o ponto de partida do que parece a ela sua retirada vagarosa.

Como você se lembra, um homem sente desejos românticos e os expressa mais abertamente quando está ativamente tentando capturar o coração feminino, quando a está puxando em direção ao apego. Desde que ela esteja distante, ele vai persegui-la. Seu desejo de assegurar o laço entre eles é o que motiva sua caça. Então ela confirma sua paixão num ponto alto da caça dele. Ela acredita que sua revelação e a confiança que ela traz vão libertá-lo para amores ainda maiores de paixão e desejo. Mas é precisamente neste momento crítico que seus fervores românticos começam a desvanecer. Estranhamente, ele pode parar de agir da forma precisa que conquistou seu amor. Por quê?

Quando uma mulher afirma seu amor, ela acaba com a distância entre ela e seu amante. Ele sente que conquistou seu amor — estão unidos, atados. Ele se sente aliviado e seguro. Sua caçada romântica foi bem-sucedida e ele não mais sente a necessidade de lutar por seu amor — ela lhe deu a confirmação que ele a conquistou. A aparente indiferença dele por ter certeza de seu amor a deixa confusa e chateada, pois ela acredita que seu comportamento romântico deveria não apenas continuar, mas alcançar níveis maiores de intensidade, já que ela está tão disposta e desejosa de lhe dar amor.

Neste ponto você pode estar imaginando: "E o que aconteceu com a paixão romântica e duradoura no homem? Existe alguma esperança ou deveríamos apenas aproveitar estas primeiras semanas ou meses e depois nos resignar a uma união que é privada destas sensações mágicas do amor romântico?"

Não apenas há esperança mas, de muitas maneiras, o homem é muito mais previsível e mais receptivo para influências do que você pode imaginar. O segredo está em entender o homem e querer transformar este conhecimento em ação.

Lembre-se que para a mulher, o romance e a expressão de sua paixão estão em geral associados com a confiança no homem e a sensação de proximidade dele. Neste estágio, ela sente a menor tensão psicológica e conflito, o que a deixa mais livre e mais relaxada. Os homens operam numa dinâmica diferente. Seus sentimentos de paixão romântica estão ligados, num certo nível, ao torturante efeito da incerteza se ela realmente gosta dele.

Como você deve se lembrar sobre nossa discussão a respeito do Fator Polaridade e como ele explica o homem num relacionamento amoroso, um homem fica mais ativamente atento quando está se movendo em direção à mulher e tentando formar uma união com ela. Ao chegar mais perto e ter mais certeza de seu amor, sua caçada começa a diminuir de ritmo.

O que estamos dizendo é que o homem responde de forma positiva a quantidades ilimitadas de confiança, amizade, compreensão e companheirismo, mas eles podem lidar com o romance apenas esporadicamente. Eles se sentem desconfortáveis com expressões de romance quando elas são muito freqüentes ou intensas. É como se eles ficassem saciados. Mas depois de um período sem romance, cresce dentro do homem o desejo por esta sensação, revivendo mais uma vez o seu interesse por romance.

Será que estamos sugerindo que você se torne manipuladora e banque a difícil, para levar o homem a grandes momentos de paixão? Não. Apenas queremos que você entenda como os homens são realmente e que perceba que uma certa distância é boa para o relacionamento. Quando você quiser algumas vezes fazer coisas sozinha, não se preocupe com o efeito que sua não-disponibilidade possa causar nele. Quando você cuida de suas próprias necessidades e desejos, como efeito colateral, você provavelmente vai estimular nele o comportamento romântico.

A paixão pela vida

Você pode achar que a capacidade de ser passional é um traço de personalidade que ou se nasce com ele ou não. O fato é que paixão pode se aprender. Não é uma coisa que exista sozinha, é a expressão mais completa e maior das emoções que nós todos temos. Todos somos capazes de sentir paixão e ter uma resposta passional ao mundo a nossa volta.

Todo mundo é capaz de ter vivacidade, o que é, é claro, do que se trata a paixão. É vivenciar e expressar nossos sentimentos sem inibição na sua maior intensidade. Como já falamos, as emoções envolvidas na paixão têm sua origem na infância. Indivíduos passionais são aqueles que não permitiram que as proibições da vida adulta os restringissem demais, ou compreenderam as formas pelas quais foram contidos e resolveram fazer alguma coisa a esse respeito.

O espírito livre

Laura e Max estão casados a sete anos. Max, 35 anos, é dentista. Laura, 33 anos, tem pós-graduação em Enfermagem e trabalha em medicina nuclear há anos. O casamento deles tem sido bom e eles têm um pequeno círculo de amigos, a maioria vizinhos e colegas de trabalho. Eles se divertiam muito em renovar a velha casa que compraram e ficam ansiosos pelas férias semestrais, quando eles carregam o carro com material de acampamento e rumam para um parque nacional de algum estado que não conheçam.

Mas, há dois anos, Laura começou a se sentir estagnada em sua carreira e em sua vida em geral. Ela foi diretamente da universidade para o curso de pós-graduação e depois para o trabalho. Ela sempre foi muito orientada para realizações, ansiosa em fazer uma carreira com uma base financeira segura. Por muitos anos ela trabalhou longas e duras horas no hospital, no típico horário de enfermeira, sempre em rotatividade, não podendo assim se inscrever para cursos ou se juntar a amigos no tempo livre. Ela se percebeu ansiosa em tentar coisas novas, em ter uma vida que a envolvesse mais do que apenas trabalho e casamento. Resolveu arriscar.

Com apoio de seu marido, Laura diminuiu seu horário de trabalho para dois dias por semana, transferindo-se para um projeto de pesquisa que garantia um horário em turnos regulares. Laura está agora buscando encontrar sua paixão na vida. Ela está numa corrente e incerta da direção a tomar, mas em vez de estar deprimida com esta busca, está energizada por ela. Sempre interessada por arte, está trabalhando em diversos projetos: escrevendo e ilustrando um livro infantil, desenhando peças de mobílias e investigando várias idéias de um negócio próprio.

Neste momento, Laura está experimentando e pesquisando, tirando umas férias de seus muitos anos de atividades orientadas para sucesso e riqueza: "Eu tenho sempre que me lembrar que não tenho que provar nada, nem me jogar numa nova carreira imediatamente. Às vezes me preocupo se não estou sendo apenas diletante, mas se estiver, tudo bem. Na verdade meus dias são maravilhosamente excitantes. Conheci tantas pessoas novas e interessantes, estou sendo constantemente energizada por eles."

O novo pique de Laura pela vida foi contagioso, como diz seu marido: "A paixão e o entusiasmo de Laura, seu grande desejo de tentar coisas novas e correr riscos abriram nossos horizontes incrivelmente. Ela está sempre trazendo gente interessante para jantar. Nos tornamos ativos no cenário das artes, freqüentando vernissages e colecionando arte numa escala pequena. Agora temos um novo e estimulante grupo de amigos. Nossa casa está sempre cheia de pessoas, músicas e idéias. É um ambiente muito aberto e encorajador para nós todos. A vibração de Laura e sua imprevisibilidade a transformou num desafio contínuo e intrigante para mim."

Tornando-se passional

Nós escondemos paixão e desejo por duas razões básicas. A primeira tem a ver com vulnerabilidade. Nossos sentimentos são particulares, enquanto nossas palavras e comportamentos são mais públicos. Quando estamos abertos emocionalmente, nos sentimos nus e até mesmo expostos de forma perigosa. Se temos preocupações a respeito de sermos "vistos" por nosso par, podemos esconder nossa paixão para evitar nos sentirmos tão vulneráveis.

A segunda razão pela qual podemos esconder a paixão está ligada a intensidade. Algumas pessoas interpretam altos níveis de intensidade emocional como sendo perigosos, sendo as emoções positivas ou negativas. Todos temos zonas de conforto definindo que emoções são aceitáveis ou não. Qualquer coisa fora do nível aceitável de intensidade pode, para algumas pessoas, disparar a ansiedade e o medo da perda de controle. A solução é disfarçar e esconder a paixão, pois é comum que estes sentimentos façam aparecer uma sensação de perigo.

Se existem dificuldades num relacionamento, a paixão é a primeira coisa a desaparecer e a última a voltar depois do problema estar resolvido. De forma mais específica, a paixão pode estar escondida quando:

Estamos magoados.
Estamos desapontados.
Estamos nos sentindo irritados e punitivos.
Acumulamos ressentimentos escondidos.
Não acreditamos no amor de nosso par.
Não temos certeza do quanto somos atraentes para nosso par.
Nos sentimos culpados.
Estamos ansiosos e inseguros sobre nós mesmos e assim não ficamos relaxados.

Estas sensações podem ter um efeito cumulativo e negativo que acabam por destruir o conforto e a confiança numa relação. Como então aprender a ficar atento e abandonar estas forças destrutivas? Aqui estão algumas sugestões:

Abandonando velhos comportamentos. Algumas pessoas trazem velhas atitudes bem inconscientes para dentro do relacionamento atual. Estas atitudes marcam de forma clara sua maneira íntima de lidar com a outra pessoa e marcam os limites da paixão nesta relação. Por exemplo, se expressar raiva não era uma coisa confortável em sua infância e era associada em sua mente a um sentimento fora de controle, você provavelmente pode achar difícil revelar emoções negativas para seu par.

Velhas atitudes sobre sexo também afetam como a paixão pode ser expressa. O sexo era sujo, errado e ruim no passado? Se eram, devem haver vestígios de tais sentimentos ainda operando. Você foi ensinada que se gostasse muito de sexo provavelmente era "ninfomaníaca"? Ou que era errado dar ao homem alguma espécie de encorajamento sexual pois assim seria responsável por esta excitação e teria que ir até o final da farsa?

Talvez você tenha sido levada a acreditar que mulheres "normais" têm diversos orgasmos com muita facilidade e que mulheres "passionais" estão sempre indispostas, independente de fadiga, crianças ou outras preocupações. Dê uma olhada em suas velhas noções e veja como influenciam seu conforto em expressar sua paixão. Reconheça que algumas podem ser anacrônicas e totalmente sem relação com a pessoa que você é e como se sente hoje.

Liberando ressentimentos ocultos. Raiva não expressa sempre restringe a paixão. Uma boa maneira de pensar é, se a situação for bastante importante, fique furioso. Brigue por você mesma, coloque tudo para fora e mantenha as coisas assim até que se resolvam. Se a raiva for proveniente do passado, tente acabar com ela. Se for relacionada com uma situação presente, deixe seus sentimentos serem conhecidos claramente e apareça com alguma solução específica para o problema.

Se a chateação ou a irritação não forem bastante importantes para que você fique com raiva, então deixe para lá. Liberar a raiva não é uma saída de covarde, pois em qualquer relacionamento existem incontáveis conflitos pequenos que devemos simplesmente aprender a deixar de lado, pois não há nada construtivo que possamos fazer com eles. Ficar furioso com coisas pequenas é destrutivo, pois apenas resulta numa sensação de menos vivacidade e menos amor em relação ao parceiro.

Aumentando a auto-estima. Nós escondemos coisas sobre nós mesmos que acreditamos sejam perigosas e expomos o que achamos seguro e que será aceito e aprovado. Procure julgamentos que você fez sobre si mesma e achou que seu parceiro faria também, mesmo que não tenha conversado claramente sobre eles. Ser mais "vivaz" é simplesmente ser mais você mesma. É mostrar mais de seus sentimentos e mais diretamente. Em resumo, é assumir que você vale a pena ser amada.

Primeiro de tudo, como você se apresenta para seu parceiro? Você está se escondendo, usando máscaras? Quanto de sua personalidade você deixa que ele veja realmente? A maioria de nós tem medos secretos e dúvidas sobre nossa atratividade sexual.

Quando nos sentimos inibidos ou autocríticos é geralmente porque sentimos que não somos bastante — bastante atraentes, livres, amáveis. Não deixe que dúvidas negativas se transformem em fatos. Não permita que você se esconda atrás de timidez ou ·autocrítica. Quando as pessoas se escondem atrás de timidez, elas passam a imagem de mortas ou invisíveis. O primeiro passo para superar isso é não se deixar sentir timidez. É muito normal. Nervosismo e desconforto significam que você está vivo. O mais importante é decidir revelar e expressar as emoções que você deixa, em geral, escondidas sobre esta capa de inibição.

Para revelar mais de você mesma, você precisa revisar algumas noções a respeito de vergonha e embaraço. Sempre que tentamos alguma coisa nova, tal como aprender a dançar ou jogar tênis, nos sentimos bobas e desajeitadas. Isto é natural. De maneira semelhante, aprender a ser menos inibida e mais expressiva e passional do que se tem sido, envolve a chance de se sentir tola, mas isso é bom. Você está assumindo riscos. Não permitir que você seja dominada por autocrítica vai fazer você se sentir mais poderosa e viva. As mulheres que se sentem bem com elas mesmas, que provocam paixões e desejo no homem, são capazes de deixar que seus sentimentos internos surjam de maneira pouco censurada.

Lembre-se que se tornar apaixonada segue algum período de arriscar a expressar seus sentimentos. Não se começa logo sendo passional. É uma qualidade que se torna parte de você apenas depois da intenção consciente e da ação. Se você trabalhar a sua vontade de ser passional, você vai começar a se sentir assim. Por exemplo, se você quiser ser sexy com um homem, a princípio, é provável que se sinta consciente disso, como se sentiria em qualquer nova atitude ou comportamento. Acredite que você vai ultrapassar este período sem jeito e seu comportamento vai aos poucos ficar mais natural. Sentimentos ditam como nos comportamos, mas nosso comportamento também muda de acordo com o que sentimos. Os homens respondem não apenas a como as mulheres sentem, mas também a como elas agem e a quantos de sua atitude está sob seu controle.

Achamos que a técnica de visualização pode ser muito útil para aprender a liberar novos sentimentos. Nenhum de nós pode fazer qualquer coisa a não ser que possamos nos ver fazendo-a e isso certamente é verdade para se tornar menos inibida. Tente se imaginar agindo de uma forma mais passional ou sexy. Feche seus olhos e imagine. Jogue a precaução para o alto. Imagine-se dizendo e fazendo coisas que não são típicas da maneira que você geralmente se comporta. Imaginando-se e visualizando-se como sendo menos inibida e contida vai prepará-la para ser dessa maneira com seu par.

A mulher que causa paixão e desejo num homem recebe recompensas maravilhosas. Nos concentramos no que você pode fazer para estimular e influenciar o homem, mas o processo recíproco que sua atitude causa não é menos enriquecedor. O homem que é estimulado dessa maneira não apenas será atraído por você e criará um laço íntimo, mas também será mais carinhoso, romântico e estará mais à vontade para retribuir os presentes que você lhe dá.

Capítulo 11

APROFUNDANDO O AMOR ATRAVÉS DA AMIZADE

Michael, 33 anos, descreve uma experiência que o capacitou a entender o que ele realmente precisava em uma mulher: "Depois que minha mulher me deixou me senti furioso e com o coração partido nos primeiros meses. Depois me recuperei, passeei muito e até comecei a me divertir. Seis meses depois da separação fui de férias para a Europa sozinho. Em Roma visitei o Vaticano para ver as pinturas de Michelângelo no teto da Capela Sistina. Ao olhar para cima, para o majestoso trabalho de arte, subitamente fiquei tomado por uma profunda solidão, que nunca sentira antes. Me lembrava de como eu e minha ex-mulher sempre quiséramos ir à Europa e como ficávamos encantados quando visitávamos museus juntos."

"O resto das minhas férias foi muito melancólico. Eu me arrastava por ela com a constante sensação de que perdera meu melhor amigo. Tê-la perdido como amante, as feridas no ego, eu podia sobreviver a tudo isso. Mas a perda daquela amizade especial era insuportável."

Se você já ouviu algum homem ou mulher expressar os sentimentos de seu parceiro ser seu "melhor amigo", você sabe, pela maneira como falam isso, como se sentem afortunados. Enquanto algumas pessoas acreditam que o clímax do sucesso num relacionamento é alcançado com grandes picos românticos e passionais, outros se sentem abençoados quando encontram alguém que seja amigo e companheiro, e isso é particularmente verdade para os homens.

Antes da revolução sexual a idéia de homens e mulheres sendo amigos no contexto de um casamento era considerada improvável dados seus papéis diferentes assim como a complexa tensão comumente conhecida como "Batalha dos Sexos". Era como se esse simples laço não pudesse existir com interdependências sexuais, econômicas e familiares.

Homens, mulheres e nossa sociedade como um todo se modificaram como resultado do movimento de libertação da mulher. Homens e mulheres são muito mais parecidos hoje em dia — estão ambos no mundo do trabalho. Os homens estão participando mais no serviço doméstico e na responsabilidade com as crianças. E depois de muitos exames e experimentos focalizados no que é feminino e no que é masculino, tanto o homem quanto a mulher se sentem mais confortáveis em expressar tanto o aspecto feminino quanto masculino de suas personalidades. Nesse ponto homens e mulheres estão no que também é, sem dúvida, uma continuidade da evolução dos papéis de cada sexo e comportamento e estão mais compreensivos, aceitam e apreciam mais as diferenças inatas entre os sexos. Depois de um longo período de adversidades e de falta de confiança seguido de mudanças positivas e excitantes, entramos numa nova era de igualdade e respeito. Graças a esta trégua, talvez pela primeira vez na história, homens e mulheres estão explorando o que significa estar próximo um do outro de um modo não-sexual.

Este movimento em direção à reconciliação e relação platônica foi acelerado pelo legado da revolução sexual e também por preocupações de saúde. Homens e mulheres que tivessem se encontrado em 1968 ou 1975 teriam tido mais facilmente relações sexuais do que hoje, quando é mais provável que passem tempos juntos como amigos platônicos. Enquanto algumas pessoas podem sentir falta dessa estonteante era de promiscuidade sexual, a diminuição da ênfase no sexo serviu na verdade para criar novas oportunidades de amizade entre homem e mulher.

Outro fator que ajudou homens e mulheres a explorar a possibilidade da amizade genuína foi a mistura de definições de papéis sexuais. Quanto mais parecidas e igualadas nossas ambições, lutas e experiências, maior a probabilidade de podermos nos relacionar um com o outro como fazemos com amigos do mesmo sexo. Diferenças podem facilitar a atração mas similaridades tendem a nos fazer sentir mais confiantes e mais importantes, mais interessados um no outro. Quando descobrimos que temos muito em comum com alguém, ficamos encantados com essa descoberta e queremos passar tempos juntos.

Nós defendemos o durador e recompensador laço de amizade entre homem e mulher e aprovamos menos a fugaz intensidade romântica que tem mais a ver com a fantasia do que com a realidade. Lembre-se dos três estágios do amor: no caminho para a relação madura e rica, romance e fascinação evoluem para um estágio de companheirismo mais durável e, para muitos, mais satisfatório. Não que a paixão se torne apenas uma lembrança; paixão pode e deve ser continuamente reacendida. Mas a amizade é essencial e fundamental. Cria a experiência de serem espíritos análogos. É na verdade um dos laços mais fortes, principalmente para o homem.

A natureza da amizade

O psicólogo Eric Fromm disse: "A mais profunda necessidade do homem é superar sua tendência ao isolamento." A amizade é alcançar este estágio. É o antídoto para o dilema humano que todos enfrentamos em algum momento de nossas vidas — solidão. Como, sem dúvida, você já deve saber, casar-se ou estar namorando não quer dizer que você nunca mais vai experimentar a solidão. Mas a amizade, no entanto, diminui nosso isolamento. Mas, é claro, é mais do que apenas um adiamento do sentimento de solidão. Suas recompensas estão dentro as melhores que podemos experimentar.

Todas as amizades partilham certas qualidades. Primeiro de tudo, existe uma sensação de confiança. Sabemos que a outra pessoa se preocupa conosco — estamos ligados e somos amados pelo que somos e pelo que contribuímos para a outra pessoa. Existe a partilha de interesses e valores comuns. Existe uma sensação de boa vontade e fidelidade em relação ao outro — confiamos que a outra pessoa tem a melhor das intenções, que não vai nos trair e é um aliado leal.

Conforme a amizade persiste, é fortalecida pela noção de que temos muito investido e que tendo volta como recompensa para nós. Também existe a alegria de partilhar uma história, de reminiscências nostálgicas sobre experiências vividas juntos. O futuro também é parte de cada amizade — sonhos, planos, antecipações e o conforto de saber que nosso amigo estará lá para partilhar estas coisas conosco também.

Achamos que a amizade é mais fácil de ser feita quando somos crianças e adolescentes do que em adultos. As meninas, principalmente, formam laços firmes com outras meninas — elas partilham roupas, pedem a suas mães que lhe comprem roupas idênticas e usam anéis simbolizando sua amizade. Os meninos também fazem amizades com outros meninos que se tornam seus chapas e amigos do peito.

A expressão "meu melhor amigo" começa na infância e tem um significado especial. Infelizmente, conforme crescemos, nossa habilidade em estabelecer estas relações tão importantes não permanece tão afiada. Muitos adultos são bastante espertos para manter velhos amigos, mas muito desajeitados em fazer novos amigos. Conforme envelhecemos, nós infelizmente desenvolvemos um falso orgulho. Perdemos contato com os convites simples que fazíamos quando crianças: "Você quer brincar comigo?" Ficamos mais resguardados, menos receptivos, mesmo que nossa necessidade de laços íntimos não tenha diminuído. É como se não pudéssemos precisar de ninguém.

Em nossa prática de terapia, lidamos com este tipo de falso orgulho quase todos os dias. Homens e mulheres que são espertos em todas as outras áreas de suas vidas, ficam tensos no que diz respeito a se chegar a outra pessoa. Eles secretamente acreditam na velha noção do colégio de que pessoas populares não precisam lutar para fazer amigos, que isto simplesmente acontece. Se ao menos isto fosse verdade!

Como adultos, a maioria de nós tenta dar um jeito de, de vez em quando, fazer novas amizades. E, diferente das crianças, aprendemos as complexidades além das recompensas que estão envolvidas. Espera-se que amigos adultos façam exigências quando estão em momentos de dificuldade. Precisamos deles nestes momentos. Através de sua presença, sabemos que gostam de nós. Eles sempre sabem quando estamos magoados, em geral apenas pelo som de nossas vozes.

Todos precisamos de apoio e amigos íntimos nos proporcionam isto. Para a mulher, a expressão "Ela está ao meu lado" capta a sensação de que ela pode confiar em sua amiga não importa em que situação. Homens usam o termo "meu chapa" para indicar um amigo que não nos deixará na mão, que pode ser chamado num momento de necessidade.

Amizades podem ser estremecidas. Podemos discutir, ofender um ao outro, deixar o outro na mão, nos afastarmos, podemos até passar por períodos de distanciamento, quando estamos ocupados com outras pessoas e tarefas, perdendo assim um pouco do contato. Mesmo assim ainda há a sensação de que um dia retomaremos o contato, porque senão perderíamos muito. Na verdade, conforme envelhecemos, o valor das amizades de longos tempos é aumentado. Estamos realmente cientes de que é muito tarde para desenvolvermos os laços profundos de conhecimento que sustentam e que podem ser formados apenas com muitos anos, até décadas, de partilha de alegrias e tristezas da vida.

É devido aos anos investidos que a amizade pode nos colocar em contato com os momentos felizes do passado. Na verdade, é com nossos melhores amigos que muitas vezes retomamos contato com a criança dentro de nós e encontramos maneiras de brincar novamente.

Amizade entre amantes e entre marido e mulher é parecida com o outro tipo de amizade, mas é muitas vezes mais profunda e significativa por causa das complicações acrescidas do romance. Pares casados que são bons amigos têm a capacidade de misturar a sexualidade e a paixão com o carinho e o companheirismo.

Os homens e o desabafo

Em geral os homens são descritos como tendo dificuldades de "se abrir", se expressar verbalmente e permitirem-se ser emocionalmente vulneráveis. Como resultado deste estilo psicológico contido, os homens são mais suscetíveis a diversas doenças relacionadas com o stress. Eles estão descritos como incapazes ou sem vontade de se comunicar abertamente com suas esposas e de estabelecer alguma coisa além do relacionamento mais superficial entre amigos do mesmo sexo.

Num certo sentido, estas terríveis afirmações são verdadeiras. Infelizmente é verdade que os homens não se ligam com outros homens com tanta freqüência quanto gostariam de pensar que fazem. Também é verdade que alguns homens não têm diálogos íntimos com suas esposas tão freqüentemente. E, por fim, os homens que se negam a admitir seus medos internos tendem a sofrer mais de stress do que os que lidam com seus sentimentos de forma mais aberta. Mas também ficou claro pela nossa observação inicial sobre o comportamento masculino atual que a solução não é simples: não se trata simplesmente de que os homens deveriam "desabafar" mais.

Por exemplo, os homens reclamam de suas ansiedades ligadas a carreira sem desenvolver habilidades específicas de lidar com elas, tendendo assim a sofrer mais ainda de stress. Na verdade, as estratégias recomendadas para lidar com o stress relacionado com o trabalho enfatizam mais o aprendizado de ser "durão" e mais eficiente, não mais "mole" ou mais expressivo verbalmente.

Os homens não têm dificuldade com expressões de sentimentos em geral. O que é difícil para eles é a expressão de certos sentimentos — estes que expõem delicadeza e vulnerabilidade. Os homens podem ser passionais e extremamente abertos até mesmo com estes sentimentos, desde que o contexto seja visto por eles como "heróico" em algum sentido. É por isso que atletas e soldados se permitem chorar livremente, pois eles sentem que estão numa situação "heróica" na qual os temas de honra e coragem prevalecem.

As mulheres podem acreditar que querem que os homens expressem toda sua gama de emoções. Mas nossa experiência com homens, mulheres e casais, demonstrou para nós que o que as mulheres realmente querem é que o homem seja mais aberto e expressem mais seu amor por elas — não todo o espectro de emoções. Uma mulher pode ficar muito enervada se o homem ficar muito aberto ou muito vulnerável. A exposição da vulnerabilidade masculina e de sua dor pode causar ansiedades muito fortes em muitas mulheres. Ela se sente como se o homem tivesse violado um segredo, quebrado um acordo feito sem palavras, revelado fraqueza e, pior de tudo, como se ela devesse consertar a situação. As mulheres sabem que não se pode ter tanto a expressividade emocional quanto o dinamismo e o comportamento orientados para a ação em abundância num só homem. É parte de uma troca.

Os homens não estão muito interessados em ser emotivos ou vulneráveis como um estado geral de comportamento. Mas muitos homens hoje em dia estão se permitindo ser mais abertos de uma forma seletiva. Estão aprendendo que permitir que suas companheiras conheçam seus pensamentos internos e sentimentos acaba por enriquecê-los, também em relação às crianças, que vêem o pai como uma pessoa real em vez de uma figura em duas dimensões. Além disso, os homens estão começando a aprender que, no mundo do trabalho, os medos que são mantidos trancafiados podem se tornar tóxicos e destruidores.

A maioria absoluta dos homens prefere a ação às expressões emocionais. Isto não quer dizer que o homem vai continuar a ser um estranho silencioso para a mulher que o ama. Mas isto sugere que a mulher pode ajudar o homem a ser ·mais aberto quando eles entenderem o que esta "abertura" significa para si mesmos. As mulheres que entendem e aceitam as forças que ditam as escolhas dos homens no que diz respeito a expressividade são tremendamente valiosas para os homens.

A sexualidade como disfarce para a proximidade

Como ainda é difícil para o homem expressar suas emoções e necessidades de maneira direta, eles podem ser comunicativos de uma forma disfarçada. A sexualidade tem sido, tradicionalmente, uma maneira de expressão para o homem e também um caminho que os permite fazer contato. Muitas vezes, o que passa como paixão sexual e luxúria no homem é, na verdade, uma tentativa por parte dele de se aproximar da mulher.

Antes da revolução sexual, acreditava-se firmemente que o homem tinha mais desejo sexual que a mulher e que eram escravos de sua testosterona obcecada. A obsessão do homem pelo sexo era explicada como normal, saudável e um fato biológico da vida — os homens simplesmente precisavam de mais sexo do que as mulheres. Agora nós entendemos melhor e, no que diz respeito a libido, homem e mulher são muito parecidos. Além do mais, até mesmo no passado, o desejo sexual masculino não era o que parecia ser. Voltando alguns séculos no passado, a aparente fome por conquista sexual masculina escondia um desejo mais profundo — a necessidade de contato físico e emocional — a intimidade. As razões voltam à maneira pelas quais os meninos formam atitudes sobre suas expressões emocionais na infância. Apesar dos meninos chorarem e vivenciarem momentos em que são reduzidos a emoções fortes e descontroladas diferentemente das meninas, eles pagam um preço por estas expressões — vergonha e humilhação. Desde muito cedo os meninos são ensinados a esconderem suas emoções como parte do autocontrole masculino.

Também as expressões físicas são mais abertas e aceitas nas meninas. Mais confortáveis com a proximidade, as meninas são mais livres para explorar e preencher suas necessidades por contato físico e afeição. Os meninos têm as mesmas necessidades de proximidade, mas os canais para sua expressão ficam mais estreitos com a idade. Todas as mães já viram seus filhos se afastarem de um beijo carinhoso no rosto, temendo que alguém pense que ele é um "bebezinho" ou "filhinho da mamãe". E muitos pais sentiram seus filhos se encolherem de um abraço amistoso, deixando claro para o pai que ele "está muito velho para isso".

O contato físico que o menino consegue no contexto permitido e agressivo dos esportes ou lutas pode ser o único contato que ele terá em muitos anos. Não é de se estranhar que ele seja tão entusiasmado quando chega a idade das experiências sexuais! O sexo afirma a masculinidade enquanto ao mesmo tempo os permite satisfazer a fome de proximidade. A mulher estereotipada teme que "ele está apenas interessado em meu corpo" seja sempre uma afirmação verdadeira. A necessidade por afeição física estocada no homem muitas vezes toma esta forma. Mas a sensualidade agressiva do homem não quer dizer, necessariamente, que tudo que ele quer seja sexo. Expressões de desejo sexual são freqüentes disfarces para o desejo de uma maior intimidade.

Enquanto muitos homens procuram o sexo para satisfazer suas necessidades de intimidade, outros temem as fomes emocionais e as sensações de dependência que podem surgir durante o ato. Alguns evitam o sexo num todo por causa de seus medos, e outros exibem uma certa indiferença com suas parceiras depois de terem sido muito apaixonados e emotivos no ato de amor. Esta mudança abrupta apenas parece insensibilidade; na verdade, é uma grande tentativa de *não* sentir. É uma reação causada pelas emoções que são muito intensas e desconfortáveis. Os homens que se viram rapidamente para o outro lado depois de terem feito amor não são necessariamente frios ou insensíveis — podem estar tentando disfarçar ou reprimir conflitos internos que estiveram se remexendo dentro deles pela proximidade que acabaram de vivenciar.

Mark, 36 anos, é uma pessoa diferente por estar muito ciente destes turbilhões internos. "Sempre que eu ficava sexualmente envolvido com uma mulher eu recebia reclamações sobre ir dormir logo depois. Só recentemente fui capaz de explicar para mim mesmo. Quando eu faço amor, é mesmo fazer amor — eu me sinto doce, querendo agradar, até muito apaixonado. É como se fosse permitido sentir tudo isso no ápice da paixão, permitido para mim mesmo, até mesmo sentir vontade de chorar. Mas logo depois, a grandeza do que eu sinto é demais — eu me sinto como se tivesse que me casar —, como se esta sensação maravilhosa do ato exija nada menos do que um compromisso. Assim eu lido com todas estas confusas emoções indo dormir."

Não seria justo caracterizar Mark como insensível, mesmo que seu comportamento faça com que ele pareça assim. É o Fator Polaridade — muita proximidade para Mark é um sinal claro para se retirar até o afastamento.

Outros homens que temem uma ligação intensa negam este medo se atirando numa conquista sexual obsessiva. Para estes homens, o contato sexual tem, no seu âmago, um desejo por proximidade e conexão com uma mulher. O apetite sexual aparentemente insaciável é, na verdade, uma fome por amor disfarçada no homem! Porque esta necessidade não é reconhecida, nunca admitida, numa expressada, o chamado Dom Juan raramente se sente amado ou completo. É por isso que ele se sente tão vazio enquanto seduz implacavelmente e depois foge de mulher após mulher. O que o Dom Juan quer e precisa desesperadamente é de contato emocional com a mulher, mas seus medos no tocante a este desejo são tão grandes que ele não se permite reconhecê-los.

É típico que o Dom Juan tenha tido uma mãe que foi inconsistente em seu amor — algumas vezes carinhosa, até sedutora, outras vezes fria e distante. Por causa destas combinações de desejo e temor que caracterizam seu comportamento com sua mãe, sua necessidade emocional da mulher está associada com uma elevada sensação de ansiedade, uma ameaça palpável de perigo. Seu grande desejo de carinho e apego, posto em ação pela promessa não cumprida de sua mãe, o leva a desafiar a ameaça do perigo e a procurar freneticamente por mulheres. Temeroso de se permitir amar completamente e assim precisar de uma mulher, ele limita suas interações a conquistas sexuais — isso permite que ele fique bem perto das mulheres sem ser íntimo.

Felizmente, com a evolução do homem e da mulher, existe menos necessidade de esconder sentimentos humanos como o desejo por aconchego e por ser amado. Além do mais, como os homens estão mais cientes da maneira pela qual sua sexualidade pode disfarçar outras motivações, é mais provável que eles busquem amizade com uma mulher de forma direta e sincera.

Como o homem reage à amizade

Homens e mulheres são totalmente diferentes na forma pela qual se relacionam com amigos. A amizade feminina é caracterizada pela afeição física e expressa de emoções. Os laços dos homens são mais indiretos. As mulheres se ligam apenas para um bate-papo; os homens se telefonam para combinar atividades. As mulheres partilham suas intimidades em conversas; os homens são mais do tipo de trocar informações factuais.

No entanto, só porque a conversa dos homens parece ser sobre atividades estereotipadas como pôquer, squash ou uma pescaria, não pense que não está acontecendo alguma comunicação signifificativa entre eles. Os homens se comunicam num tipo de língua que pode parecer indireta para a mulher, mas é reveladora e compreendida por outros homens. Por exemplo, é típico dos homens discutirem preocupações com a vida, sonhos e até apreensões com palavras disfarçadas; contam como estão jogando o jogo bem ou filosofam sobre do que se trata tudo isso. Seu desejo por partilhar experiências e intimidades está ali e está sendo expresso, embora disfarçado ligeiramente atrás de brincadeiras ou mesmo o que pode parecer, na superfície, competitividade.

Independente de quantos amigos masculinos temos, cada um, mesmo que secretamente, quer uma esposa que também seja sua melhor amiga. Sem isso, existe uma certa solidão que, mesmo que possa parecer familiar, leva a uma dor que muitos homens conhecem. Apesar dos laços de homem para homem, o que em parte serve como uma forma do homem comunicar seus sentimentos mais profundos, existem muitos homens que não participam de forma alguma deste tipo de intimidade, nem têm outros amigos íntimos, nem mesmo mulheres. Por mais triste que pareça, pesquisas neste tema indicam que a maioria dos homens não tem um amigo muito íntimo ou um "melhor" amigo".

Quando estão com problemas, é típico dos homens não procurarem um amigo da mesma forma que a mulher procura suas amigas. Como terapeutas, é comum vermos um homem cujo casamento está com problemas ou está sofrendo de medo de fracasso em seu trabalho e que, tipicamente, não tem ninguém com que conversar sobre isso. Sem dúvida você deve conhecer algum homem que esperou até o último momento para contar a um "chapa" que seu casamento estava complicado, quando as mulheres de seus amigos já sabem há muito tempo. O medo que o homem tem da competição é usado como uma desculpa padrão, mas a verdade é que a maioria dos homens não são tão competitivos numa amizade como as pessoas pensam.

Como resultado de suas inibições e preocupações em parecer fraco, para muitos homens a ligação com amigos do mesmo sexo não é suficiente. Eles querem um relacionamento mais íntimo e de mais confiança no qual possam se abrir sem nenhuma censura. Eles procuram esta mulher. Os homens precisam e procuram a amizade com seus pares até mais do que a mulher. Porque eles se afastam de outros homens, uma grande necessidade cresce dentro deles. Para homens divorciados ou viúvos, a solidão pode ser agonizante, e é por isso que eles muitas vezes se casam o mais rápido que podem. Eles querem recapturar a amizade que foi perdida.

Os homens respondem à verdadeira amizade com gratidão e fidelidade. Eles se sentem mais próximos, menos sós e confiam mais. Sentem que têm uma companheira para a vida toda, alguém que está a seu lado partilhando as aventuras da vida. Uma mulher que entende isso pode se tornar a alma gêmea para o homem, alguém que o conhece e o entende.

O amigão

Stuart, 30 anos, só teve um relacionamento longo, que durou um ano. Desde então, saiu com diversas mulheres de forma casual. Apesar de Stuart ter dito que se sentia pronto para se casar e que queria ter filhos, ele mantinha um padrão ao procurar mulheres que seguia primeiro a aparência. Seu gosto variava entre mulheres altas, magras e maravilhosas, que ele sempre parava de procurar depois de alguns encontros porque achava que elas eram muito egoístas ou superficiais.

Um dia ele contou na terapia: "Eu descobri a mulher com quem vou me casar — se ela me quiser."

Em vez de descrever as pernas dela, seus cabelos ou como ela era sexy como ele sempre fazia, Stuart disse: "Ela me faz sentir como se tivesse encontrado meu melhor amigo!"

Nikki e Stuart se conheceram num passeio de bicicleta patrocinado por uma revista de ciclismo. Pedalando lado a lado em uma ladeira bem inclinada, eles comentaram a dificuldade de subir a ladeira e começaram a conversar. No almoço, sentaram-se na mesma mesa. "Não importava o que eu dizia, Nikki entendia exatamente o que eu queria dizer. Conversamos sobre bicicletas, passeios nos quais estivemos, lugares que gostaríamos de ir durante as férias, tínhamos até lido os mesmos livros e concordado sobre o que gostávamos ou o que não gostávamos neles. Na tarde seguinte ela me levou para um festival de música country. É agradável estar com ela. Nós passamos o tempo juntos como velhos amigos."

Agora, sete meses depois, Stuart e Nikki têm uma relação íntima. Mesmo que tenha mencionado alguns problemas — ele não se dá muito com a colega de apartamento dela e Nikki lhe pediu que fosse mais cuidadoso ao telefonar para ela quando promete que vai fazê-lo —, Stuart tem esperança de que continuarão a ficar mais próximos e eventualmente se casarão. O que Stuart encontrou em Nikki foi uma companheira de todas as horas, um amigão, uma mulher que gosta das atividades que ele gosta e que pode ser uma amiga sem os conflitos e lutas por poder entre homem e mulher.

Como Stuart tinha o padrão de escolher mulheres altas, magras e muito bonitas, nós perguntamos a ele como era Nikki e ele sacou uma foto da carteira tirada em uma de suas viagens pelas montanhas. Ela era amistosa, aberta e atraente, mas não bonita da maneira clássica. Com 1,60 metros de altura, ela tem pernas curtas e musculosas e é o oposto do antigo "tipo". que ele procurava.

Descobrindo o que realmente atrai os homens. A razão pela qual mencionamos a aparência de Nikki é que achamos que este caso ilustra claramente nossas crenças de que a atitude de uma mulher, sua personalidade, comportamento e a resposta emocional que ela provoca num homem são muito mais determinantes na atração que ele sente e na sua união do que a aparência externa, não importando como o tipo físico que o homem procura possa ser definido. A sensação agradável da amizade aconchegante que Stuart tem com Nikki é o que o faz gostar dela e querer casar com ela.

Bonnie também é uma grande amiga. Hoje, Ray a vê como uma companheira sensível e digna de confiança. Mas estas sensações estão em contraste com algumas das suas primeiras impressões sobre ela. "Quando eu me aproximei de você e suas amigas e ouvi como estavam acabando com os homens, dizendo como éramos uns idiotas, sabia que não íamos dar certo como casal. Eu precisava de uma mulher que fosse minha amiga — obviamente não éramos adequados um para o outro."

Ray estava noutra sala da festa quando entrou na cozinha e ouviu Bonnie e suas amigas numa sessão de reclamação. Quando ele lhe contou no caminho de casa que queria terminar e qual a razão, ela riu de seus comentários. "Ora, é apenas conversa de mulher. Mesmo assim, não sou uma companheira, sou sua amante." Ela ficou surpresa com a raiva que este seu último comentário causou em Ray. "É exatamente isso, Bonnie! E estou cansado do papel de romântica ridícula que você representa comigo. Guarde suas camisolas e a champanhe para um cara que seja bastante pré-histórico e que queira isso como uma constância."

Furiosa com o que ele disse, Bonnie pulou fora do carro e bateu a porta quando chegaram ao seu prédio. "E espero que você encontre o amigo de pescaria que vai te fazer feliz! Que pena que você não possa se casar com Ernest Hemingwav."

Vendedora de uma firma de arquitetura, Bonnie, 35 anos, era muito competitiva e agressiva em sua carreira. Durante o horário de trabalho, ela se vestia de maneira conservadora e era a perfeita profissional de negócios determinada a ser melhor que os homens num campo muito dominado por eles. Depois do expediente, ela se transformava numa pessoa diferente. Mudava suas roupas-de-sucesso para vestidos de seda e saltos altos. Também mudava sua personalidade de eficiente para a da pantera sexy.

Tinha orgulho de ser capaz de atrair quase todos os homens que desejava. Mas ao mesmo tempo, ela desprazava os homens que mordiam a isca. "Os homens são tão fáceis — coloque uma saia curta e eles vêm correndo." Também tinha consciência que, apesar dos homens serem atraídos no início por sua projeção sexy, seus relacionamentos raramente duravam mais do que alguns meses.

Veterana de muitos casos rápidos, em geral com "gatos" em quem não se podia confiar ou evasivos, mas muito excitantes, ela desenvolveu uma mentalidade "nós contra eles", uma convicção de que homens e mulheres estavam fundamentalmente em guerra, uma guerra na qual ela estava determinada a vencer. Ela e suas amigas falavam durante horas, todas as semanas, rindo e trocando as últimas fofocas de seus casos. Foi numa destas sessões que Ray entrou e ouviu.

Ela o encontrou numa festa, perguntou seu telefone e ligou para ele na semana seguinte. Eles estavam saindo há dois meses, indo muito a cinemas, exposições de arte ou jantares em restaurantes chiques os quais ela freqüentava regularmente. Muitas vezes ele a convidou para darem passeios de carro pelo campo, para assistir a um jogo de beisebol ou para ir pescar: "Eu queria te mostrar este lago mágico que encontrei lá nas montanhas, é tão sereno, lá", ele disse mais de uma vez. Bonnie sempre se negava a partilhar estas atividades com um beijo e dizendo, "Estas são coisas para homens, leve um de seus amigos".

Depois da briga, ela ligou para uma de suas amigas e contou o que aconteceu. Ela ficou chocada ao ouvir sua amiga dizer: "Puxa vida Bonnie! Ele era tão bonzinho! Era o melhor homem com quem já te vi, poderia ter se casado com ele!"

Pelos próximos dias, Bonnie se percebeu chorando em seu carro à caminho de suas vendas. Os comentários de Ray e de sua amiga ficavam martelando seus ouvidos. Pela primeira vez em anos, ela admitiu para si mesma que queria um relacionamento sério e até casamento.

Ligou para Ray e perguntou se ele poderia se encontrar com ela numa cafeteria naquela noite. Eles conversaram sinceramente por horas, como amigos. Bonnie descobriu que se sentia muito bem e à vontade, confortável em ser ela mesma com ele. Quando se aprontavam para ir embora, ela disse: "Se eu comprar entradas, você me leva para ver o jogo dos Dodger?"

Bonnie está descobrindo que ela gosta sinceramente de muitas atividades que desdenhava antes. Ela esteve assustada e com medo pelos muitos casos que terminavam de forma negativa, mas seu profundo medo de intimidade está sendo transformado aos poucos pela confiança e respeito por Ray. Aos poucos ela está revelando mais de si mesma para ele.

Pelo seu lado, Ray está ficando mais livre e muito mais aberto com ela. Antes ele sentia um sutil ressentimento por ela, achando que ela só o queria como um acompanhante atraente. Como seu apetite por vida noturna e romance exagerado era limitado, ele não queria estar com ela mais de uma ou duas vezes por semana. Conforme começaram a partilhar uma quantidade maior de atividades, Ray começou a sentir que podia ser mais ele mesmo com Bonnie e começou a querer passar cada vez mais tempo com ela.

A amizade pelo parceiro. Um dos medos mais comuns do homem e da mulher é que o desenvolvimento de uma verdadeira amizade num relacionamento pode anunciar uma perigosa perda de emoção e erotismo. A cultura tende a grifar este medo marcando bem a diferença entre o que é amizade e o que é sexy. Muitos de nós temos a tendência a cair nesta distinção falsa, enquanto a verdade é que amantes podem ser amigos e vice-versa.

Se tornar amigo de seu parceiro não significa perda de paixão; acrescenta uma importante dimensão para o relacionamento. Os motivos mais freqüentes da morte da paixão é o acúmulo de ressentimento e mágoa. A facilidade da comunicação de sentimentos e trivialidades que acontece numa amizade íntima é um eficiente antídoto para estas dificuldades de comunicação e mágoas. Quando as pessoas são amigas, elas se entendem mais. Quando amantes são também bons amigos, eles têm o potencial de usar a facilidade de se entenderem de maneira que podem mesmo ampliar a paixão em vez de diminuí-la. Amantes que são amigos têm coisas para conversar após fazer amor. E eles têm a abertura e aceitação mútua que os leva a quererem fazer amor.

A iniciadora

Janet e Gene estão saindo juntos há nove meses. Pelos últimos meses ele andou soltando frases como, "quando formos um velho casal casado" e "em nossa lua-de-mel" mas não fez a proposta formal. Janet, 34 anos, teve que parar a si mesma para não propor a ele por diversas vezes. "Afinal de contas eu corri muitos riscos e fiz muitas proposições neste relacionamento. Vou deixar que ele faça a proposta de casamento."

Na verdade, se Janet não tivesse tomado muitas iniciativas depois de conhecer Gene, 25 anos, é duvidoso se chegariam a se conhecer. Foi a grande virada que Janet deu há dois anos que mudou radicalmente sua atitude em relação ao homem e comportamento em relacionamentos. "Foi numa festa que fui com uma amiga e eu estava olhando em volta para todos os casais que conversavam, os homens que procuravam as mulheres para iniciarem conversas e as mulheres que se apresentavam aos homens. Eu fiquei realmente com inveja da mulher que vi fazer esta aproximação. Tinha passado a última semana me sentindo amarga e me fazendo de vítima, xingando todos os rapazes com quem saí algumas vezes por não terem ligado outra vez, imaginando o que tinha feito para desestimulá-los.

"Eu fiquei em casa aquela sexta-feira com pena de mim mesma por não ter com quem sair. E pensei em todas as vezes que esperei um homem me ligar, com raiva deles. Vendo as pessoas na festa, percebi que quase nunca tinha alguma iniciativa com eles. Que eu esperava pelo homem que se aproximasse de mim e ia para casa deprimida quando o 'príncipe' não tinha falado comigo. Também esperava o homem que tivesse todos os planos, que fosse um cara que realmente tomasse as decisões de onde iríamos jantar e até mesmo quando nos veríamos depois. Percebi que estava ressentida com os homens por estarem me fazendo sentir como uma vítima, quando na verdade eu estava me fazendo de vítima por ser tão passiva."

Janet começou a dar alguns passos ela mesma. E nem sempre era divertido.

"Descobri muito rápido pelo que o homem tem que passar. Chegando perto de um homem, por exemplo, na minha academia de ginástica, e começando uma conversa ou dizendo, 'Vamos pegar nossos números de telefone e ver se podemos nos encontrar semana que vem para um cinema', era realmente difícil algumas vezes e eu me sentia terrível quando percebia que não havia interesse da parte dele. Mas eu encontrei e sai com alguns caras interessantes porque dei o primeiro passo. E senti mais poder e mais equilíbrio."

Gene estava na mesma sala do curso de criação literária que ela estava freqüentando na universidade. "Da primeira vez que o vi me senti muito atraída por ele e ele leu uma de suas histórias na aula, e percebi que partilhava algumas de suas idéias e sentimentos em relação à vida. Fui até ele e me apresentei durante um intervalo e lhe disse que adorei sua história. Perguntei se ele gostaria de ir tomar um café na cafeteria da universidade depois da aula e me senti uma idiota quando ele disse que tinha que se encontrar com alguém — pensei que ele tinha uma namorada ou esposa.

"Conforme as aulas continuavam, e nós dois líamos nossas histórias na sala, trocávamos olhares e até algumas palavras, eu realmente sentia alguma coisa quando nossos olhos se encontravam. Quando só haviam mais duas aulas antes do curso terminar, eu decidi me arriscar a ser rejeitada — se eu não tomasse a iniciativa, poderíamos nunca mais nos ver depois que as aulas terminassem. Assim eu o convidei outra vez para um café depois da aula. Ele disse não! Depois de uma longa pausa explicou que tinha que dar uma carona para seu irmão, já que dividiam um apartamento. Eu fui em frente e pressionei. 'Você é casado?' 'Não', respondeu ele, 'Nem tenho namorada'. "Eu disse, 'então me dê seu telefone que convidarei você e seu irmão para uma festa que vou dar semana que vem'."

Gene se sentiu atraído por Janet desde a primeira aula, mas era e é uma pessoa tímida. Ele ficou muito aliviado quando ela deu o primeiro passo para deixá-lo saber que ela estava interessada nele. A maneira amistosa e interessada com que ela o convidou para o jantar e depois sugeria coisas para fazer, mostrando a ele e ao irmão a cidade, deu confiança a ele, encorajando-o a perder sua timidez e a se permitir confiar mais rapidamente no crescente interesse dela por ele.

A vontade de Janet de arriscar ao tomar a iniciativa trouxe à tona sua confiança e o libertou para revelar mais de sua personalidade para ela. Ela demonstrou uma amizade que teve um efeito muito positivo em seu relacionamento.

Tomando a iniciativa. Seja em nosso bairro, nos lugares onde fazemos compras, nas aulas que freqüentamos, nos grupos aos quais pertencemos ou até mesmo em nosso trabalho, cada um de nós tem um grande número de pessoas em nossas vidas a quem vemos constantemente a ponto de reconhecer seus rostos mas com as quais não falamos. Não fomos apresentados ou não tivemos uma razão específica para falar com eles, assim não o fazemos. Podemos cumprimentar com a cabeça, sorrir ou até dizer olá, mas é só isso. A pessoa, mulher ou homem, que arriscar tomar a iniciativa para iniciar uma ligação aumenta suas possibilidades sociais.

Você pode achar que não têm nada em comum. Pode fazer um contato de trabalho ou até um conhecimento casual. Você pode falar com esta pessoa uma só vez e aprender alguma coisa ou ouvir alguma coisa que precisava ouvir naquele momento. E pode encontrar aquela pessoa especial. Soa um tanto grosseiro para nossos ouvidos, mas sempre ouvimos falar que "é uma questão de número — quanto mais homens conhecer e sair, melhores serão suas chances de encontrar alguém que realmente faça click para você." Também ouvimos isso ser dito em relação às mulheres.

Tomar a iniciativa a coloca numa posição mais ativa e poderosa. Tira você da postura passiva de ficar esperando que se aproximem de você ou que um homem que não lhe interessa em nada lhe convide para sair. Mas seja este primeiro passo se apresentar para alguém e começar uma conversa ou o maior risco de convidar um homem para tomar um café com você ou almoçar, ir ao cinema ou algum evento cultural, você está sendo responsável por suas próprias experiências, está sendo ativa.

Como os homens respondem? Quase sempre, eles gostam. Os homens detestam ser o que tem que dar o primeiro passo todas as vezes e arriscar serem rejeitados. Quando uma mulher toma a iniciativa, é um elogio e um grande alívio. Além do mais, enquanto os homens que são agressivos ou caçadores de mulheres não têm nenhuma dificuldade em se apresentar às mulheres — homens que provavelmente você preferiria não conhecer! —, quando se fala dos que valem muito a pena mas são reservados ou tímidos, sua iniciativa pode ser a única maneira pela qual você vai conhecê-los.

Evelyn também é uma iniciadora. Ela e Larry estão casados há seis anos. Ambos estão na casa dos quarenta e não têm filhos.

"Se eu achasse que chegaríamos do trabalho todas as noites, jantaríamos e ficaríamos sentados em frente à televisão todas as noites, provavelmente eu não teria ido ao nosso segundo encontro! Estou tão cansada de nossa vida. Larry está ficando barrigudo, está trabalhando até tarde no escritório e anda por aí suspirando. Ele é um bom homem e eu o amo, mas não sei o que fazer."

Evelyn e Larry estão num ponto crítico em seu casamento. Ela se sente chateada e com inveja de outros casais, até de mulheres solteiras por estarem levando uma vida mais excitante. Ela acha que Larry alcançou a meia-idade antes do tempo. Ele não é mais o aventureiro encantador que costumava levá-la para clubes de jazz à meia-noite ou para viajar no fim de semana para lugares excêntricos e fora do comum nas montanhas. O problema com o casamento deles, é que Evelyn está esperando passivamente que Larry providencie a excitação para eles como ele fez durante o primeiro ano de seu casamento. Ela esperava que ele aparecesse com coisas para fazer, que a levasse a lugares, que conseguisse ingressos para eventos interessantes.

Na verdade, Larry fez realmente um esforço para sugerir atividades, mas durante os anos ele se desencorajou pela dificuldade de agradar Evelyn. "Por que me incomodar?" foi a maneira como Larry acabou sentindo.

Almoçando um dia com uma das velhas amigas cujo casamento Evelyn invejava, ela mais uma vez reclamou sobre como ela estava chateada com seu casamento. "Você e Jim estão sempre fazendo cursos juntos, indo para fazendas para o fim de semana ou se envolvendo em alguma atividade comunitária. Gostaria que Larry viesse com pelo menos uma idéia como essa para cada dez de Jim!" "Você acha que meu marido decide tudo isso?", perguntou sua amiga abismada.

Evelyn decidiu assumir um compromisso de se comportar de uma maneira mais positiva, afetiva e carinhosa em relação a Larry. Apesar de no princípio ele não responder, ela continuou, sabendo que o casamento não ia se curar da noite para o dia. Ela também decidiu ser menos passiva e parar de esperar que Larry fosse seu cavaleiro de armadura brilhante. Ela combinou com diversos outros casais de amigos para irem a jantares casuais em restaurantes e um concerto de jazz num clube que abriu há pouco tempo perto deles. Sentimentos calorosos começaram a acordar dentro deles. Começaram a conversar de novo e ela lhe contou como sentia que eles tinham se afastado tanto e disse que estava decidida a reinvestir no processo.

Quando Evelyn começou a tomar a iniciativa e a sugerir novas atividades para eles fazerem juntos, ela estava encantada em perceber que Larry gostava disso. Sua resposta foi de alívio — uma carga tirada de seus ombros: ele não mais tinha que ser o único de quem se esperava automaticamente a iniciativa para planos e idéias. A nova dinâmica de igualdade reduziu muito o ressentimento em ambas as partes. "Tudo isso nos aproximou mais", disse Larry, "e funcionou como mágica em nossa vida sexual. Por algum tempo eu senti que estava tudo acabado entre nós, que eu estava me portando como um velho, mas pelo jeito que estamos indo, podem estar certos os que dizem que a vida começa depois dos quarenta. Eu dou muitos créditos a Evelyn por estar nos colocando de volta na direção certa.

Assumindo a responsabilidade pelo risco. Cada amizade e cada casamento precisa evoluir continuamente. Como Woody Allen disse para Diane Keaton no filme *Noivo neurótico, noiva nervosa*: "Um relacionamento é como um tubarão — tem que ficar se mexendo ou morre". Cada indivíduo é responsável por investir a energia necessária para manter a relação ativa, viva e andando para a frente. Ambos têm que participar nas novas experiências que geram sentimentos partilhados, algo sobre o que conversar, coisas para se planejar e sonhar. Isto se aplica particularmente a casais que não têm filhos ou cujas crianças estão crescidas e assim provêem menos foco de interação.

Se a verdade for conhecida, a maioria de nós gostaria de algumas mudanças em nossas vidas e relacionamentos. Muito freqüentemente, nossos pares são considerados culpados quando estas mudanças não acontecem. Eles não precisam de nossa sugestão, eles não ouvem nossas reclamações, não ficam tocados com nossos pedidos e nem ao menos lêem nossas mentes. Se as mudanças devem acontecer, precisamos parar de ficar pedindo a nossos pares que as promovam e começarmos a assumir a responsabilidade por iniciá-la nós mesmos.

Basicamente, a pessoa que quer a modificação é o responsável por fazê-la acontecer. Não é apenas enfurecedor além de extremamente fútil, ficar esperando alguém que faça nossa vida melhor. Quando esperamos, nos sentimos passivos ou à mercê da sensibilidade e generosidade de nossos pares. Quando nos tornamos responsáveis não esperamos, não somos passivos e, em vez de nos permitir ser vítima dos fatos, nós mudamos as coisas na direção de nossa escolha.

Uma das razões por que algumas pessoas resistem a ter que tomar esta estrada mais ativa e efetiva para a modificação tem a ver com orgulho — ou mais claramente, com falso orgulho. "Se ele não tomar a iniciativa, não pensar sobre isso por ele mesmo ou não fizer alguma coisa sem minha aprovação, então não é bom. Uma experiência só é boa quando ele faz isso porque assim o quer — perguntar estraga tudo!" Todos estes sentimentos têm a ver com falso orgulho e não com amor. Às vezes é mais carinhoso quando tomamos a iniciativa do que quando nosso parceiro o faz por hábito. Quando o parceiro responde e se ajusta a algumas coisas que fazemos de diferente é um reflexo de amor, pois ele ou ela estão fazendo alguma coisa que não é natural.

É importante agir em vez de esperar. Quando agimos nos sentimos automaticamente menos ressentidos e damos impulso à possibilidade de enriquecer nossas vidas de maneira que nos agrade.

Uma provedora de amor

"Quando conheci Michael eu percebia que de alguma forma ele estava pouco a vontade em sair com uma mulher de negócios" — lembra-se Janine, uma agente publicitária. "Seus amigos são do tipo artístico, escritores, poetas e artistas. E pelo que ele me contou, antes de mim, ele sempre esteve envolvido com atrizes e artistas bastante intensas e um tanto malucas. Ele me ligou seis vezes num dia, mas eu sabia que ele tinha dúvidas em relação a nós como casal, e eu tinha também. Não havia como eu ser a madura e prática no relacionamento para ele poder ser o artista criativo. Eu lhe disse no início que era preciso ter um equilíbrio entre nós, com ambos sendo responsáveis e adultos assim como pessoas criativas.

Janine, 36 anos, encontrou Michael, um escritor de teatro e jornalista free lance, dois anos depois do rompimento de seu casamento de oito anos. Após seu divórcio, Janine se mudou para outra cidade. À noite, ele tinha aulas de filmagem, criação literária e artes teatrais. Foi em um de seus trabalhos voluntários, fazendo publicidade para uma peça, que ela conheceu Michael, que tinha escrito a peça. "Ele era um autor de grande talento e uma pessoa doce e atenciosa", disse Janine. "A princípio eu fiquei intimidada por seus amigos e acho que ele não sabia como eu iria me enquadrar e achava que eu era muito certinha — mas nós conseguimos superar isso. Eu realmente gosto das idéias e paixão do mundo do teatro e das artes que ele apresentou a mim. Existem alguns pretensiosos e esnobes, mas se encontra isso em todos os lugares. E ele aprendeu a gostar do mundo de negócios e da 'arte' do que eu faço. Ele até fez um pouco de sucesso com uma peça baseada no jogo das vendas, com a personagem principal inspirada em mim."

"Dinheiro era um tema complicado entre nós no princípio. Meu salário tem cinco dígitos e ele estava morando num estúdio barato, ganhando entre 500 a 1.000 dólares por artigos free lance para as revistas, o suficiente para pagar o aluguel para que ele pudesse escrever suas peças. Ele se recusava a ir a restaurantes caros mesmo que eu o convidasse e me oferecesse para pagar, porque ele não podia retribuir."

"Não foi antes de que estivéssemos juntos há alguns meses e realmente apaixonados, começando a confiar no outro num nível mais profundo que pudemos começar a falar sobre nosso futuro e a parte econômica de nossa vida juntos. Eu lhe disse que adorava meu trabalho e o dinheiro que conseguia com ele e, ao mesmo tempo, acreditava nele como escritor e não queria que ele se tornasse um corretor da bolsa ou um magnata só para que ele ganhasse muito dinheiro também — eu já tivera um casamento competitivo e materialista. Por outro lado, eu não queria viver uma vida boêmia e financeiramente insegura.

"Depois de muitas longas discussões, nós decidimos nos casar. Nós juntamos nossos salários e tínhamos bastante dinheiro para um estilo de vida confortável apesar de não extravagante. Eu cuidei das contas e das finanças e negociei o acordo para a casa porque faço isso bem e gosto. Ele cozinha e faz mais compras do que eu, mas ele está feliz com isso — de qualquer jeito ele só escreve pelas manhãs. Estou tentando engravidar agora, sobre o que estamos ambos muito animados. Eu vou continuar a trabalhar e ele será mais um dono-de-casa."

"Algumas pessoas podem pensar que nosso casamento é uma troca de papéis", diz Michael. "Janine ganha cinco vezes mais do que eu, mas ambos trabalhamos muito e gostamos do que fazemos. A maneira dela acreditar em mim como autor me ajuda muito a continuar e depois de muitos relacionamentos intensos com mulheres que eram tão loucas como eu costumava ter, fico extremamente satisfeito de estar casado com uma mulher estável e sã e tão amorosa e carinhosa quanto Janine. Nós nos completamos muito bem, acho eu. Muitos escritores desistem logo no início e não podem sustentar uma família. Minha vida poderia ter sido muito solitária e instável, mas ela está fazendo com que seja possível para nós termos uma família — eu me considero um homem de muita sorte por tê-la encontrado."

A ânsia masculina por companheirismo

Como você pode ver por estes casos, o homem deseja mesmo amizade com a mulher de sua vida mesmo que isso não seja óbvio para suas parceiras ou mesmo para ele mesmo.

Muitas mulheres deixam de reconhecer ou agir sobre este desejo masculino não somente porque ele não é expresso ou é feito de forma indireta mas também porque o desejo de um homem por proximidade pode ser ameaçador para a mulher. Muitas mulheres são cautelosas em relação a estas necessidades masculinas. A mulher pode temer se sugada, pode temer que suas próprias necessidades sejam negligenciadas, pode ter medo de que vá perder sua independência se o homem for muito possessivo ou se tornar seu melhor amigo. Tanto antigamente quanto hoje, muitas mulheres preferem ter mulheres como melhores amigas e companheiras e não vêem um homem como um candidato possível. Seja conscientemente ou de forma inconsciente, muitas mulheres querem que o homem se enquadre no estereótipo do papel masculino de ser forte e autoconfiante.

No entanto, mais freqüentemente é o homem que não consegue sinalizar seu desejo de transformar um relacionamento romântico num que tenha a amizade como componente central. Lembre-se de que todos os homens têm desejos arraigados, apesar de escondidos, por companheirismo. Não pense que o homem é diferente, independente do quanto contido ou autoconfiante ele possa parecer.

Para lhe ajudar a reconhecer isso num homem, pergunte a si mesma: ele fala de sua carreira ou de seus sonhos para você? Ele reclama de que vocês não fazem mais coisas juntos? Quando você toma a iniciativa, ele fica satisfeito e encantado? Ele falou com você sobre seu envolvimento ou conhecimento sobre o que ele faz? Ele sempre quer passar tempo com você sem algo específico para se fazer além de simplesmente querer estar com você? Estas são perguntas que você pode se fazer como uma forma de detectar seus desejos não expressos por mais amizade entre vocês dois. Mas, mesmo que ele não mostre este desejo, fique calma, ele está lá. Todo homem anseia por isso, mas muitos nem percebem que isso é possível.

Tornando-se amiga de um homem

O primeiro passo para se mover em direção à amizade com um homem é, para muitas mulheres, o mais difícil. Requer a desistência de alguns sonhos românticos. Um amigo não é misterioso nem evasivo. Amizades são baseadas em entendimento, aceitação e conhecimento.

O segundo maior passo para criar amizade com o homem em sua vida é passar de pensamento para comportamento, de intenção para ação. Amizades são baseadas em atitudes em vez de pensamentos. Quando questionados, homens e mulheres irão rapidamente admitir que prefeririam se sentir mais companheiros de seus amados. Mas os que conseguem são os que traduzem suas boas intenções em sua conduta diária. Com isso em mente, seguem algumas idéias para considerar e talvez colocar em ação se quiserem enriquecer esta faceta de seu relacionamento.

Sugerimos que comece a falar com ele da mesma maneira fácil e sem censura com que fala com suas amigas. Não podemos enfatizar isso demais: Se você começar a agir como se fossem amigos, ele ficará mais à vontade e confiará mais em você. Transforme-se num modelo de abertura e facilidade de se relacionar.

Tome a iniciativa. Mulheres que fazem isso descobrem que criam um novo sentido de vitalidade. Existem inúmeros homens que podem ser líderes dinâmicos em seus trabalhos, mas que se cansam de ter que continuar agindo com esta mesma postura em suas casas. Os homens amam as mulheres que percebem este desejo por igualdade e companheirismo.

Deixe-o saber que você quer partilhar interesses comuns e envolvimentos. Deixe-o saber que você se importa com as coisas que fazem juntos. Se seu relacionamento tem poucas atividades e interesses partilhados, desenvolva-os. Sempre que trabalhamos com casais, percebemos que este conselho geralmente é aceito mas pouco posto em prática. Não é algo sobre o que conversem, mas algo que façam juntos — por exemplo, fazer um curso juntos, desenvolver hobbies e preocupações culturais comuns, ler o mesmo livro e discuti-lo, aprender mais sobre os negócios dele e lhe contar sobre seu trabalho e assim por diante.

Uma dica importante: não espere para iniciar até que você esteja altamente motivada e explodindo de entusiasmo. A verdadeira animação e o interesse genuíno só vêm depois que você participa deles com atividade. Antes disso, todos tendemos a ser um tanto passivos e até letárgicos. A maioria de nós sonha ou planeja, poucos de nós realmente colocam estes planos em ação. Geralmente esperamos pela outra pessoa e depois temos alguém a quem culpar quando os velhos padrões não são quebrados!

Se você deseja sinceramente inspirar uma sensação de amizade com o homem, então fale com ele sobre seus sonhos em comum, planeje o futuro tanto a longo prazo quanto para a semana que vem. Casais que trabalham, planejam e sonham juntos formam um laço poderoso, douradouro e completo.

Capítulo 12

REGRAS PARA MANTER A PAIXÃO

Manter uma relação viva é uma tarefa constante, mas suas recompensas valem claramente os esforços. Homens e mulheres são igualmente responsáveis pelo que fazem e pelo que deixam de fazer. Em nosso trabalho com casais, descobrimos que existem armadilhas previsíveis assim como linhas mestras para o que funciona. Para a maioria dos casais, boas intenções e esperanças apaixonadas são necessárias, mas não suficientes para assegurar a vitalidade, compromisso e um amor que cresce e amadurece com os anos. É necessário mais. Mas especificamente, é necessário ter ciência das crenças sutis, ações e atitudes pessoais que capacitam alguém a respirar vida, alegria e vitalidade para dentro da relação amorosa.

REGRA N: 1
Os relacionamentos não acontecem simplesmente, nós os criamos

A maioria de nós cresce acreditando na mágica da "química" entre amantes. O amor é magnífico, inexplicável e acima de nosso controle. Nós "caímos de cabeça" na relação. Não decidimos conscientemente nos tornarmos amantes, é alguma coisa que parece que simplesmente acontece, que nós observamos encantados e abismados.

A verdade dos fatos é que enquanto a recompensa do amor parece não ter preço, custa alguma coisa alcançá-lo. Bons relacionamentos não acontecem simplesmente, são o resultado de esforços e trabalhos conscientes. Boa intenção não é suficiente. Para que se desenvolva uma relação rica e completa é necessária uma postura mais ativa. O amor requer uma noção clara do que é preciso para fazer nosso amor feliz e pleno. É necessário honestidade com nós mesmos sobre o que realmente sentimos e desejamos dar. Talvez de forma mais crítica, requer que estejamos confortáveis com a ação. Sem ação, no melhor dos casos, só há conversas e no pior há reclamações, culpas e um gradual crescimento de atitudes destrutivas e sentimentos ruins.

O curso de uma relação nunca é determinado por sorte ou destino, é o resultado de decisões contínuas pelas quais cada parceiro é responsável. Mesmo quando o homem e a mulher não têm ciência do impacto do que eles fazem ou deixam de fazer, estas ações e falta de ações moldam e alteram os laços entre eles. A relação é a soma total de como agimos.

Todos temos consciência de como somos no início da relação. Mas independente de nossas melhores intenções, muitos de nós ficam preguiçosos ao longo do caminho e menos sensíveis sobre o impacto de nossas ações. Ainda assim, relacionamentos nunca são estáticos, ou estão crescendo ou decrescendo de alguma forma sutil. Por toda a relação continuamos a ser responsáveis, como resultado de nossa conduta, pela contínua qualidade do amor, de sua afetividade e vitalidade.

Entender e aceitar esta regra não vai fazer você se sentir carregada ou frustrada — em vez disso vai se sentir poderosa. Quando está ciente de que o rumo do amor depende de você, de que você pode moldar seu próprio destino, vai se sentir mais esperançosa e até otimista. Em vez de ser uma observadora passiva, será uma participante em sua busca para alcançar o amor.

REGRA Nº 2
O amor pode estar adormecido, mas nunca morre
Qualquer pessoa casada pode temer em seu íntimo que a estag-

nação possa ser o destino final do relacionamento. Como sustentar um laço com outra pessoa pode ser árduo e o divórcio está tão presente, sempre tememos que o amor vá sumindo e morra. Estas especulações assustadoras são muitas vezes engendradas por mitos sobre a mágica do amor — se ele aparece de forma tão misteriosa, sua *causa mortis* deve ser igualmente intrigante. Muitas pessoas estão convencidas de que podem cair fora do amor com a mesma facilidade que caíram nele.

Ainda assim, apesar destes medos, o amor raramente morre. É verdade que quando as pessoas se divorciam elas tentam ter certeza de que não há resíduos de emoção brilhando, para se sentirem em paz com a decisão. Mas quando o amor parece estar ausente numa relação, o que acontece é que alguma coisa está escondendo-o. Os sentimentos negativos tendem a mascarar ou emudecer os positivos. Quando estamos com raiva, frustrados ou desapontados, permitimos que estes sentimentos predominem sobre o amor, desejo e necessidade da pessoa. A indiferença emocional se torna uma máscara nos protegendo de revelar mágoa e raiva. O entorpecimento das emoções se torna uma forma de nos defender do risco de gostar de novo. Assim, quando o amor parece adormecido, somente esta faceta negativa é revelada para nós. Amargura esconde a doçura do amor que um dia foi muito evidente — daí a origem da idéia de que o amor e o ódio estão muito ligados. Na verdade, expressar raiva e atacar verbalmente nosso parceiro não é apenas evidência de amor ferido, pode na verdade ser um desejo de contato, um desejo que surge de forma distorcida.

Quando coisas ruins acontecem num casamento, sentimos necessidade de nos proteger. Tememos rejeição e mágoas, nos tornamos introspectivos e nos convencemos de que o amor morreu. Mas não morreu. E pode ser revivido. Entender que sentimentos positivos e profundos podem estar dormentes em vez de não mais existirem abre novos caminhos para revitalizar e reviver o relacionamento. Lembre-se, o amor que você sentiu no passado era real e é hoje uma medida do potencial que ainda existe.

O amor pode ser revivido, mas tenha cuidado com os efeitos decadentes do falso orgulho ou teimosia. As pessoas que precisam sempre estar certas, que buscam forra ou vingança, nunca aprendem como reviver o aconchego e afeição que um dia existiram. Primeiro, as fontes de raiva e tristeza devem ser claramente identificadas. Depois de fazer isso, deve haver uma total expressão de sentimentos seguida de perdão e aceitação. Lembrar-se do amor que um dia foi sentido, buscar as lembranças e imagens da afeição e desejo que um dia existiram é essencial para encontrar a motivação para fazer o que é necessário. Quando os fatores negativos que paralisam o amor são isolados e depois dispersados ou postos de lado, os sentimentos positivos podem então reaparecer.

REGRA Nº 3
Um parceiro não é uma solução

A recompensa por estar numa relação é tão altamente considerada que acabamos acreditando que o amor é o antídoto para tudo que nos incomoda. Existe a promessa de que a vida será completa, maravilhosa e altamente gratificante. Ficamos convencidos de que as velhas feridas serão fechadas e as inseguranças curadas.

Cada um de nós tem áreas de carência, e em alguns níveis todos acalentamos algumas feridas. É verdade que o amor é um processo especial de ligação, preocupação intensa e doação, mas não é uma solução para problemas internos. O amor pode ser uma das maiores experiências da vida, mas não é a vida em si. Sentir-se um com seu amante é ótimo, mas nunca é literalmente verdadeiro. Não importa o quanto apegado, carinhoso ou intenso seja seu relacionamento ou casamento, você ainda é um indivíduo, além de um casal.

Infelizmente, todos crescemos sendo influenciados por forças culturais e sociais e acabamos abraçando estratégias para sustentar nossa auto-estima. Muitas destas estratégias têm valores dúbios e outras são realmente perigosas e autodestruidoras. Por exemplo, os homens compraram a idéia de que o dinheiro e o sucesso financeiro aumentariam seu valor pessoal e as mulheres aceitaram a idéia de que ser casada e amada garantiria enormes benefícios. Enquanto tanto o dinheiro quanto o casamento sem dúvida são desejáveis, não são antídotos para a dor de velhas feridas ou desapontamentos. É importante entender que você é responsável por curar seus próprios problemas. Parceiros podem dar apoio e certamente são a cura para a dor de corações solitários, mas não podem apagar experiências passadas que podem ter levado a sentimentos de dúvidas e inadequação.

Quando sufocamos um parceiro com expectativas excessivas, invariavelmente nos sentimos desapontados e nosso amado se ressente. Tais esperanças são fantasias autodestruidoras e raramente resultam em nos fazer sentir aliviados. Além do mais, mesmo quando uma associação com nosso parceiro nos faz sentir bem com nós mesmos, os bons sentimentos devem ser incorporados dentro de nós para poderem ser duradouros. Se estas atitudes e sentimentos positivos não forem interiorizadas, então simplesmente investimos em nossos parceiros com um poder tremendo e, se esta pessoa for embora, somos deixados sós e privados de uma auto-imagem saudável. Finalmente, temos que encontrar a capacidade e coragem de olhar para nós mesmos numa ótica positiva. Precisamos primeiro aprender a amar a nós mesmos ou nunca nos sentiremos realmente merecedores ou capazes de amar alguém sinceramente.

REGRA N? 4
Amar tem relação com aceitação, nunca com mudanças

Com muita freqüência, nós acreditamos tolamente que amor e casamento são permissão para refazer alguém. Achamos que está certo aparar as arestas desagradáveis da pessoa a quem amamos, mesmo que ao fazer isso diminuamos as mesmas qualidades que nos fazem gostar daquela pessoa.

Em nome da comunicação e da partilha de sentimentos, muitas pessoas hoje acham que é muito aceitável requisitar a mudança ou modificações em nosso parceiro. Apesar de ser importante falar sobre pontos nevrálgicos e reclamações, muitos de nós vão muito longe. Sob o disfarce de ser honesto e gentil, com muita freqüência estamos tentando refazer a personalidade de nosso parceiro. Não vai funcionar. Mesmo quando o parceiro parecer dócil, ele ou ela vão resistir inconscientemente.

O casamento traz consigo um mito comum: de que todos os assuntos podem ser colocados na mesa de discussão da família. Nada poderia estar mais longe da verdade. Existem muitas questões que surgem entre um casal que não são negociáveis. Não há nada errado com isso e não reflete falta de amor ou diminui nossa sensibilidade em relação a nosso parceiro. Todos temos facetas de nossa personalidade ou identidade que são só nossas, não são destrutivas ou maldosas, mas não estão sujeitas a mudanças.

É verdade que algumas coisas deveriam e podem ser negociadas se forem intoleráveis. No entanto, pode valer a pena para você reconsiderar o significado de "na alegria e na dor". Esta frase nas cerimônias tradicionais de casamento foram feitas para nos lembrar de que todos nós temos falhas e imperfeições. Além do mais, conforme vamos conhecendo o outro melhor, estas falhas ficam cada vez mais óbvias para nós. É nesta hora que o amor verdadeiro e a aceitação devem entrar em cena.

Freqüentemente, mesmo nos primeiros momentos dolorosos do amor, nós começamos a tentar mudar nosso amado. Muitos de nós são atraídos pelas diferenças, mas depois partimos para erradicar sistematicamente estas qualidades únicas que nos atraíram no início. Diferenças podem ser ameaças emocionais. É como se achássemos que fosse pessoal, como se implicassem numa rejeição ou negociação de quem somos e do que valemos.

A realidade é que o amor tem a ver com a aceitação das falhas de alguém e acalentar as coisas que são especiais e únicas. Mesmo a mudança ou modificação que é para o bem da pessoa pode não ser vista desta forma por ele ou ela. Em geral, as tentativas para forçar mudanças implicam em depreciar a outra pessoa. Mudança, mesmo quando é justificável ou possível, acontece apenas quando a pessoa que muda o faz porque ele ou ela assim o deseja. Além do mais, este desejo sempre é precedido por uma sensação de ser amado e aceito.

REGRA Nº 5
Amantes não lêem a mente um do outro

Uma de nossas fantasias sobre amor é que nosso par nos conhece de uma maneira pela qual nunca fomos conhecidos antes, que ele ou ela está ligado em nossos sonhos e pensamentos mais secretos. É o desejo de ser conhecido intimamente que nutre muitas de nossas buscas românticas. Nós ansiamos não apenas por amor, mas pela sensação de não estarmos sozinhos, de que somos reconhecíveis e visíveis. Sempre que homens e mulheres falam de química, querem dizer é que existe uma sensação de reconhecimento, a consciência de que eles são parecidos, que são "almas gêmeas". É por isso que achamos que nosso companheiro nos conhece, nos compreende e pode antecipar o que vamos pensar e sentir. E quando isso não acontece, nos sentimos tristes, desapontados e até traídos.

Mas por mais que desejamos isso, um parceiro nunca lê nossa mente. Não podemos achar que ele sempre conhece nossos desejos, esperanças e mágoas. Finalmente, somos responsáveis por nos tornarmos conhecidos pelos que nos amam. As pessoas que precisam ser compreendidas e não fazem nenhuma tentativa para que isso aconteça só estão se preparando para se sentirem vítimas. Para alguns, existe a idéia de que se precisarem dizer a seus parceiros o que necessitam, isso de alguma forma estragaria as coisas, mesmo que conseguissem o que queriam. Homens e mulheres que pensam desta forma acham que a medida da recompensa do amor está no quanto ele é intuitivo, quando na verdade o oposto é mais certo. Quando você diz a um homem o que você precisa e ele responde ao seu pedido, isto é realmente uma indicação de seu amor por você. Antecipação de seus desejos e leitura de mente é fantasia: um companheiro que gosta o bastante para ouvir e responder de forma amorosa é um tesouro.

Homens e mulheres que são compreendidos pelos que os amam conseguem isso através da comunicação de quem são eles. Eles não esperam passivamente uma espécie de intuição mágica de seus amados. Na ausência de partilha honesta e da retirada de máscaras, só há a possibilidade de interpretações erradas, insensibilidade e mágoas.

REGRA Nº 6
Não é o que você diz, mas o que você faz

A sabedoria convencional diz que relacionamentos sempre são enriquecidos por comunicação e tendem a encalhar quando o diálogo é escasso entre o homem e a mulher. Somos levados a crer que confusões são esclarecidas quando os amantes se engajam em diálogos abertos e honestos. Por certo parece ser verdade que em casamentos conflituosos e perturbadores somos mais atingidos por uma atmosfera de frieza e silêncio. Mas enquanto muitas vezes é verdade que os problemas de comunicação contribuem para os conflitos de uma relação, não é tão claro de que mais comunicação é necessária.

Às vezes as pessoas falam demais — dizem uma coisa enquanto estão querendo dizer outra ou dizem coisas um para o outro por razões diferentes da de prover informações ou expressar sentimentos. Com muita freqüência a comunicação é usada para manipular, induzir culpa ou fazer acusações mesmo que seja apresentada como carinhosa. A comunicação pode ser, e o é muitas vezes, uma arma. Em alguns relacionamentos, falar não é uma forma de prover informação, mas uma forma sutil de coerção e manipulação cujo objetivo é modificar a outra parte.

Em última análise, uma relação é medida e avaliada pela conduta de ambas as partes e não apenas pelo que é dito. A ação fala mais alto do que as palavras. Quantas vezes você ouviu as pessoas dizerem que seu par promete muita coisa mas deixa de cumprir o prometido? Palavras podem expressar intenções, mas como sustentamos estas palavras é o que tem o impacto final. Se você deseja ter uma relação ativa e de amor, é melhor comunicar isso por atitudes de amor, carinho e sensibilidade. Perguntar a você mesma o que tem feito ultimamente por seu amado é melhor do que dizer a esta pessoa o que você gostaria de fazer.

REGRA N° 7
Relações estáveis estão sempre mudando

A maioria de nós aprende que a estabilidade vem do equilíbrio, constância e permanência. Aprendemos que mudanças podem ser perigosas e portanto deveriam ser evitadas, que arroubos de emoção deveriam ser minimizados a todo custo pois ameaçam a integridade e continuidade do relacionamento. Nos ensinam que a relação estável é a que continua ano após ano inabalável pelas forças maléficas que procurariam modificar a estabilidade e alterar seu curso.

A verdade é que relações estão sempre se modificando, pois nós como indivíduos estamos num constante estado de crescimento conforme nos movemos através de nossas vidas. E a capacidade de lidar com mudanças de forma positiva é uma necessidade básica numa relação forte e de amor. Casais que encontram dificuldades são os que resistem teimosamente a mudanças por medo de que seu amor possa não ser forte e agüentar o suficiente para acomodar os efeitos imprevisíveis das modificações. Relações duradouras têm a flexibilidade de receber bem as mudanças, não com medo, mas com aceitação e uma atitude positiva.

Um casamento está sempre evoluindo e mudando ao longo do tempo. No início, o maravilhoso e incrível sentimento de estar apaixonado está muito ligado à novidade e ao lento processo de se conhecer alguém intimamente. No princípio não temos medo de mudanças, pois estamos muito mais ocupados aproveitando a descoberta de outra faceta interessante e nova de nosso amante. Então acontece uma coisa curiosa. Chegamos ao ponto onde as coisas parecem absolutamente perfeitas e não queremos que nada seja diferente. Quando as novidades começam a se acabar podemos até sentir que deixamos de estar apaixonados. Mas podemos aproveitar uma contínua sensação de novidade se tivermos uma atitude receptiva em relação à mudanças.

Devemos aprender a lidar com dois tipos de mudanças: nossas próprias como indivíduos e as mudanças que vemos em nossos parceiros. O que é importante é não ter medo nem de nossa própria mudança nem da de nosso companheiro. Corra o risco e assuma que seu parceiro pode lidar com seu crescimento, que seu amor é bastante forte e sua confiança é bastante grande de forma que ele não se sinta ameaçado por sua modificação. E dê a ele o mesmo respeito, espaço e amplitude para crescer também.

Enquanto o fluxo emocional que é um subproduto necessário de mudanças pessoais pode ser desconfortável, é também um antídoto maravilhoso para os momentos de desânimo e chateação que ocorrem em qualquer relacionamento de longo prazo. Ter "maus momentos" não quer dizer que o relacionamento é ruim ou está com sérios problemas. Todas as boas relações têm dificuldades ocasionais. É importante entender que estes momentos ruins não querem dizer que a relação está deficiente, mas são um sinal de que o casal deve passar por alguma nova mudança de uma forma positiva e flexível.

REGRA Nº 8
O amor sempre é envenenado pela infidelidade

Nas últimas duas décadas, vimos um elevado nível de sofisticação e cinismo no continente norte-americano. Métodos anticoncepcionais e sua decorrente revolução sexual trouxeram experiências amplas e uma erosão lenta mas constante do valor da fidelidade. Infelizmente nos acostumamos à infidelidade quando os casos se tornaram lugar-comum. Antigamente era o homem quem tinha mais possibilidades de se engajar numa atividade extraconjugal; hoje homens e mulheres têm casos com igual freqüência.

Parte da idéia era que casos não são algo que cause danos necessariamente. "O que eles não vêem não pode magoá-los" dizia a racionalização trivial. "Alguns casos podem até ser bons para o relacionamento" era a desculpa desejada. As pessoas eram levadas a acreditar que a infidelidade era relativamente benigna — se todo mundo fazia isso, deveria estar certo. Errado! Apesar da infidelidade não causar divórcios com tanta freqüência quanto fazia no passado, ela prejudica permanentemente os laços do amor.

Um caso não é uma solução, mas é o sintoma de um problema. Homens e mulheres que são infiéis estão tentando resolver dilemas internos buscando refúgios momentâneos em outro parceiro. Pegar esta rua raramente é eficiente como solução e, mesmo que pareça bom, alguma coisa destrutiva aconteceu e não pode ser desfeita, mesmo que a outra pessoa nunca descubra. Houve a violação do compromisso, que tem profundas implicações.

Quando respeitamos a honra do compromisso marital, nos sentimos confortáveis e em paz com nossa conduta. Não temos nada para esconder nem precisamos nos preocupar em encobrir nossos rastros. A decepção é um ato destrutivo e desonesto que nunca leva a saídas positivas. Além do mais, quando agimos de forma desonesta, temos consciência disso secretamente e nos sentimos privados de honra e caráter.

Honra e lealdade são críticas para qualquer relacionamento forte e amoroso. A honra não é simplesmente um conceito grandioso e abstrato; é sempre parte de nossa conduta diária. A fidelidade também é uma coisa que deveria ser praticada além de adotada; senão o amor enfraquece e a confiança diminui. Valores tradicionais foram desenvolvidos por boas razões. Não foram criados simplesmente para santificar o casamento ou como regras morais de faça isso, não faça aquilo, para limitar a liberdade pessoal. Em vez disso, são criados de forma empírica ao longo do tempo e refletem comportamentos para sustentar o amor e não para esvaziá-lo.

REGRA Nº 9
Culpar é irresponsabilidade

Quando estamos sozinhos, é impossível dar a outra pessoa a responsabilidade de nossa felicidade. Se nos sentimos bem e contentes com nós mesmos, sabemos que conquistamos isso sozinhos. Se nos sentimos mal, também suspeitamos que as razões para tal, em última análise, vão voltar para nós. Podemos gritar furiosos ante o destino ou matutar sobre o tratamento pouco perfeito que recebemos quando crianças, mas não temos alguém a quem responsabilizar especificamente para nossos desapontamentos, frustrações e mágoas. Mas o casamento muda tudo isso! Sempre entramos no casamento com altas esperanças, prontos para arriscar tudo e dar nosso amor. E o que encontramos? Briguinhas conjugais que rapidamente se transformam em imperfeições conjugais quando descobrimos com surpresa e desânimo que o casamento não preenche todas as nossas necessidades e até cria novos problemas e questões com as quais devemos lidar e aprender a superar.

O casamento cria a perfeita situação para jogar culpas e acusações. Quando somos solteiros, a explicação para o descontentamento é: "Se estou infeliz é por minha causa". No casamento, este lamento facilmente se transforma em: "Se estou infeliz é por sua culpa". Os cônjuges são os bodes expiatórios mais convenientes.

Autocrítica é muito mais difícil do que culpar alguém. É muito menos ameaçador achar culpa no que "eles" estão fazendo ou deixando de fazer e mais doloroso entrar em contato com o que "estamos" fazendo. A culpa é curta e objetiva: é *sua* culpa, simples e claro. Quando fazemos uma acusação é sempre muito mais simples do que imaginar o que estamos fazendo para alimentar a fonte de nossa infelicidade. É mais fácil dar a outra pessoa a responsabilidade por nossa desgraça e ter pena de nós mesmos do que assumir a responsabilidade por nosso próprio jeito de ser.

A culpa é sempre autodestruidora. Ela reforça a passividade pessoal e nos faz sentir vitimizados e à mercê do tratamento que outra pessoa dispensa a nós. O objetivo da culpa, apesar de vagamente definido, tem a ver com alguma espécie de mudança que queremos que aconteça. Mas ela sempre faz com que a realização de nossos desejos esteja dependendo da ação de outros. É um processo tipicamente repetitivo, tem o objetivo de induzir culpa e uma pontuda flecha em nosso parceiro. O que se colhe da repetição de acusações raramente são mudanças positivas mas em vez disso um ressentimento crescente e um contínuo distanciamento da aflição.

Não permita que você caia na armadilha da acusação porque simplesmente ela não funciona. Assuma uma postura mais afirmativa. Seja clara e específica sobre o que quer e planeje como fazer isso acontecer. Quanto mais responsabilidades pessoais assumimos pela qualidade de nossas vidas, menos precisaremos acusar outros e, o mais importante, nos sentiremos mais felizes.

REGRA Nº 10
A entrega é contagiosa

O amor requer momentos de verdadeira doação não egoísta. Amor, na ausência de mutalidade, é mais uma dependência do que um carinhoso respeito e amor por outra pessoa. Enquanto adultos, homens e mulheres requerem um equilíbrio entre dar e receber, momentos não egoístas são a essência do amor.

Os anos 60 nos ensinaram a gostar e a entrar em contato com nossos sentimentos. Eles também proporcionaram uma permissão para o envolvimento pessoal que fez da felicidade o ponto central do relacionamento amoroso. Até os votos do casamento foram modificados para refletir a ênfase na pessoa. "Até que a morte nos separe" foi trocado para "até quando pudermos satisfazer um ao outro". Apesar dos anos 60 terem passado, traços da herança da geração "eu" permaneceram. Estamos gradualmente nos afastando de uma era em que o casamento era abandonado sem maiores preocupações e o divórcio era uma aventura interessante, mas o que persiste é um constante foco na pessoa e na gratificação pessoal. Ficar apaixonado requer mais do que isso.

O verdadeiro amor às vezes requer a colocação de nossas próprias necessidades de lado para responder às necessidades do parceiro — não indefinidamente, não unilateralmente, mas às vezes. A maneira mais forte e mais dramática que temos de vivenciar os laços de amor é através da doação ao nosso parceiro de forma não egoísta. Este ato nos liga diretamente ao centro de nosso amor. Na verdade, nos sentimos muito mais apaixonados quando estamos dando de forma ativa do que quando estamos recebendo.

A doação num relacionamento amoroso é contagiosa. Ela oferece um modelo de generosidade e preocupação que encoraja a reciprocidade. Não dê só para receber, pois isso não é amor. Nem deveria permitir a você mesma de dar indefinidamente para o nada. Uma boa regra para todos nós seguirmos é: dê 70 por cento e peça 30 por cento.

REGRA Nº 11
O amor não pune, perdoa

Todo mundo comete erros. Todo mundo machuca e desaponta seu parceiro em algum momento. Todos somos, em algumas situações, insuportáveis e chatos. Uma ou duas coisas acontecem então: ou desenvolvemos a capacidade de esquecer e continuar ou acumulamos ressentimento gradualmente.

Existem duas formas de perdão. Primeiro, é importante aprender a como perdoar você mesma. Nenhum de nós é perfeito. Em alguns momentos, todos vamos causar dor em nosso parceiro. Perdoar a si mesmo não é desculpar ou justificar as atitudes que magoam, é simplesmente perdoar — deixar de lado os sentimentos negativos que estão ligados com o que fizemos para trazer dor para nossos parceiros. Perdoar a si mesmo não é bobagem, pois se isso não acontece, haverá inevitavelmente um acúmulo de sentimentos destrutivos de culpa e autorecriminação.

Segundo, é crítico aprender a perdoar seu parceiro de forma total. O desejo de ferir, de retaliar, de provar que está certo, até de extrair uma confissão dos erros do parceiro, é normal. A não ser os anjos que estão entre nós, todos temos estas vontades básicas e hipócritas. Mas no final, quando a raiva começa a baixar, o último passo para restaurar o amor e a harmonia é o perdão. Perdoar desbloqueia o amor. Não importa o quanto magoado e ferido se esteja, independente de como possa sentir que está certo e de quanto você acuse ou deseja atacar de volta, você não pode amar novamente de forma positiva a não ser que escolha perdoar.

O que exatamente é o perdão? Primeiro, é um ato intencional que é uma escolha. Não pode ser forçado em uma pessoa. "Eu disse que aceitava suas desculpas" não é suficiente. Perdoar não é uma coisa que se diz, não é um processo verbal, em vez disso, é um ato interno que libera raiva e mágoa. Perdoar não é esquecer. Apenas por colocarmos uma coisa de lado temporariamente ou tirarmos de nossas cabeças, não estamos necessariamente perdoando. Perdoar não é desculpar e não envolve racionalização ou explicação de sentimentos negativos. Perdoar é chegar ao ponto onde estamos prontos para deixar de lado os sentimentos negativos. Esta escolha ativa e intelectual é necessária para que o relacionamento ande para frente de uma maneira amorosa e afetiva.

Estas são as regras gerais que achamos mais eficientes para permitir que casais criem uma atmosfera na qual o amor floresça. Se você colocar estas regras para trabalhar junto com a consciência do que realmente acontece entre homem e mulher, temos certeza que você vai descobrir um nível de satisfação e felicidade que faz com que todo o trabalho necessário valha o esforço.

Nosso propósito neste livro foi mostrar como é possível ficar apaixonado, e que fazer uma relação funcionar não precisa ser um exercício de desapontamento e frustração, como parece ser para tantas pessoas hoje em dia. Apesar de termos focalizado mais de perto as maneiras pelas quais o homem responde ao amor, esperamos que você fique com nossa mensagem mais básica: somente os gestos que aumentam nossa auto-estima, nosso valor próprio, nossa dignidade e integridade pessoal valem a ligação com a pessoa que amamos. Sentir-se bem com nós mesmos proporciona um ar de confiança e simplicidade que faz o amor acontecer e o mantém mais vivo.

APÊNDICE

TESTES: ESTILOS DE AMOR

A série de testes que se segue é feita para medir os diferentes estilos de se relacionar. Como você vai perceber, cada teste está ligado a um capítulo relevante do livro. Seu propósito é ajudar você a entender melhor cómo suas atitudes particulares, seus sentimentos e comportamentos em relação ao homem afetam a qualidade de seus relacionamentos.

Nós acreditamos que ajudará se você fízer cada teste em ordem para avaliar potenciais áreas de problemas em como você se relaciona com os homens. Depois de marcar os pontos de cada teste, você pode querer voltar para o capítulo específico para aprofundar o entendimento sobre seus sentimentos em relação a alguma atitude definida ou comportamentos.

Capítulo 2
MULHERES QUE SEM SABER TEMEM A INTIMIDADE

1. Não posso me imaginar sendo tão franca com um homem quanto sou com uma mulher. F V

2. Eu sinto que o homem em minha vida também é um amigo muito próximo. F V

3. Estou ciente de que tenho uma forte necessidade de privacidade. F V

4. Eu me sinto mais próxima de um homem quando também me sinto mais vulnerável com ele. F V
5. Eu sempre sinto minhas defesas se erguerem quando estou com um homem. F V
6. Eu me sinto mais à vontade com minhas amigas mulheres do que com meus amigos homens. F V
7. Eu odeio o silêncio quando dou um grande passeio de carro com um homem. F V
8. Eu gosto de dar longos passeios de mãos dadas com o homem de quem gosto. F V
9. Eu não me sinto à vontade quando vejo um homem chorar. F V
10. Quando um homem fica muito emotivo, eu me pergunto se ele não é fraco. F V
11. Eu gosto mais de estar com um homem quando existe pelo menos alguma distração — amigos, crianças ou algum tipo de atividade estruturada. F V
12. Quando se fala de homem eu realmente gosto do tipo contido, forte e silencioso. F V
13. Eu tenho medo de que se realmente deixar um homem me conhecer ele não vá gostar de mim. F V
14. Eu tenho que admitir que não confio tanto assim nos homens. F V
15. Eu não gosto de me mostrar tanto para um homem assim como não gosto que ele se mostre demais para mim. F V
16. Quanto mais de mim eu revelar para um homem, melhor eu me sinto. F V
17. Depois da relação sexual, eu me sinto melhor ficando abraçada e quieta ao lado do homem. F V
18. Existem coisas sobre o meu passado que eu nunca poderia revelar a um homem. F V
19. Eu tenho sérias dúvidas sobre mim mesma e sentimentos de inadequação. F V

20. Revelar meus sentimentos mais profundos para um homem é muito difícil para mim. F V
21. Estou ciente de que não me permito chegar muito perto dos homens para não ficar magoada se gostar dele e perdê-lo. F V
22. Se eu me soltar com um homem, tenho medo que ele vá querer e esperar muito de mim. F V
23. Eu realmente não gosto de homens que discutam seus problemas de trabalho comigo. F V
24. Quanto mais contato tenho com um homem, melhor me sinto. F V
25. Em meus relacionamentos, prefiro não falar muito sobre meus sentimentos mais particulares. F V

Pontuação:

Marque um ponto para cada uma destas respostas assinaladas com V — verdadeira: 1, 3, 5, 6, 7, 9, 10, 11, 12, 13, 14, 15, 18, 19, 20, 21, 22, 23, 25.

Marque um ponto para cada uma das resposta assinaladas com F — falsa: 2, 4, 8, 16, 17, 24.

Some seus pontos.

Interpretação:

0 — 4: Uma marcação assim significa um sentimento consistente de conforto pessoal, uma facilidade e vontade de ser você mesma com o homem e um desejo de aumentar sentimentos de proximidade. Além do mais, também reflete sua aceitação básica do homem e o prazer que você sente em permitir que ele seja aberto com você e mais próximo. Sua confiança e auto-estima vão promover e ajudar a manter um laço mais íntimo.

5 — 7: Em geral, os homens vão se sentir bem à vontade com você, apesar de uma pontuação como esta sugerir a presença de barreiras sutis que podem evitar uma crescente e verdadeira aproximação com o homem. Tais barreiras podem resultar de dúvidas pessoais relacionadas com valor próprio ou com reações pouco claras e ambivalentes aos aspectos mais vulneráveis dos sentimentos e comportamentos dos homens.

8 — 11: Pontuação dentro desta faixa reflete a existência de certos bloqueios à uma aproximação com o homem. Estes bloqueios não são causados pelo possível desconforto que o homem possa ter com a intimidade, mas mais pelos seus próprios medos de proximidade emocional. Pode ser importante para você tratar de assuntos como valor próprio e confiança.

Acima de 12: Uma marcação nesta faixa indica que você tem dificuldades significantes com intimidade. Estes conflitos refletem evidentes sentimentos de inadequação e medo de ser exposta. Os homens vão se sentir pouco à vontade de serem abertos com você, pois podem detectar sua ansiedade sempre que a comunicação de verdadeiros sentimentos acontecer. Pode ser bom para você pesquisar o quanto você aceita você mesma e se você realmente tolera que o homem saiba quem você realmente é.

Capítulo 3
COMO EXPECTATIVAS INOCENTES SE TORNAM PERIGOSAS

1. Num relacionamento amoroso, não espero que o homem se sinta tão romântico comigo quanto eu sinto em relação a ele. F V
2. Fico desapontada quando o homem pára de ter aqueles pequenos gestos de carinho que refletem o verdadeiro amor. F V
3. Eu não me sinto bem com um homem a não ser que ele tenha uma educação melhor ou ganhe mais dinheiro do que eu. F V
4. Eu raramente perco o respeito pelo homem que não é forte e confiante comigo. F V
5. Quando o homem não está tão interessado quanto eu em assumir um compromisso, me sinto rejeitada. F V
6. Eu não ligo quando o homem de quem gosto não tem uma atitude muito protetora comigo. F V
7. Eu não posso suportar ficar perto de um homem que se deixa levar ou que deixa os outros tirarem vantagem dele. F V

8. Eu não gosto quando percebo medo em um homem. F V
9. Geralmente não me chateio em ser a que tem que sugerir sempre um jantar íntimo ou um calmo fim de semana no campo com um homem. F V
10. Sou muito mais tolerante quanto a uma demonstração de emoções em uma mulher do que em um homem. F V
11. No geral, eu não considero muito um homem que não tenha mais sucesso do que eu. F V
12. Eu nunca pressiono muito um relacionamento. F V
13. A maioria dos homens que conheço são mais fortes do que eu. F V
14. Eu tenho que admitir que me sinto um pouco desconfortável com um homem emocionalmente sensível. F V
15. Eu não sinto ressentimento quando um homem demonstra precisar de seus amigos tanto quanto precisa de mim. F V
16. Basicamente, eu acho que os homens gostam que as mulheres aceitem suas decisões. F V
17. Eu fico chateada quando o homem não tem noção de moda e não sabe como se vestir. F V
18. Eu não me sinto nem um pouco mal quando o homem mostra sinais de insegurança. F V
19. Eu não espero mais de um homem do que espero de uma mulher. F V
20. Em geral, eu gosto que o homem seja mais forte e mais talentoso do que eu. F V
21. Eu não tenho nenhuma expectativa em particular de que o homem deveria saber como cuidar de si mesmo numa situação perigosa ou difícil. F V
22. Eu prefiro o homem mais forte e contido. F V
23. Conforme o relacionamento caminha, costumo me sentir desiludida com meu parceiro. Gostaria que ele mudasse e respondesse mais às minhas necessidades. F V

24. Eu realmente não espero que o homem em minha vida veja as coisas da mesma forma que eu, e realmente me sinto desapontada quando ele não faz isso.　　　　　　　　　　　　　　　　F　V

25. Meu pai era forte, capaz e bem-sucedido. Ele me deu tudo que eu precisava.　　　　　　　　F　V

Pontuação:

Marque um ponto para as respostas que marcou verdadeira — V — entre as seguintes: 2, 3, 5, 7, 8, 10, 11, 13, 14, 16, 17, 20, 22, 23, 25.

Marque um ponto para as respostas que marcou falso — F — entre as seguintes: 1, 4, 6, 9,·12, 15, 18, 19, 21, 24.

Some seus pontos.

Interpretação:

0 — 4: Marcação assim reflete um sentido de identidade pessoal bem estabelecido. Você é bastante segura dentro de você mesma para ver os homens claramente e se relacionar com eles sem expectativas irrealistas. Sem dúvida os homens se sentem confortáveis em serem eles mesmos com você e gostam da maneira pela qual você os aceita.

5 — 7: A marcação aqui sugere o reconhecimento das realidades básicas do comportamento do homem mas também um pouquinho de ressentimento e desapontamento. É possível que sua necessidade por um homem que venha de encontro com suas expectativas e desejos possa levar a um gradual desapontamento.

8 — 11: Marcação assim é indicativa de bastante ilusão sobre os homens e desapontamento com eles. As expectativas que você traz para o relacionamento correm muito risco de criar sentimentos de pressão e desconforto no homem. Suas atitudes em relação a eles, motivadas por sentimentos internos de insegurança, podem fazer com que seja difícil conseguir confiança e proximidade com o homem. Suas expectativas são vivenciadas por ele como sendo exigências.

Acima de 12: Marcação acima de 12 reflete sérias interferências causadas por uma percepção errada dos homens. Eles não vão se sentir à vontade com você e, conforme suas atitudes forem sendo expressas e reconhecidas por eles, eles irão ficar cada vez mais precavidos, sem confiança e ressentidos. Seria útil para você explorar detalhadamente suas altas expectativas em relação aos homens se você quiser que um deles se sinta bem com você.

Capítulo 4
MULHERES QUE SECRETAMENTE SENTEM DESPREZO PELOS HOMENS

1. A idéia de precisar de um homem não me assusta. F V
2. Eu me percebo com raiva do homem sem saber bem por quê. F V
3. A maioria dos homens é formada por machões ou fracotes. F V
4. Eu respeito e valorizo os homens tanto quanto respeito as mulheres. F V
5. Eu não quero nunca gostar de um homem demais a ponto de ser destruidor se eu tiver que perdê-lo. F V
6. Eu gosto do homem que pode partilhar seus problemas pessoais assim como seus triunfos comigo. F V
7. As únicas coisas sobre as quais os homens ficam emotivos são esportes e problemas de trabalho. F V
8. Fora do trabalho e longe dos ouvidos de seus amigos, os homens tendem a ser verdadeiros bebezões. F V
9. Quando um homem parece carente, eu perco o respeito por ele. F V
10. Eu não estou preocupada que se eu der ao homem o que ele precisa isso vai me privar do tempo e energia para cuidar de mim mesma. F V
11. Eu tenho medo de me perder num relacionamento e lutei muito para nunca deixar isso acontecer. F V
12. Os homens podem dizer que querem ficar próximos, mas o que eles realmente querem é possuir a mulher. F V

13. Eu sinto que há um equilíbrio saudável de dependência entre meu parceiro e eu. F V
14. Eu gosto da vulnerabilidade de um homem — faz com que eu saiba que ele é humano e eu confio mais nele. F V
15. Eu me sinto tão bem quando sou capaz de dar ao homem o que ele precisa quanto me sinto quando ele é sensível ao que preciso. F V
16. Eu sei que preciso de um homem em minha vida, mas no geral não gosto tanto assim do homem. F V
17. Se um homem não pode lidar com meu comportamento agressivo sexual, então eu acho que é um problema dele. F V
18. Em geral eu confio num homem com alguma facilidade. F V
19. Eu acho que a maioria dos homens basicamente é bem segura. F V
20. Eu me sinto tão bem com um homem quando estou sendo ativa e assertativa quanto sinto quando sou carinhosa e receptiva. F V
21. Eu gosto muito quando posso desmascarar um homem. F V
22. É difícil para mim responder sexualmente a um homem a não ser que eu seja a que toma a iniciativa. F V
23. Secretamente eu espero que um homem sempre esteja pronto sexualmente mesmo que eu saiba que não estou. F V
24. Eu acho que todos os homens são basicamente parecidos. F V
25. Eu não me sentia à vontade com meu pai. F V

Pontuação:

Marque um ponto para estas respostas assinaladas com V: 2, 3, 4, 5, 7, 8, 9, 11, 12, 16, 17, 21, 22, 23, 24, 25.
Marque um ponto para estas respostas assinaladas com F: 1, 6, 10, 13, 14, 15, 18, 19, 20.
Some seus pontos.

Interpretação:

0 — 4: Você equilibra com facilidade suas exigências emocionais de um relacionamento com seu desejo por atividade independente e trabalho. Sua pontuação indica o alto nível de conforto pessoal e sua sensação de estar à vontade com os homens. Apesar de você ser bem forte e bem-sucedida, sua força e competência não são expressas de uma forma que indica raiva ou competição com o homem. Quaisquer mágoas que você tenha vivenciado com homens no passado foram resolvidas e trabalhadas o bastante de forma que os relacionamentos atuais não são envenenados por elas. Essencialmente você é perceptiva com os homens e não julga suas fraquezas.

5 — 7: Mesmo que você se sinta relativamente confortável com uma relação de interdependência com um homem, às vezes você teme que dar mais para ele vai resultar em falta para você — você teme que ele fique muito exigente. Suas respostas indicam uma leve tendência de ignorar ou descontar certas áreas da relação. Você pode achar que os homens são um pouco cautelosos e hesitantes com você.

8 — 11: Você tende a negar e passar por cima das exigências emocionais dos homens. Pontuação nesta faixa indica que todos os homens, exceto os mais confiantes, podem reagir com você com ansiedade e resguardo. Um homem pode não ser aberto com você por medo de ser visto como "fraco" por você. Os homens podem ver sua força não simplesmente como um aspecto maravilhoso e interessante mas também como uma arma em potencial. É provável que mágoas do passado não resolvidas atrapalhem relacionamentos atuais, criando desconforto e afastamento por parte do homem. Você precisa se sentir mais relaxada e à vontade consigo mesma.

Acima de 12: Seu desconforto com a dependência do homem e seu medo de ser exaurida ou explorada por ele fazem com que você se afaste dele emocionalmente. Você pode não ter intenção de intimidar o homem, mas eles vão claramente responder a você como intimidados. Você traz uma farsa para seus relacionamentos que cria ansiedade nos homens. Pode ajudar se você explorar seus próprios níveis de força pessoal e tentar ficar em paz com velhas raivas em relação aos homens que continuam a aparecer em novas relações.

Capítulo 5
COMO A NECESSIDADE DE DOMINAR CONTRA-ATACA

1. Eu acho que o interesse dos homens por esportes é um pouco exagerado e pode refletir imaturidade. F V
2. Os homens são basicamente crianças grandes o tempo todo. F V
3. Não é muito importante que as coisas no relacionamento aconteçam mais do meu jeito. F V
4. A maioria dos homens precisa crescer um pouco. F V
5. A minha maneira de fazer as coisas é em geral melhor do que a de qualquer outra pessoa. F V
6. Eu não tenho medo de voar de avião. F V
7. Eu não me incomodo com lugares cheios ou fechados de onde não posso sair com facilidade. F V
8. Eu não gosto que um homem precise de mim por qualquer coisa maternal. F V
9. A maioria dos homens é capaz de comportamento monogâmico num relacionamento longo. F V
10. Eu me sinto mais segura quando sei que o homem precisa de mim. F V
11. Eu tenho a tendência de ter suspeitas mesmo que o homem não me dê razões para isso. F V
12. Não me incomodo quando meu parceiro vai viajar sozinho. F V
13. Se você não ficar de olho, a maioria dos homens vai te enganar. F V
14. A maioria dos homens precisa de uma boa mulher para aparar suas arestas. F V
15. É bom deixar um homem pensar que ele está tomando as decisões. F V
16. Eu me sinto bem num relacionamento, mesmo que eu não saiba onde o homem está ou com quem está na maior parte do tempo. F V

17. Se o homem permitir, eu tendo a tomar conta e
assumir a posição mais dominante.   F V
18. A maioria dos homens é capaz de ter amigas
mulheres e mantê-las num nível platônico.   F V
19. Sexo acontece apenas quando estou disposta.   F V
20. Não é mais difícil para mim receber críticas de
um homem do que fazer as críticas.   F V
21. Em relacionamentos, nunca tive tendência a ser
um pouco mandona.   F V
22. Eu não sou possessiva nem ciumenta com o homem. F V
23. Eu acho um pouco perturbador quando não estou
totalmente ciente das atividades de meu parceiro.   F V
24. Eu tenho uma grande necessidade de ordem e
organização e para que as coisas sejam feitas de
uma forma em particular.   F V
25. Eu costumo ficar chateada quando não consigo
encontrar alguém pelo telefone.

Pontuação:

Marque um ponto para cada resposta assinalada com V:
1, 2, 4, 5, 8, 10, 11, 13, 14, 15, 17, 19, 23, 24, 25.
Marque um ponto para cada resposta assinalada com F:
3, 6, 7, 9, 12, 16, 18, 20, 21, 22.
Some seus pontos.

Interpretação:

0 — 4: Pontuação nesta faixa indica uma sensação geral de bem-estar, confiança e de se sentir à vontade com os homens. Porque você gosta de você mesma, não tem necessidade de controlar ou dirigir os sentimentos e atitudes de seu parceiro. Enquanto é possível que você possa errar por deixar o homem de quem gosta fazer as coisas muito do jeito dele, você certamente não será controladora e não vai fazer ele se sentir desconfortável e ressentido.

5 — 7: Marcação dentro desta faixa significa que o controle pode ser um grave problema para você, apesar de bem disfarsado em suas manifestações para o homem. Os homens

podem ser um pouco cautelosos com você, se perguntando se você gosta ou confia neles. Eles percebem sua necessidade de estar no controle como uma maneira de se sentir mais segura.

8 — 11: Marcação nesta faixa indica que o controle é muito importante para você e que afeta seus relacionamentos com os homens. É difícil para você gostar, aceitar e confiar nos homens como eles são, o que provavelmente a leva a querer mudá-los em alguns aspectos. As forças que estes sentimentos colocam em movimento tendem a impedir que o homem se sinta à vontade com você.

Acima de 12: Marcação alta como esta demonstra uma forte necessidade de controle e poder num relacionamento. Desapontamentos e mágoas passadas levam você a tentar proteger a si mesma através das várias manifestações de controle — eternas provas de amor, suspeitas e o uso de ameaças e o medo de que se você não for poderosa vai perder a força. Sua persistente necessidade de estar no controle que cria a atitude "machuque antes que alguém faça isso com você", vai afastar os homens, principalmente os que você mais valoriza.

Capítulo 6
MULHERES QUE SE ENTREGAM COM MUITA FACILIDADE

1. Eu tenho medo de que apenas "ser" não é suficiente para o homem, que eu tenho que "fazer" por ele o tempo todo e continuar fazendo para manter seu interesse.   F   V
2. Em geral eu tenho que fazer a maior parte das coisas num relacionamento.   F   V
3. Eu sinto que sou realmente capaz de ser amada por um homem.   F   V
4. Quanto mais eu gosto do homem, menos medo tenho de ser abandonada.   F   V
5. Nunca é difícil para mim defender o que quero e preciso em uma relação com um homem.   F   V
6. Em geral me sinto mais confortável em dar para o homem do que recebendo dele.   F   V

7. Eu dou muito para o homem porque preciso receber muito. F V
8. Eu me sinto atraída para homens com problemas pessoais e sempre acabo tentando resolvê-los. F V
9. Eu não gosto de tomar conta do homem. F V
10. Estou ciente de precisar de constante reafirmação do amor do homem. F V
11. Sinto que meu pai nunca me amou de verdade. F V
12. Eu costumava sair do meu caminho para conseguir que meu pai me aprovasse. F V
13. Não me lembro de me sentir mal com a maneira pela qual meu pai tratava minha mãe. F V
14. Nenhum de meus pais era viciado em álcool ou drogas. F V
15. Parece que eu nunca acredito quando um homem diz que me ama. F V
16. Quando o assunto é homem, estou ciente de que tenho pouca auto-estima. F V
17. Geralmente não me envolvo muito rápido ou muito intensamente. F V
18. Mesmo que eu goste de um homem, em geral não coloco suas necessidades à frente das minhas. F V
19. Fico inclinada a ceder a um homem mesmo quando sinto que estou basicamente certa. F V
20. Eu prefiro sacrificar minhas necessidades numa relação do que correr o risco de estar errada ou parecer exigente demais. F V
21. Eu raramente fico cuidando de um homem, principalmente nas áreas onde sci que ele é perfeitamente capaz de cuidar de si mesmo. F V
22. Nunca me senti explorada por um homem. F V
23. Meu maior medo num relacionamento é de ser abandonada. F V
24. Só raramente tenho a sensação de estar sendo considerada como fato consumado. F V

265

Pontuação:

Marque um ponto para cada uma das respostas seguintes assinaladas com V — verdade: 1, 2, 6, 7, 8, 10, 11, 12, 15, 16, 19, 20, 23, 24.

Marque um ponto para cada uma das respostas seguintes assinaladas com F — falso: 3, 4, 5, 9, 13, 14, 17, 18, 21, 22, 25.

Some seus pontos.

Interpretação:

0 — 4: Pontos nesta faixa refletem um nível bem estabelecido de confiança e auto-estima. Sem dúvida você confia em seus sentimentos e sabe o que é adequado e como conseqüência você não cai em armadilhas de comportamentos de autosacrifício. Você sente que pode ser amada e espera um grau razoável de reciprocidade e os homens tendem a gostar e a respeitar você.

5 — 7: Uma marcação nesta faixa sugere que você duvida, até um certo ponto, de seu próprio valor e da sinceridade do amor de um homem, e você pode permitir, um pouco, ser considerada como um fato consumado. Você pode estar prestando muita atenção às necessidades dele e negligenciando as suas próprias.

8 — 11: Marcação nesta faixa reflete antigas e importantes dúvidas quanto a seu valor próprio. Você espera muito de você mesma e muito pouco, no que diz respeito à sensibilidade e reciprocidade, de um homem. Está correndo perigo de ser facilmente negligenciada pelo homem porque tem medo de defender seus direitos no relacionamento que são reais e apropriados.

Acima de 12: Marcação alta assim significa um sério perigo de estar à mercê do homem e até vitimizada por ele. Você tende a ser recatada e se auto-sacrifica. Em vez de se tornar mais encantadora para um homem, estas qualidades criam muitas facilidades para que você seja explorada e negligenciada e até mesmo que abusem de você. É importante que você focalize mais no aprendizado de como cuidar e aceitar você mesma e menos em agradar ao homem.

Capítulo 8
DESISTINDO DO PRÍNCIPE E ENCONTRANDO UM HOMEM

1. Os homens podem se comportar bem num contexto de trabalho, mas eles são bem retrógrados no que diz respeito a relações de amor. F V
2. Eu posso encontrar alguma coisa interessante e alguma coisa que gosto em muitos homens que conheço. F V
3. As mulheres mudaram muito nos últimos anos; agora eu acho que é a vez dos homens e eles têm muitas mudanças a fazer. F V
4. Eu não acho que realmente entenda os homens. F V
5. Tenho que admitir que tenho medo dos homens e sou precavida em relação a eles. F V
6. Acho que desisti da maioria das ilusões que tinha em relação aos homens e acho que gosto deles assim mesmo. F V
7. Eu realmente nunca fui capaz de manter uma amizade forte e platônica com um homem. F V
8. É difícil para mim perdoar realmente um homem que me deixou na mão ou que me magoou. F V
9. Eu não sou mais exigente ou crítica com os outros do que sou comigo mesma. F V
10. No fundo, sou basicamente uma idealista. F V
11. Existe uma maneira certa e uma maneira errada de fazer as coisas. F V
12. Me disseram que sou um tanto perfeccionista. F V
13. Os homens perto de mim tendem a ser abertos. F V
14. Tive um irmão de quem gostava quando criança. F V
15. Apesar deles não serem perfeitos, eu gosto e me divirto com os homens. F V
16. Acho que a maioria dos homens tem algumas deficiências muito sérias. F V
17. A maioria dos homens tem um lado carente que eu acho encantador. F V

18. A maioria das minhas interações com os homens
    é superficial ou um flerte.   F V
19. Eu gosto de partilhar confidências com um homem F V
20. Sempre achei difícil e desconfortável conversar
    com meu pai.   F V
21. Quando estou namorando, sou monogâmica.   F V
22. Numa relação, meu parceiro sente segurança em
    meu amor por ele.   F V
23. Gosto dos homens como eles são.   F V
24. O homem em minha vida parece confiar mais nos
    amigos dele do que em mim.   F V
25. Eu basicamente aprovo e apóio o relacionamento
    de meu parceiro com seus amigos.   F V

Pontuação:

Marque um ponto para cada resposta assinalada com V
— verdadeira: 2, 6, 9, 13, 14, 15, 17, 19, 21, 22, 23, 25.

Marque um ponto para cada resposta assinalada com F
— falso: 1, 3, 4, 5, 7, 8, 10, 11, 12, 16, 18, 20, 24.

Interpretação:

21 — 25: Você realmente gosta da companhia de um homem. Você gosta de conhecê-los sem preconceitos ou expectativas de como eles deveriam ser e como resultado os homens a procuram e permitem se chegar perto de você, sabendo que serão aceitos.

17 — 20: Você aceita os homens em geral, ainda assim existem momentos, quando velhos sentimentos de desconfiança vêm à tona, fazendo com que você seja um tanto autoprotetora. Apesar dos homens não se afastarem por esta característica, eles tendem a ser cautelosos com você e demoram mais a se comprometer.

13 — 16: Você está pouco à vontade com os homens e mais preocupada em receber compreensão do que em dá-la. Você tende a simplificar demais as necessidades do homem e este fracasso em levar em consideração o que ele realmente precisa faz com que os homens não acreditem em você.

Menos de 13: Por causa de mágoas e desapontamentos do passado, você não confia nos homens e tem dificuldade em sentir amor verdadeiro por eles. É normal que eles se sintam resguardados em sua presença, talvez até um pouco hostis, pois eles podem não reconhecer que esta sua fachada é realmente uma maneira de se proteger de mágoas. A maioria dos homens não vai ficar numa relação com tão pouco calor e aceitação.

Capítulo 9
CONFIANDO QUE UM HOMEM PODE AMAR SUA FORÇA

1. Eu me sinto desconfortável numa posição de liderança.   F V
2. Eu não hesito em expressar meus sentimentos ou minha opinião.   F V
3. Eu acredito que sou uma boa juíza de pessoas e confio em minhas percepções.   F V
4. Eu tenho poucas ilusões sobre os homens e posso ver suas forças e fraquezas bem claro.   F V
5. Eu mesma não sou ligada em carreira e tenho pouco conhecimento ou compreensão do tipo de experiência de trabalho que o homem tem.   F V
6. Os homens me respeitam e respeitam o que sei e que posso fazer no mundo.   F V
7. Eu não acho que seja tratada como igual pelos homens que conheço e dos quais gosto.   F V
8. Eu não sou capaz de dar a um homem sem perder um pouco de respeito por ele.   F V
9. Os homens de quem gosto valorizam minhas observações e opiniões.   F V
10. Os homens que estão interessados em mim me vêem como forte mas não são intimidados por mim.   F V
11. Eu entendo e posso ver através dos pontos cegos de meu parceiro: F V
12. Sou em geral muito crítica e julgo muito.   F V
13. O homem em minha vida em geral me vê como uma igual.   F V
14. A maior parte das vezes, sou mais dependente de um homem do que ele de mim.   F V

15. Os homens tendem a se sentir um pouco ameaçados ou intimidados por minha força e capacidade em vez de ver isso como vantagem. F V
16. Eu não perco o respeito por um homem mesmo que nós dois saibamos que sou melhor do que ele em certas coisas. F V
17. É muito difícil para mim usar minha força de forma construtiva em vez de competitivamente num relacionamento. F V
18. Eu nunca tive uma relação íntima, próxima e reveladora com um homem. F V
19. Estar numa posição de liderança com um homem de quem gosto não diminui meus sentimentos por ele. F V
20. Os homens tendem a ser paternais e me olham de cima para baixo ao falar com um certo ar de desrespeito. F V
21. O homem valoriza sua relação comigo da mesma forma que eu a valorizo. F V
22. Você tem que ter cuidado com os homens e tratálos como se eles tivessem egos frágeis. F V
23. Eu gosto dos homens e vivi boas relações com eles. F V
24. Eu não procuro em um homem mais apoio e proteção do que eu estou disposta a dar a ele. F V
25. Quando estou com um homem, às vezes escondo minha inteligência ou competência. F V

Pontuação:

Marque um ponto para cada uma das seguintes respostas assinaladas com V: 2, 3, 4, 6, 9, 10, 11, 13, 16, 19, 21, 23, 24.
Marque um ponto para cada uma das seguintes respostas assinaladas com F: 1, 5, 7, 8, 12, 14, 15, 17, 18, 20, 22, 25.
Some seus pontos.

Interpretação:

21 — 25: Sua noção de independência e o desejo de vivenciar os desafios da vida são contagiosos e evocam uma po-

derosa atração nos homens. Porque você confia em sua força e se sente confortável com os homens, eles vão confiar emocionalmente em você assim como vão valorizar sua inteligência e entusiasmo.

17 — 20: Você confia em sua força e na maioria das vezes acha aceitável tomar a iniciativa. Você se sente livre para expressar quem você é apesar de ter momentos em que você deseja secretamente que o homem de sua vida seja mais um líder, mais dominante ou mais o iniciador de experiências partilhadas.

13 — 16: Você está pouco à vontade com os homens e onde suas responsabilidades são iguais em um relacionamento, você se sente desconfortável. Um de seus desejos primários numa relação é a fantasia de que é possível mudar suas responsabilidades da vida para outra pessoa. No mínimo você acredita que o homem é o que "controla" a vida, o que impede que você explore e expanda sua própria noção de confiança e competência.

Menos de 13: Você quer que o homem seja o forte. Você insiste em se apegar a modelos ultrapassados da natureza do homem e ainda está basicamente à procura de um homem forte e decidido que vá lhe proteger. A maioria dos homens, percebendo este desejo secreto, vai se sentir ressentido e sobrecarregado. Infelizmente, sua insistência em formas tradicionais de se relacionar lhe tira o direito de viver novas experiências na vida que poderiam aumentar sua auto-estima.

Capítulo 10
ESTIMULANDO A PAIXÃO E O DESEJO MASCULINO

1. Eu me vejo como sendo fundamentalmente cautelosa e conservadora.   F   V
2. Eu sinto as coisas de forma bem mais intensa do que sou capaz de mostrar e deixar as outras pessoas verem.   F   V
3. Existem poucas amarras que coloco em mim quando estou com alguém de quem gosto de verdade.   F   V

4. Eu acredito que as pessoas me vêem como sendo espontânea e um pouco imprevisível. F V
5. Às vezes eu vivencio longos períodos de chateação e apatia. F V
6. Às vezes, pessoas que são infantis ou joviais tendem a me incomodar. F V
7. As pessoas parecem achar que tenho bom senso de humor. F V
8. Eu realmente gosto de brincar e ser tola às vezes. F V
9. Eu tenho a tendência de me levar muito a sério. F V
10. Não pareço conseguir ultrapassar sentimentos de timidez e inibições mesmo quando estou com pessoas que se importam e em quem confio. F V
11. Eu gostaria de me sentir mais viva e animada do que me sinto.
12. Estar no controle é muito importante para mim. F V
13. Fortes desejos sexuais às vezes me deixam nervosa. F V
14. Em alguns momentos eu fico muito enciumada e furiosa. F V
15. Posso mostrar meus momentos de insegurança de forma tão aberta quanto mostro meus sentimentos de desejo. F V
16. Eu me sinto nervosa e pouco segura de mim mesma na maior parte do tempo. F V
17. Eu não procuro um homem para aprovação e valorização. F V
18. Eu me sinto mais confortável e aberta com mulheres do que com homens. F V
19. Eu gosto de minha individualidade. F V
20. Quando estou com um homem, de alguma forma sinto que perco parte de mim. F V
21. Meus pais demonstravam carinho abertamente um com o outro. F V
22. Quando criança, a maioria das vezes eu era obediente e raramente rebelde.
23. Eu raramente uso palavrões ou linguagem suja. F V

24. Eu me sinto à vontade com meu corpo e não sou
inibida na cama. F V
25. Eu prefiro fazer amor no escuro. F V

Pontuação:

Marque um ponto para cada uma das respostas assinaladas com V: 3, 4, 7, 8, 15, 17, 19, 21, 24.

Marque um ponto para cada uma das respostas assinaladas com F: 1, 2, 5, 6, 9, 10, 11, 12, 13, 14, 16, 18, 20, 22, 23, 25.

Some os pontos.

Interpretação:

21 — 25: Você tem um "quê" de entusiasmo para buscar a vida. Esta habilidade de confiar em seus próprios instintos e se sentir bem com seu ser físico vão estimular interesses muito apaixonados por parte dos homens. Eles ficam excitados com você e são atraídos por sua promessa de experiências intensas e vivas.

17 — 20: Você é razoavelmente tranqüila para expressar seu interior e ser franca, mas você mantém uma prevenção que continua com bastante freqüência fazendo com que seu nível de conforto fique alterado, principalmente na área sexual. Os homens são atraídos por você, mas também tendem a alternar entre confiança e sentimentos de reserva, assim como você faz.

13 — 16: Você raramente expressa desejos sexuais e emoções em geral com espontaneidade. Infelizmente, este medo de ser muito reveladora e exposta pode bloquear a intimidade entre você e seu homem. Sem saber por que, os homens vão se afastar de você como possíveis parceiros sexuais.

Menos de 13: Seus conflitos envolvendo expressões sexuais e liberação de emoção podem impedir que você se sinta relaxada e confortável com os homens. Suas inibições são sempre percebidas pelos homens, independente dele fazer algum comentário ou não sobre isso, fazendo com que essa seja uma área de conflito entre vocês. Independente de suas experiências passadas com homens, você está se privando de uma vida bem vivida — sua prevenção é claramente excessiva.

Capítulo 11
APROFUNDANDO O AMOR ATRAVÉS DA AMIZADE

1. Como adulta, nunca fui capaz de manter uma amizade platônica com um homem que fosse importante para mim. F V
2. Eu tenho uma sensação de mutualidade e partilha de experiências com os homens. F V
3. Eu nunca poderia ter um homem como meu melhor amigo. F V
4. Eu não acredito que homens possam lidar com amizades com mulheres: eles sempre querem mais. F V
5. Meu parceiro também é um amigo muito chegado. F V
6. Quando estou escolhendo, tenho a tendência de gostar e confiar nos homens. F V
7. Eu gosto de conhecer e ser conhecida por um homem na relação. F V
8. Eu não me preocupo que um sentimento mais profundo de amizade vá destruir a paixão num relacionamento amoroso. F V
9. Na essência eu gosto de meu parceiro, mesmo que esteja ciente de suas falhas. F V
10. O homem em minha vida me vê como alguém que dá apoio. F V
11. Com meu parceiro, o sexo pode ser divertido e tolo e ainda assim ser apaixonado. F V
12. Minha comunicação com o homem acontece numa variedade de níveis — desde brincalhona até muito emotiva a conversas de revelações mútuas. F V
13. É mais fácil para mim me tornar amiga de um homem com quem não tenha envolvimento romântico. F V
14. Eu não posso me imaginar sendo amiga de um homem porque a maioria deles parece se preocupar com coisas que não são importantes para mim. F V

15. Meu parceiro nunca seria capaz de entender que eu tivesse uma simples amizade, não ameaçadora, com um outro homem. F V
16. Eu nunca poderia confiar que o homem com quem estou envolvida tivesse amizade com uma mulher e passasse algum tempo com ela quando eu não estivesse perto. F V
17. Se você ficar mesmo muito "coleguinha" de um homem, ele vai perder o interesse e começará a procurar por outras mulheres. F V
18. Eu gosto da sensação de confiança e conforto que tenho com um homem quando fico amiga dele. F V
19. A maioria dos homens está mais interessada na aparência da mulher do que em que tipo de verdadeira amiga ela pode ser. F V
20. Se você for muito boa para um homem, ele vai tratar você como fato consumado e começará a lhe tratar mal. F V
21. Os homens ficam com mulheres que são ruins para eles porque no fundo eles gostam de ser punidos. F V
22. Eu não espero que o homem tome a iniciativa — eu me apresento de forma amistosa, muitas vezes iniciando o contato e expressando meu interesse. F V
23. Eu convido um homem para sair ou fazer alguma coisa comigo quando estou interessada nele. F V
24. Eu não acredito que o homem dê muito valor para a amizade num relacionamento. F V
25. A sensação de independência e sociedade que tenho por colocar dinheiro na relação é muito importante para mim. F V

Pontuação:

Marque um ponto para cada uma das respostas seguintes assinaladas com V: 2, 5, 6, 7, 8, 9, 10, 11, 12, 18, 22, 23, 25.

Marque um ponto para cada uma das respostas seguintes assinaladas com F: 1, 3, 4, 13, 14, 15, 16, 17, 19, 20, 21, 24. Some seus pontos.

Interpretação:

21 — 25: Seu desejo de se sentir próxima de um homem e estabelecer uma sensação de parceria é comunicado de maneira afetiva e convidativa. Esta habilidade de estabelecer uma atmosfera de confiança permite que você tenha um relacionamento profundo e completo com o homem.

17 — 20: Você gosta de se sentir próxima e companheira do homem, mas algumas vezes velhas expectativas românticas podem lhe bloquear, impedindo que você vivencie verdadeiramente a igualdade. Um homem que precisar de uma verdadeira igualdade pode sentir um vago desconforto com você.

13 — 16: Você raramente sente bastante confiança para ser verdadeiramente amiga de um homem, mesmo que possa esconder bastante esta desconfiança para que haja ausência de conflito sobre o assunto. Independente disso, os homens que querem partilhar, querem igualdade, fidelidade pessoal, não vão se sentir totalmente relaxados e completos com você.

Menos de 13: Você não tem vontade de abandonar o romance e outras expectativas irreais e raramente sente alguma verdadeira confiança nos homens. Você não acredita que abertura e igualdade sejam possíveis entre homens e mulheres. Para você, a "guerra dos sexos" nunca termina. Mesmo que você desenvolva uma relação, vai continuar um pouco à parte e estranha ao seu parceiro.

AGRADECIMENTOS

Queremos agradecer a Robert Gottlieb, nosso agente literário, por seu entusiasmo, encorajamento, profissionalismo e seus sempre úteis conselhos.

Nossos profundos agradecimentos para Carol Southern de Clarkson N. Potter e Elain Koster e à equipe editorial da New American Library por suas reações perceptivas e muito benéficas com sugestões sobre nossos originais.

Nosso agradecimento a Carol Lacey e Linda Shulman por sua ajuda em preparar os originais e para Laura Daltry por sua assistência editorial, seus bons e atenciosos conselhos.

Nós gostaríamos de agradecer especialmente à nossa incansável editora, Carolyn Hart. Mais uma vez, suas observações intuitivas e astutas, assim como sua habilidosa orientação foram de valor inestimável para os trabalhos finais deste livro.

E para nossas esposas, Casey e Sara, por seu apoio afetuoso e generoso, sua disponibilidade ao serem incansáveis e essenciais fontes de nosso projeto, e por tolerarem nossa preocupação com este trabalho, nosso amor.

Este livro foi impresso na Editora JPA Ltda.
Av. Brasil, 10.600 - Rio de Janeiro - RJ
para a Editora Rocco Ltda.